U0530804

秦汉至唐律令立法语言论要

刘晓林 著

商务印书馆

图书在版编目（CIP）数据

秦汉至唐律令立法语言论要/刘晓林著.--北京：商务印书馆，2025.--ISBN 978-7-100-24884-6

I. D929

中国国家版本馆CIP数据核字第2025YM2711号

权利保留，侵权必究。

国家社科基金重大项目"秦汉至唐律令立法语言分类整理、谱系建构与数据库建设"（21&ZD197）阶段性成果

秦汉至唐律令立法语言论要

刘晓林 著

商 务 印 书 馆 出 版
（北京王府井大街36号 邮政编码100710）
商 务 印 书 馆 发 行
北京中科印刷有限公司印刷
ISBN 978-7-100-24884-6

2025年3月第1版　　　开本 880×1230 1/32
2025年3月北京第1次印刷　印张 8⅛
定价：68.00元

序

在中华传统法律文化研究不断深入和拓展的时代背景下，刘晓林教授的《秦汉至唐律令立法语言论要》即将出版发行。这是一本无论在法律史研究还是法理学研究中都具有原创性的精品之作。

中华法律文化博大精深，中华法治文明源远流长，中华法系独树一帜，其中的立法文化、立法文明、立法技术具有鲜明的标志性。作者选取秦汉至唐律令立法语言进行研究，折射中国古代高超的立法技术和深邃的法理底蕴。作者认为，秦汉律令是中国古代法和中华法系有迹可循的源头，具有鲜明的原创精神与高超的立法技术；唐代律令尤其是《唐律疏议》辐射东亚、历史久远，被日本学者池田温誉为"东方法制史枢轴"。[1] 秦汉至唐法制发展一脉相承，以律典和令典为支柱、以律令格式为法律形式的律令体系至唐臻于完备。唐律及其"律疏"在中国法制史、东亚法制史乃至世界法制史上，居于无可置疑的巅峰地位。正如外国学者所评价的："在当时世界上，达到像唐律（及律疏）这样发达程度的法典一部也没有。即使被称为中世纪西欧划时代法典的《加洛林纳法典》，也比唐律晚了九百年，且发达的程度也远不如唐律。甚至19世纪西欧的刑法典，与其相比也未必增色多少。"[2] "无论是在世界上还是与如今的刑法、行政法典相比，它（唐律疏议）都拥有毫不逊色的完成度。"[3] 研究

---

[1] 〔日〕仁井田陞：《唐令拾遗》，栗劲等编译，长春出版社1989年版，第893页。
[2] 仁井田陞『補訂中國法制史研究·刑法』（東京大學出版會，1981年），172頁。
[3] 〔日〕富谷至：《从汉律到唐律——裁判规范与行为规范》，薛夷风、周东平译，载周东平、朱腾主编：《法律史译评》(2014年卷)，中国政法大学出版社2015年版，第155页。

中国古代法如何从初创走向成熟,进而"形成了世界法制史上独树一帜的中华法系",《秦汉至唐律令立法语言论要》所选取的"秦汉至唐"显然是不能忽视的关键阶段与核心要素。

语言是表现法的符号,立法者须通过语言文字才能准确反映国家意志,表达立法者关于什么样的规则应当成为人们一体遵行的行为规则的态度和要求,并把这种要求形成文件传递出去。语言进入立法领域形成法言法语,就产生了"立法语言""法律语言"等概括性范畴,对立法语言、法律语言的研究也就成为一个重要的学术领域,正如英国法学家麦考密克所说:"法学其实不过是一门法律语言学。"[①]与日常语言比较,立法语言具有表意稳定、严谨周密、逻辑清晰等特征,是法律制度与法律体系发展、演进最为基本的载体,也是法治文明延续、传播的媒介。一方面,立法语言对于法学研究具有无可替代的意义。所有的立法活动及其成果都以语言文字为载体,因此,从语言的角度考察法律规范、法典、法律体系是一项非常必要且极有意义的工作。另一方面,以立法语言为路径对中国古代法典与法律体系展开研究,进而提升至对中华传统法律文化、中华法治文明的关注,也是文献与史料有限的前提下开展有效研究的最佳选择。立足现有文献,通过观察、描述典型立法语言的基本形态,逐步勾勒法律体系的整体特征,进而深入挖掘其中的"法理"及其背后的文化根基和文明体系,是不断深入研究的有效路径,《秦汉至唐律令立法语言论要》所选取的"律令立法语言"显然是极为恰当且无法替代的有效切入点。

《秦汉至唐律令立法语言论要》的意义当然不局限于对法律、法典、法律体系的研究,而是借助立法语言研究而激活中华传统法律文化中普遍有益、饱含精华、可为今用的概念、命题、论语等思想资源。正如刘

[①] 舒国滢:《战后德国法哲学的发展路向》,载《比较法研究》1995 年第 4 期,第 348 页。

晓林教授在书中提到的,这是"伟大时代赋予中国法律史研究者的历史使命",也是当代法学研究者要着力攻克的重大时代课题。《秦汉至唐律令立法语言论要》立足简牍秦汉律令、碑刻法制文献、敦煌法制文书等出土文献,综合利用传世文献尤其是《唐律疏议》等传世法典,以律令立法语言切入,针对中国古代法制发展史上最为重要的阶段展开深入研究,尤其是对立法技术、慎刑观念、具体罪名、法律责任、定罪量刑的基本原理及其实践价值展开集中探讨,并在附录中对《唐律疏议》与中华法系的形成、特征、影响与意义作出了较为系统的梳理。这是本书在传承中华优秀传统法律文化、推进中华法治文明复兴方面值得充分肯定的贡献。

中华文明是世界上最古老、持续时间最久的文明之一,也是人类文明发展史上长期居于优势地位的文明。中华法治文明是中华原生文明的重要组成部分,是中华民族数千年探索自我治理的经验凝聚与智慧结晶。中国古代法制源远流长、底蕴深厚、内涵丰富、精辟深邃,在五千多年未间断的演进历程中积淀了博大精深的法律文化并以其独特的理念和技术塑造了独树一帜的中华法系。习近平总书记指出:"我们的先人们早就开始探索如何驾驭人类自身这个重大课题,春秋战国时期就有了自成体系的成文法典,汉唐时期形成了比较完备的法典。我国古代法制蕴含着十分丰富的智慧和资源,中华法系在世界几大法系中独树一帜。"[1] "中华法系形成于秦朝,到隋唐时期逐步成熟,《唐律疏议》是代表性的法典。"[2] 在相当长的历史时期里,中华法治文明都代表着人类法

---

[1] 习近平:《加快建设社会主义法治国家》(2014年10月23日),载习近平:《论坚持全面依法治国》,中央文献出版社2020年版,第110—111页。

[2] 习近平:《以科学理论为指导,为全面建设社会主义现代化国家提供有力法治保障》(2020年11月16日),载习近平:《习近平谈治国理政》(第四卷),外文出版社2022年版,第289页。

治文明的最高水准。中华法系及其代表性法典持续而深刻地影响着周边国家、地区法律文化的形成。以《唐律疏议》为基础，以律、令为主要支柱的独特法律体系"挟唐王朝的强劲位势而影响了此后各朝和周边各国的历史进程"。[①]"当时东亚细亚诸民族，皆宗唐朝，并朝贺之。在吸收其文化之中，模仿唐朝体制，作为自己国家建设，寄予希望；而唐朝国家体制的基本，即为法体系，所以继受其法体系，付之施行，其结果以树立中央集权的专制国家，作为他们的理想。"[②]

中华法治文明是中华民族五千多年探索自我治理的重大成果，其中蕴含着建设中华民族现代法治文明的根脉，"只有立足波澜壮阔的中华五千多年文明史，才能真正理解中国道路的历史必然、文化内涵与独特优势"。[③]需要指出的是，中华法律文化、中华法治文明及其制度化法典化表达，在形态结构、理论体系等方面与现实的法治实践存在明显的时空间隔，当中的有益要素难以直接展现。但是，立足中国特色社会主义法治实践，坚持"两个结合"，在适当的范围内，以恰当问题切入，便可以展现中华法律文化、中华法治文明及其制度表达在概念、原理、精神等方面无与伦比的成就，彰显中华法律文化和法治文明的民族性、社会性和穿越时空的普遍性。就此而言，《秦汉至唐律令立法语言论要》在"推动中华优秀传统法律文化创造性转化、创新性发展，赋予中华法治文明新的时代内涵"[④]等方面进行了独具特色的、颇有价值的探索。当然，对于推动"双创"、推进"两个结合"、建构中国自主法学知识体系等重大时代课题来说，书中所做的工作只是阶段性的，仍有很多问题尚待深

[①] 楼劲：《魏晋南北朝隋唐立法与法律体系》（上卷），中国社会科学出版社2014年版，"引言"第1页。

[②] 林咏荣：《唐清律的比较及其发展》，黎明文化事业公司1982年版，第6页。

[③] 习近平：《在文化传承发展座谈会上的讲话》，载《求是》2023年第17期，第6页。

[④] 《加强涉外法制建设 营造有利法治条件和外部环境》，载《人民日报》2023年11月29日，第1版。

化研究。期望晓林教授继续努力、深入研究，为推进中国式法治现代化、建设中华民族现代法治文明做出能够代表中国法律史学科的理论贡献。

张文显

2025年1月20日

目　　录

绪论 ·· 1
第一章 "亦如之"：技术性立法语言的形成与演化 ············ 24
　一、渊源与演进 ·· 25
　二、表述与分布 ·· 28
　三、含义与用法 ·· 30
　四、旨趣与价值 ·· 34
　五、小结 ··· 38
第二章 "比徒"：立法之量化技术 ·· 42
　一、官当比徒 ·· 45
　二、诬告比徒 ·· 46
　三、枉断比徒 ·· 49
　四、量化标准与立法体例 ··· 52
　五、小结 ··· 54
第三章 "罪止"：立法层面的刑等累加限制 ························· 55
　一、"罪止"的含义 ··· 56
　二、律设"罪止"的意图与功能 ······································ 60
　三、律典中"罪止"的表现形态 ······································ 68
　四、未出现"罪止"的条文中立法意图的表现方式 ········ 72
　五、立法意图及其逻辑 ··· 74
　六、小结 ··· 77

第四章 "至死":立法层面的死刑适用限制 ………………… 78
一、"至死"的含义与用法 …………………………………… 79
二、《唐律疏议》中"至死"的分布与特征 ………………… 85
三、《唐律疏议》中"至死"限制死刑适用的技术表现 …… 88
四、小结 ………………………………………………………… 96

第五章 "杀"与"死":律令体系中的行为与结果 ………… 98
一、律典中的分布及其特征 …………………………………… 98
二、作为立法语言的含义与用法 …………………………… 102
三、"杀"与"死"重合表现的罪刑关系 ………………… 107
四、"死"比附"杀"定罪量刑的逻辑及其渊源 ………… 112
五、小结 ……………………………………………………… 116

第六章 "略卖""和卖""和同相卖"与"故买":立法表达与
量刑逻辑 ……………………………………………… 117
一、"人口买卖"的立法表达 ……………………………… 119
二、等级、身份及其量刑 …………………………………… 123
三、死刑适用及其焦点 ……………………………………… 130
四、小结 ……………………………………………………… 132

第七章 "无罪":立法的评价 ……………………………… 134
一、分布与表意 ……………………………………………… 136
二、渊源与特征 ……………………………………………… 142
三、立法意图及其解释力 …………………………………… 146
四、理论旨趣及其限度 ……………………………………… 150
五、小结 ……………………………………………………… 154

第八章 "斗殴伤":文本形态、技术解析及实践回应 …… 156
一、文本形态与行为构造 …………………………………… 157
二、量刑起点与处罚标准 …………………………………… 161

三、损伤分级与立法重心 ································· 165
四、通过技术解析回应法治实践 ························· 172
五、小结 ··· 175

附录一 中华法系新诠 ··· 177
附录二 《唐律疏议》是中华法治文明的集中呈现 ············ 201
附录三 国家社科基金重大项目"秦汉至唐律令立法语言分类
　　　整理、谱系建构与数据库建设"课题组启动会实录········· 217
参考文献 ·· 234

表 格 目 录

表 1.1 《唐律疏议》中"如之"的分布详表·····29

表 1.2 《唐律疏议·卫禁》"越州镇戍等城垣"条(81)中的参照(援引)简表·····35

表 4.1 《唐律疏议》中表达死刑适用的"至死"出现频次与分布详表·····85

表 4.2 《唐律疏议》中"至死"限制死刑适用详表·····89

表 5.1 《唐律疏议》中的"杀"与"死"分布详表·····99

表 5.2 《唐律疏议》中"杀""死"的含义及其分布详表·····103

表 5.3 行为对象"死亡"比附"杀人"定罪量刑简表·····110

表 6.1 《唐律疏议》中"贩卖"之行为对象简表·····122

表 6.2 《唐律疏议》中卖良人罪刑对照表·····126

表 7.1 《唐律疏议》中"无罪""不坐""勿论"出现频次及分布详表·····147

表 8.1 斗殴不伤量刑详表·····164

表 8.2 手足斗殴致人损伤分级与量刑详表·····169

表 8.3 斗殴以他物及用刃致人损伤量刑详表·····172

绪　　论

一、题解

2020年11月16日，习近平总书记在中央全面依法治国工作会议上指出："自古以来，我国形成了世界法制史上独树一帜的中华法系，积淀了深厚的法律文化。中华法系形成于秦朝，到隋唐时期逐步成熟，《唐律疏议》是代表性的法典。""只有传承中华优秀传统法律文化，从我国革命、建设、改革的实践中探索适合自己的法治道路，同时借鉴国外法治有益成果，才能为全面建设社会主义现代化国家、实现中华民族伟大复兴夯实法治基础。"① 2022年10月16日，习近平总书记在二十大报告中明确提出："传承中华优秀传统法律文化。"② 中华优秀传统文化是中国特色社会主义伟大实践的优势与根基，③ 中华优秀传统法律文化

---

① 习近平：《以科学理论为指导，为全面建设社会主义现代化国家提供有力法治保障》（2020年11月16日），载习近平：《习近平谈治国理政》（第四卷），外文出版社2022年版，第289、290页。

② 习近平：《高举中国特色社会主义伟大旗帜　为全面建设社会主义现代化国家而团结奋斗——在中国共产党第二十次全国代表大会上的报告》（2022年10月16日），载《求是》2022年第21期。

③ 《中共中央关于党的百年奋斗重大成就和历史经验的决议》指出："中华优秀传统文化是中华民族的突出优势，是我们在世界文化激荡中站稳脚跟的根基，必须结合新的时代条件传承和弘扬好。"《中共中央关于党的百年奋斗重大成就和历史经验的决议》（2021年11月11日中国共产党第十九届中央委员会第六次全体会议通过），载《人民日报》2021年11月17日，第1版。

是中华优秀传统文化的重要组成部分。习近平总书记在二十届中央政治局第十次集体学习时强调："要积极推动中华优秀传统法律文化创造性转化、创新性发展，赋予中华法治文明新的时代内涵，激发起蓬勃生机。"① 深入解析中国古代法律制度、深化中华优秀传统法律文化的研究，是法律史研究服务国家战略的主要途径和重要内容。

秦汉律令是中国古代法有迹可循的源头，具有鲜明的原创精神与高超的立法技术；唐代律令尤其是《唐律疏议》辐射东亚、历史久远，被誉为"东洋法制史枢轴"与"东方法制史枢轴"。② 秦汉至唐法制发展一脉相承，以律典和令典为支柱、以律令格式为法律形式的律令体系至唐臻于完备。立法语言具有表意稳定、严谨周密、逻辑清晰等特征，是法律制度与法律体系发展、演进最为基本的载体，也是法治文明延续、传播的媒介。由此切入探讨秦汉至唐律令体系及其沿袭与发展的轨迹，对于深入了解中国古代法律制度，尤其是探析中国古代法典的源头与特质极为有效；对于深化中华优秀传统法律文化的研究，尤其是推进马克思主义法学的基本原理与中华优秀传统法律文化相结合极为有效；对于深入挖掘中华优秀传统法律文化精华，尤其是"推动中华优秀传统法律文化创造性转化、创新性发展""让书写在古籍里的文字活起来、传下去"③ 极为有效。"创造性转化、创新性发展"与"活起来、传下去"是伟大时

---

① 《加强涉外法制建设　营造有利法治条件和外部环境》，载《人民日报》2023年11月29日，第1版。

② 中田薰1933年为仁井田陞的传世巨著《唐令拾遗》作"序"时曾谓："应该说唐令不仅仅是中国立法史上的一大杰作，而事实上它又是构成东洋法制史枢轴的一大法典。"池田温1982年为之作"后跋"时也说："被誉为东方法制史枢轴的唐律令，其律和律疏通过《律附音义》《宋刑统》《唐律疏议》的形式流传下来。"〔日〕仁井田陞：《唐令拾遗》，栗劲等编译，长春出版社1989年版，第887、893页。

③ 2021年4月，中共中央办公厅、国务院办公厅印发《关于加强社会主义法治文化建设的意见》指出："推动中华优秀传统法律文化创造性转化、创新性发展。""加强对法律文化典籍、文物的保护和整理，让书写在古籍里的文字活起来、传下去。"

代赋予中国法律史研究者的历史使命。针对秦汉至唐律令立法语言的深入、系统研究,旨在为中华优秀传统法律文化的创造性转化与创新性发展、为中华法律文化典籍活起来并传下去提供理论基础和实践支撑。

二、学术史回顾

唐律及其"律疏"在中国法制史、东亚法制史乃至世界法制史上,居于无可置疑的巅峰地位。日本著名法制史学者仁井田陞曾说:"在当时世界上,达到像唐律(及律疏)这样发达程度的法典一部也没有。即使被称为中世纪西欧划时代法典的《加洛林纳法典》,也比唐律晚了九百年,且发达的程度也远不如唐律。甚至19世纪西欧的刑法典,与其相比也未必增色多少。"[1]中外学者对唐律的关注与研究热情自宋元延续至今未有减退。唐律及其官方注释"律疏"之所以流传至今,很大程度上是基于元代的出版流通。随着中外学者研究的不断深入,秦汉律令与唐律之间的沿袭发展脉络逐渐清晰。秦汉律令与唐律令及后世律典一脉相承,明初丞相李善长谓:"历代之律,皆以汉九章为宗,至唐始集其成。"[2]被称为"中国法律近代化之父"的清人沈家本谓:"求唐律之渊源,更不可不研究夫汉律矣。"[3]限于史料,明清及近代学者未能得见比较充分的秦律文献,故略而不言。20世纪70年代以来,大量简牍出土,其中包含了秦汉律令以及其他制度方面的丰富内容,引起了中外学者广泛、深入且持续的关注。从中我们清晰地看到了秦汉律令与唐律令在立法语言、法律形式、篇章结构、基本原理及立法精神等方面显现了不同程度的传

---

[1] 仁井田陞『補訂中國法制史研究・刑法』(東京大學出版會,1991年)172頁。
[2] [清]张廷玉等:《明史》卷九十三《刑法志》,中华书局1974年版,第2279页。
[3] [清]沈家本:《历代刑法考》(三),邓经元、骈宇骞点校,中华书局1985年版,第1365页。

承关系,"知唐律必先知秦汉律"①已成学界共识。中国传统法制由秦汉至唐代的发展过程,是中国法律发展史最为重要的一个阶段。基于国家法立场,针对法源形式、法律体系、律令性质等问题进行探讨,必然会对律与令尤其是作为基本法典的律典予以高度重视。秦汉至唐,是以律典和令典为支柱、以律令格式为法律形式的法律体系由初步发展到高度完备的阶段。中外学者针对秦汉至唐律令体系发展、演变及其具体内容的研究,产出了极为丰硕的成果,相关研究成果涉及的内容呈现纵向较长的历史时期与横向较广的研究领域。

(一)纵向:中外学者相关研究的历史分期

前辈学者对于新材料之于学术研究的价值作过精辟论述,王国维谓:"古来新学问起,大都由于新发见。"②陈寅恪谓:"一时代之学术,必有其新材料与新问题。取用此材料,以研求问题,则为此时代学术之新潮流。"③中外学者针对秦汉至唐律令体系相关研究呈现的学术史上的分期,主要是基于新材料的发现。《唐律疏议》保存完整,故唐律研究自宋元起延续至今。秦汉律令的研究则由于缺乏一定数量的直接材料,直至19世纪末才形成一定规模。其中,秦律研究较之汉律研究,发展得更晚一些,这同样是由于材料所限。针对秦汉律令的系统研究与大规模集中探讨的兴起,是以1975年云梦睡虎地秦简的发现与1982年江陵张家山汉简的面世为基础的。

---

① 徐世虹:《秦汉法律研究百年(一)——以辑佚考证为特征的清末民国时期的汉律研究》,载徐世虹主编:《中国法律文献研究》(第五辑),社会科学文献出版社2012年版,第1页。
② 王国维:《最近二三十年中中国新发见之学问》,载姚淦铭、王燕主编:《王国维文集》(下部),中国文史出版社2007年版,第306页。
③ 陈寅恪:《陈垣〈敦煌劫余录〉序》,载陈寅恪:《陈寅恪集·金明馆丛稿二编》,生活·读书·新知三联书店2015年版,第266页。

1. 20 世纪 70 年代之前：基于传世文献的初步探索

简牍法制文献大量出土之前，关于秦汉法制的研究主要依据传世文献辑佚。作为现存最早、保存最完整的律典，《唐律疏议》自然是秦汉法制研究所依据的主要材料。但此种研究并未深入到秦汉至唐律令体系与立法语言的发展趋势及轨迹，也难称得起真正的"比较研究"。虽然出现了不少极具学术价值的作品，但限于史料，研究的总体数量相对不足，成果较少，质量方面也难以深入。辑佚类作品中具有代表性者如：杜贵墀《汉律辑证》（1899 年）、张鹏一《汉律类纂》（1907 年）、沈家本《汉律摭遗》（1912 年）、程树德《汉律考》（1918 年）。[①] 论其对于现代学者的影响，沈著与程著显然更加广泛。[②] 1907 年敦煌汉简以及 1930 年居延汉简的首次发现，给秦汉法律的研究带来了极大改变。虽然其中与律令直接相关的内容数量并不可观，但出土法制文献直接扩展了秦汉法律研究的资料来源、拓宽了研究视野、开拓了进一步研究的空间，也在很大程度上弥补了辑佚类成果未采用出土文献的缺憾。

20 世纪 70 年代之前，中外学界关于秦汉至唐律令体系的研究，限于史料而偏重于唐律研究，针对汉律的辑佚仍以唐律为主要参照。前述

---

① 关于《汉律辑证》《汉律类纂》《汉律摭遗》《汉律考》的作者生平、成书背景、主要内容、各自特色及相关评价，徐世虹在《秦汉法律研究百年》中已有极为细致的介绍。据徐文所述，较早对汉律研究相关成果展开有效梳理的当为日本学者泷川政次郎于 1941 年发表的文章《关于近世的汉律研究》，"该文在汉律研究的学术史上具有开山之功"。参见徐世虹：《秦汉法律研究百年（一）——以辑佚考证为特征的清末民国时期的汉律研究》，载徐世虹主编：《中国法律文献研究》（第五辑），第 2—20 页；瀧川政次郎「近世の漢律研究について」史學雜誌第 52 卷第 4 號（1941）。

② 除了作者本身的影响及研究内容之外，对于现代学者影响广泛的原因在很大程度上是因为沈著、程著在当代的传播范围更广。《汉律摭遗》收录于中华书局 1985 年点校出版的《历代刑法考》第三册，商务印书馆 2011 年出版了简体字本。《汉律考》收录于中华书局 1963 年出版的《九朝律考》，商务印书馆 2010 年出版了简体字本。参见［清］沈家本：《历代刑法考》（三），邓经元、骈宇骞点校，中华书局 1985 年版；［清］沈家本：《历代刑法考》（下册），商务印书馆 2011 年版；程树德：《九朝律考》，中华书局 1963 年版；程树德：《九朝律考》，商务印书馆 2010 年版。

杜贵墀《汉律辑证》就非常注重汉唐律的比较,"自杜氏之后,汉律辑佚者莫不比附唐律以资佐证,其或本是必由之途,但杜氏一书实为嚆矢"。① 除了史料方面的客观原因以外,秦汉律令与唐律之间清晰的传承关系也是重要因素。汉律辑佚考证以及在此基础上的秦汉律令初步探究,为进一步认识律令体系的发展、演变奠定了坚实的基础。

2. 20 世纪 70 年代之后:依据出土文献的深入研究

20 世纪 70 年代以来,随着云梦睡虎地秦简、江陵张家山汉简的先后面世,秦汉法律研究进入了全新时期。山川呈瑞、地不爱宝,近三十年来,出土文献呈现出持续"井喷"的态势。海量的秦汉简牍相继出土,令研究者应接不暇。目前,已公布的出土秦汉法制文献包括睡虎地秦简、龙岗秦简、里耶秦简、岳麓秦简、王家台秦简、张家山汉简、武威汉简、居延汉简、张家界古人堤汉简、长沙五一广场汉简等,种类超过20种。其内容包括律文及律目、律令及抄本、司法文书、诏令、法律解释、官箴等,所包含的法制内容极为可观。这一时期的学术研究得益于考古发现及数量众多的出土秦汉律令,研究者的视野得以极大扩展,相应研究成果亦极为丰富。由于研究者所依据的文本在数量上大大突破了此前的制约状态,加之前期研究的积淀,这一阶段针对秦汉至唐律令体系的研究不再片面倚重唐律。当然,唐律及"律疏"在出土秦汉律令的研究过程中仍然是重要参照,但出土秦汉律令的深入研究也极大推动了唐律研究的深化。借助于新出史料,研究者逐渐对秦汉至唐律令体系的发展、演变轨迹产生了较为清晰的认识。

(二)横向:简牍法制文献出土以来中外学者相关研究述评

随着睡虎地秦墓竹简、张家山汉墓竹简相继出土,大量相对原始、

---

① 徐世虹:《秦汉法律研究百年(一)——以辑佚考证为特征的清末民国时期的汉律研究》,载徐世虹主编:《中国法律文献研究》(第五辑),第5页。

系统而丰富的律令抄本被公布,引发了中外学者对于秦汉律令体系及其发展演变研究的热潮。近年来,新出土简牍秦汉律令不断公布,更是将针对中国古代律令体系的研究推向了新的高度。中国古代律令体系由秦汉初创至唐代高度成熟、完备的轨迹与脉络逐渐清晰。迄今为止,中外学者关于出土简牍秦汉律令的整理与研究工作卓有成效,相关成果也极为丰硕。根据研究者不同的立场、进路、方法以及材料运用方面的偏重,可将相关成果作如下分类:

1. 利用出土文献对秦汉律令及其体系的整体研究

从研究成果所涉及的具体时代来看,此类成果既有针对秦汉或称作"帝制时代早期"的整体探讨,亦有针对秦或汉的分别探讨;从作品的名称来看,此类成果侧重于对秦汉律令及法制体系做较为整体的探讨,但限于出土法制文献的特殊性,相关研究实际上仍是若干具体问题的集合,很难有真正的针对秦汉律令"体系"的探讨;另外,虽然部分研究者建构秦汉法制体系的意图非常明显,但具体研究及相关结论的侧重点常常是针对特定的材料与问题。代表性成果包括(但不限于):《战国秦代法制管窥》[1]《秦律通论》[2]《秦律新探》[3]《秦律研究》[4]《秦汉法制史论考》[5]《帝制时代的中国法》[6]《秦汉法制史研究》[7]《论汉律》[8]。

需要注意的是,在针对秦汉律与秦汉法制的整体研究成果中,有一类侧重于秦汉时期的刑法、刑罚及其体系。这类作品与上述成果在内容方面时有交织,因为目前所见的秦汉法制研究中,刑法或刑罚制度

---

[1] 刘海年:《战国秦代法制管窥》,法律出版社2006年版。
[2] 栗劲:《秦律通论》,山东人民出版社1985年版。
[3] 曹旅宁:《秦律新探》,中国社会科学出版社2002年版。
[4] 徐世虹等:《秦律研究》,武汉大学出版社2017年版。
[5] 〔日〕堀毅:《秦汉法制史论考》,于敏等译,法律出版社1988年版。
[6] 张建国:《帝制时代的中国法》,法律出版社1999年版。
[7] 〔日〕大庭脩:《秦汉法制史研究》,徐世虹等译,中西书局2017年版。
[8] 王伟:《论汉律》,载《历史研究》2007年第3期。

本来就是其中的重要内容。代表性成果包括(但不限于):《秦汉刑罚制度研究》[1]《秦漢刑罰體系形成史への一試論——腐刑と戍辺刑》[2]《秦漢刑法研究》[3]《秦漢刑罰體系の研究》[4]《秦汉时代的刑罚与爵制性身份序列》[5]。

2. 针对秦汉律令体系中的专门术语或特定制度的深入探讨

从研究对象与所用材料来看,此类成果的焦点突出,或是针对出土法制文献中具体的表述形式,如"罪""爵""比"等;或是针对其中的具体制度,如继承、考课、审判等;亦有汇集若干具体制度或是针对特定文献中的专门术语、特定制度的集中分析。[6] 代表性成果包括(但不限于):《〈秦律十八种〉中的"有罪"蠡测》[7]《简牍所见秦及汉初"有爵寡"考论》[8]《长沙东汉简牍所见"纸""昏"的记载及相关问题》[9]《秦汉简牍

---

[1] 〔日〕冨谷至:《秦汉刑罚制度研究》,柴生芳、朱恒晔译,广西师范大学出版社2006年版。

[2] 宫宅潔「秦漢刑罰體系形成史への一試論——腐刑と戍辺刑」東洋史研究第66卷第3號(2007年)。

[3] 水間大輔『秦漢刑法研究』(知泉書館,2007年)。

[4] 陶安あんど『秦漢刑罰體系の研究』(東京外國語大學アジア・アフリカ言語文化研究所,2009年)。

[5] 〔日〕鷹取祐司:《秦汉时代的刑罚与爵制性身份序列》,朱腾译,载周东平、朱腾主编:《法律史译评》(2012年卷),北京大学出版社2013年版。

[6] 中外学者关于秦汉律令的研究中,以具体词汇、术语切入,甚至是专门针对具体词汇、术语的成果非常普遍。随着传世文献的丰富,此类研究成果逐渐减少。相关研究成果呈现此种趋势,很大程度上也是史料所限。由于唐之前的法典、法制全本不存,以典型术语为中心,在充分参照传世文献记载,并结合其他出土法制文献的基础之上,勾勒、描述其形态,进一步发掘法律原理、阐释法治观念便成为有效路径。后世法制史料逐渐丰富,此类研究成果随之减少。如明清时期律典保存完整,各类司法文献亦非常充足,虽然典型术语对于研究仍具有较大学术意义与价值,但以典型术语为中心已不再是相关研究的必由之路。

[7] 徐世虹:《〈秦律十八种〉中的"有罪"蠡测》,载徐世虹主编:《中国古代法律文献研究》(第七辑),社会科学文献出版社2013年版。

[8] 苏俊林:《简牍所见秦及汉初"有爵寡"考论》,载《中国史研究》2019年第2期。

[9] 符奎:《长沙东汉简牍所见"纸""昏"的记载及相关问题》,载《中国史研究》2019年第2期。

"自告"、"自出"再辨析——兼论"自诣"、"自首"》①《秦汉律所见"质钱"考辨》②《简牍所见秦代地方职官选任》③《秦简牍校读及所见制度考察》④《秦汉诉讼制度中的"覆"及相关问题》⑤《长沙五一广场东汉简牍所见职务犯罪探究》⑥。

3. 立足于特定出土法制文献针对秦汉律令的系统研究

从研究对象来看,此类成果的辨识度非常强,或是针对某特定文献的研究,如专门针对睡虎地秦简、岳麓秦简、张家山汉简等;或是针对特定篇章的研究,如专门针对秦汉时期的《徭律》《田律》《金布律》等;或是针对特定文献中的特定部分或篇章的研究,如专门针对张家山汉简《告律》、睡虎地秦简《法律答问》等;或是针对特定文献从特定角度进行研究,如专门针对睡虎地秦简中的刑律、岳麓秦简中的律令等;或是针对特定时代出土简牍文献中散见法制内容的整理与研究,如专门针对秦或汉散见的出土简牍法制文献等。代表性成果包括(但不限于):《睡虎地秦简刑律研究》⑦《睡虎地秦简论考》⑧《睡虎地秦简初探》⑨《张家山汉律研究》⑩《张家山汉简〈告律〉考论》⑪《张家山汉简〈二年律令〉研究》⑫

---

① 万荣:《秦汉简牍"自告"、"自出"再辨析——兼论"自诣"、"自首"》,载《江汉论坛》2013年第8期。
② 李力:《秦汉律所见"质钱"考辨》,载《法学研究》2015年第2期。
③ 沈刚:《简牍所见秦代地方职官选任》,载《历史研究》2017年第4期。
④ 陈伟:《秦简牍校读及所见制度考察》,武汉大学出版社2017年版。
⑤ 杨振红等:《秦汉诉讼制度中的"覆"及相关问题》,载《史学月刊》2017年第12期。
⑥ 李均明:《长沙五一广场东汉简牍所见职务犯罪探究》,载《郑州大学学报(哲学社会科学版)》2019年第5期。
⑦ 傅荣珂:《睡虎地秦简刑律研究》,商鼎文化出版社1992年版。
⑧ 吴福助:《睡虎地秦简论考》,文津出版社1994年版。
⑨ 高敏:《睡虎地秦简初探》,万卷楼图书有限公司2000年版。
⑩ 曹旅宁:《张家山汉律研究》,中华书局2005年版。
⑪ 闫晓君:《张家山汉简〈告律〉考论》,载《法学研究》2007年第6期。
⑫ 朱红林:《张家山汉简〈二年律令〉研究》,黑龙江人民出版社2008年版。

《秦汉简牍中法制文书辑考》①《散见战国秦汉简帛法律文献整理与研究》②《岳麓书院藏秦简的整理与研究》③《简牍秦律分类辑析》④。

4. 出土文献所见秦汉律令体系的发展演变及与唐律的比较研究

此类研究的着眼点与针对特定出土法制文献的集中研究相似,关注的是律典或其中特定篇章的沿革与演变,如从法典编纂体例、诉讼制度、刑罚制度、司法制度、立法精神等方面进行的比较研究,针对具体制度进行的比较研究也多集中于《贼律》《具律》等主要篇章的体例、结构与具体内容等方面。基于出土法制文献的特征以及唐律在中国法制发展史上的重要地位,与唐律进行比较是针对秦汉律令及其体系发展演变进行深入探讨的必由之路,当然,这也是极为有效的研究路径。不论相关成果是否明确标示"比较研究",与唐律相比较的内容在论证过程中皆占有极大比重。代表性成果包括(但不限于):《张家山汉简〈贼律〉研究——兼与秦律、唐律相比较》⑤《秦汉法典体系的演变》⑥《竹简秦汉律与唐律》⑦《从秦、汉律到唐律的变化看齐儒学对中国刑律的影响》⑧《竹简秦汉律与唐律所见司法制度的嬗变》⑨《秦汉简牍法律文献所见死刑与〈唐律疏议〉死刑之比较》⑩。亦有针对具体罪名展开的比较研究,如《奸罪的观

---

① 高恒:《秦汉简牍中法制文书辑考》,社会科学文献出版社2008年版。
② 李明晓等:《散见战国秦汉简帛法律文献整理与研究》,西南师范大学出版社2011年版。
③ 陈松长等:《岳麓书院藏秦简的整理与研究》,中西书局2014年版。
④ 孙铭:《简牍秦律分类辑析》,西北大学出版社2014年版。
⑤ 武树臣:《张家山汉简〈贼律〉研究——兼与秦律、唐律相比较》,载韩延龙主编:《法律史论集(第5卷)》,法律出版社2004年版。
⑥ 孟彦弘:《秦汉法典体系的演变》,载《历史研究》2005年第3期。
⑦ 闫晓君:《竹简秦汉律与唐律》,载《学术月刊》2005年第9期。
⑧ 陈红太:《从秦、汉律到唐律的变化看齐儒学对中国刑律的影响》,载《政法论坛》2006年第6期。
⑨ 崔永东:《竹简秦汉律与唐律所见司法制度的嬗变》,载《暨南学报(哲学社会科学版)》2011年第6期。
⑩ 赵久湘:《秦汉简牍法律文献所见死刑与〈唐律疏议〉死刑之比较》,载《渤海大学学报(哲学社会科学版)》2020年第1期。

念——从汉律到唐律》①《秦汉律与唐律杀人罪立法比较研究》②。

5. 针对出土法制文献词汇、语言的注释与考证

从各种角度出发针对出土法制文献的研究，都在不同程度上涉及专门词汇、语言的含义与用法，尤其是注释类作品对于出土简牍中的词汇、语言的涉及更加广泛。出土法制文献研究成果中亦常见专门针对词汇、语言进行考释的作品，代表性成果包括（但不限于）：《漢簡語彙——中国古代木簡辞典》③《汉简语汇考证》④。但这类成果多以介绍性内容为主，对于所用资料的性质亦未有重点关注，如《汉简语汇考证》包含三部分：汉简概说、事项考证、语汇考证。其中事项考证主要涉及职官制度等内容，语汇考证包含了100例术语，主要是对《辞典》中部分汉简语词进行考论。相关内容并未凸显法制文献作为法律规范或司法文书等的特质，当然，其主旨亦不在此。目前所见，仅有极个别的成果突出了出土法制文献中专门词汇作为立法语言的属性，并围绕其表述形式、含义与用法进行了一些初步探讨，如《汉代的立法形式与立法语言》⑤《二年律令に見える法律用語—その（一）》⑥《从"贼杀"到"故杀"》⑦。但限于体例、篇幅与材料范围，具体研究难以系统、深入地展开。

6. 针对魏晋南北朝律令体系的综合研究

魏晋南北朝律令体系研究具有两层极为特殊的含义：一方面，西晋

---

① 〔日〕冨谷至：《奸罪的观念——从汉律到唐律》，赵晶译，载徐世虹主编：《中国古代法律文献研究》（第八辑），社会科学文献出版社2014年版。
② 刘晓林：《秦汉律与唐律杀人罪立法比较研究》，商务印书馆2021年版。
③ 京都大学人文科学研究所简牍研究班编：《漢簡語彙——中国古代木簡辞典》，岩波书店2015年版。
④ 〔日〕冨谷至编：《汉简语汇考证》，张西燕译，中西书局2018年版。
⑤ 徐世虹：《汉代的立法形式与立法语言》，载《内蒙古大学学报（哲学社会科学版）》1997年第1期。
⑥ 冨谷至「二年律令に見える法律用語—その（一）」東方學報第76册（2004年）。
⑦ 刘晓林：《从"贼杀"到"故杀"》，载《苏州大学学报（法学版）》2015年第1期。

泰始立法之后的律、令分途给秦汉以来的法律体系带来极大改变，而唐代律、令、格、式的清晰界分显然是沿袭自魏晋南北朝律令体系；另一方面，魏晋南北朝时期被称作中国法制发展史上的"法典化时期"或"制定法时期"，就此而言，一些核心问题我们并未清晰地回答：为何这一时期出现了制定法或法典备受重视的强烈势头而又迅速衰落？由于传世法律文本的欠缺，针对魏晋南北朝律令体系的探讨始终难以深入。虽然近五十年出土法制文献不断涌现，极大推动了相关研究，但出土法制文献在内容方面集中于战国秦汉，学界关于法典化的发展趋势以及律、令、格、式的性质及其关系等基本问题似乎仍未达成共识。总体来看，中外学界关于魏晋南北朝律令体系的研究所运用的材料以传世法律文本、正史文献以及出土秦汉法制文献为主，针对其中的基本问题做了卓有成效的探讨。代表性成果包括（但不限于）：《漢唐間の法典についての二・三の考証》[1]《试述秦汉至隋法律形式"格"的递变》[2]《北朝法制研究》[3]《南朝法制的创新及其影响》[4]《魏晋南北朝隋唐立法与法律体系》[5]《魏晋令初探》[6]《西晋法典体系研究》[7]《中古礼典、律典分流与西晋〈新礼〉的撰作》[8]。

7. 针对唐律与唐代法制以及其中立法语言、立法技术的专门研究

《唐律疏议》体系完整、言辞精密、学理透彻，堪称中华法系之杰作，其影响及于整个东亚文化圈。中外学者对唐律与唐代法制进行了充分

---

[1] 滋賀秀三「漢唐間の法典についての二・三の考証」東方學第17輯（1958年）。
[2] 钱元凯：《试述秦汉至隋法律形式"格"的递变》，载《上海社会科学院学术季刊》1987年第2期。
[3] 邓奕琦：《北朝法制研究》，中华书局2005年版。
[4] 吕志兴：《南朝法制的创新及其影响》，载《法学研究》2011年第4期。
[5] 楼劲：《魏晋南北朝隋唐立法与法律体系》，中国社会科学出版社2014年版。
[6] 李俊强：《魏晋令初探》，科学出版社2020年版。
[7] 邓长春：《西晋法典体系研究》，中国政法大学出版社2022年版。
[8] 杨英：《中古礼典、律典分流与西晋〈新礼〉的撰作》，载《社会科学战线》2017年第8期。

研究,针对唐律立法思想与立法技术也有一些深入探讨。其中我国学者的代表性成果包括(但不限于):《唐律通论》[①]《唐律各论》[②]《唐律初探》[③]《唐律研究》[④]《唐律疏议笺解》[⑤]《敦煌吐鲁番唐代法制文书考释》[⑥]《唐律学通义》[⑦];以及高明士与钱大群编著的唐律研究系列成果;[⑧]另有海外学者的相关成果,如《唐宋法律文書の研究》[⑨]《唐法史源》[⑩]《初唐法律论》[⑪]等。尚有其他学者与成果,此处不再详列。唐律与唐代法制研究成果中一般都会对立法技术、法典结构等问题有所涉及,如钱大群《唐律研究》[⑫]专章探讨了"唐律的结构",王立民《唐律新探》专章探讨了"唐律的'疏议'作用"与"唐律律条的协调",但此类研究成果旨在全面介绍唐律与唐代法制的整体状况与立法思想,针对特定词汇、术语及相应立法技术

[①] 鉴于唐律在东亚法制史上的重要地位与影响,以《唐律通论》为书名的成果较多,其中徐道邻、戴炎辉所著最具代表性。参见徐道邻:《唐律通论》,中华书局1947年版;戴炎辉:《唐律通论》,戴东雄、黄源盛校订,元照出版公司2010年版。

[②] 戴炎辉:《唐律各论》,成文出版社有限公司1988年版。

[③] 杨廷福:《唐律初探》,天津人民出版社1982年版。

[④] 乔伟:《唐律研究》,山东人民出版社1986年版。

[⑤] 刘俊文:《唐律疏议笺解》,中华书局1996年版。

[⑥] 刘俊文:《敦煌吐鲁番唐代法制文书考释》,中华书局1989年版。

[⑦] 潘维和:《唐律学通义》,汉林出版社1979年版。

[⑧] 钱大群的唐律研究系列成果如钱大群、钱元凯:《唐律论析》,南京大学出版社1989年版;钱大群、夏锦文:《唐律与中国现行刑法比较论》,江苏人民出版社1991年版;钱大群:《唐律与唐代吏治》,中国政法大学出版社1994年版;钱大群:《唐律与唐代法律体系研究》,南京大学出版社1996年版;钱大群:《唐代行政法律研究》,江苏人民出版社1996年版;钱大群:《唐律疏义新注》,南京师范大学出版社2007年版。高明士主编的唐律研究系列成果如高明士主编:《唐律与国家社会研究》,五南图书出版股份有限公司1999年版;高明士主编:《唐律诸问题》,台大出版中心2005年版;高明士主编:《唐代身分法制研究——以唐律〈名例律〉为中心》,五南图书出版股份有限公司2003年版。

[⑨] 仁井田陞『唐宋法律文書の研究』(東方文化學院東京研究所,1937年)。

[⑩] 〔德〕卡尔·宾格尔:《唐法史源》,金晶译,商务印书馆2023年版。

[⑪] 〔英〕丹尼斯·C.特威切特:《初唐法律论》,张中秋摘译,贺卫方校,载《比较法研究》1990年第1期。

[⑫] 钱大群:《唐律研究》,法律出版社2000年版。

等具体问题的挖掘相对不足。

以笔者所见,针对唐律立法技术进行的专门研究也较为丰富,代表性成果包括(但不限于):《传统思维方式对当代中国立法技术的影响》[1]《唐律与明律立法技术比较研究》[2]《唐律立法量化技术运用初探》[3]《论法律儒家化的完成和古代立法技术的第一次大发展——秦、唐律比较研究后的一个发现》[4]《唐律、〈高丽律〉法条比较研究》[5]《为什么说〈唐律疏议〉是一部优秀的法典》[6]《中国传统法典条标的设置与现今立法的借鉴》[7]《追寻定性与定量的结合——〈唐律〉立法技术的一个侧面》[8]。以上成果对唐律立法技术的不同侧面分别作了比较深入的探讨,其切入点集中于立法量化技术与比较研究两方面,个别成果对立法语言、法律词汇稍有涉及,但限于文章主题,未能以立法语言切入唐律立法技术,也就未能针对立法体例与法典结构展开系统探讨。

还有一些词汇学、语言学的研究成果对唐律中的立法语言作了深入探讨,代表性成果包括(但不限于):《论唐代的立法语言》[9]《〈唐律疏议〉词语杂考》[10]《〈唐律疏议〉词语考释》[11]《中古及近代法制文书语言

---

[1] 郝铁川:《传统思维方式对当代中国立法技术的影响》,载《中国法学》1993年第4期。
[2] 侯欣一:《唐律与明律立法技术比较研究》,载《法律科学》1996年第2期。
[3] 钱大群:《唐律立法量化技术运用初探》,载《南京大学学报(哲学·人文科学·社会科学)》1996年第4期。
[4] 冯岚:《论法律儒家化的完成和古代立法技术的第一次大发展——秦、唐律比较研究后的一个发现》,载《中山大学研究生学刊(社会科学版)》2001年第4期。
[5] 张春海:《唐律、〈高丽律〉法条比较研究》,载张仁善主编:《南京大学法律评论》2011年秋季卷,法律出版社2011年版。
[6] 张中秋:《为什么说〈唐律疏议〉是一部优秀的法典》,载《政法论坛》2013年第3期。
[7] 王立民:《中国传统法典条标的设置与现今立法的借鉴》,载《法学》2015年第1期。
[8] 姜涛:《追寻定性与定量的结合——〈唐律〉立法技术的一个侧面》,载《安徽大学学报(哲学社会科学版)》2016年第1期。
[9] 陈炯:《论唐代的立法语言》,载《江南学院学报》2001年第3期。
[10] 董志翘:《〈唐律疏议〉词语杂考》,载《南京师大学报(社会科学版)》2002年第4期。
[11] 董志翘:《〈唐律疏议〉词语考释》,载《古籍整理研究学刊》2003年第1期。

研究——以敦煌文书为中心》[①]《古代法律词汇语义系统研究——以〈唐律疏议〉为例》[②]《立法语言中的法律常用词研究》[③]《〈唐律疏议〉词汇研究》[④]。这些成果对唐律语言、词汇的梳理非常细致，对于其语法、语义、语用等方面的探讨非常深入。但限于学科背景以及研究主题，未能将微观层面的语词、语义分析与法律原理、法典体例进行沟通。因此，在专门的词汇学与语言学研究领域，《唐律疏议》与其他文本并无本质的差异，其中包含的词汇、术语并没有作为立法语言而体现出其特有属性，更不会通过立法语言深入分析相应立法技术与法典体例。

需要说明的是，针对特定出土法制文献的集中研究也有对其沿袭与发展的探讨，针对具体术语的集中考察亦会延伸至相关制度的梳理，针对某一时期律令体系或整体法制状况的综合研究往往以特定制度、具体条文甚至若干术语切入。因此，对现有研究成果分类的依据是其主要侧重点，相互之间的交织不可避免，并非依据统一标准所做的完全分类。

（三）总结：已有成果的贡献与可以深化的方向

基于中国古代律令体系的重大意义、出土法制文献的重要影响以及唐律的突出地位，中外学者在充分利用出土法制文献的基础上，对于秦汉律令体系及其发展演变、魏晋南北朝律令体系、秦汉律令与唐律令的比较研究等宏观方面已展开了较为系统的探讨；对于出土法制文献中的专门词汇、术语及其与唐律的比较研究等微观方面也进行了比较深入的

---

① 王启涛：《中古及近代法制文书语言研究——以敦煌文书为中心》，巴蜀书社 2003 年版。

② 王东海：《古代法律词汇语义系统研究——以〈唐律疏议〉为例》，中国社会科学出版社 2007 年版。

③ 王东海：《立法语言中的法律常用词研究》，载《同济大学学报（社会科学版）》2013 年第 1 期。

④ 曹小云：《〈唐律疏议〉词汇研究》，安徽大学出版社 2014 年版。

挖掘。总体来说，现有成果已将秦汉至唐律令体系相关内容的研究推向了一定的理论高度。但是随着新出简牍秦汉律令不断涌现、部门法学基础理论不断发展以及基础史料数字化程度不断提高，针对中国古代律令体系及其发展演变的研究仍有一些可以持续深化的方向。

1. 已有成果的贡献

首先，将出土法制文献与正史文献、传世法典充分结合，对秦汉法制的一些具体内容进行了较为深入的探讨，并针对秦汉律令体系进行了初步描述。通过20世纪初大量汉律辑佚考证的优秀作品，秦汉法律的大致面目得以初现，在此基础上，秦汉律令体系的研究进一步深入，伴随着简牍秦汉律令不断出土及相关研究的不断深化，秦汉律令的内容陡然丰富，学者的研究视角由此及于相应领域，秦汉律令的整体结构大致清晰。在此基础上，我们对秦汉律令的发展方向及其趋势、规律，以及最终面貌有了较为系统的认识。

其次，立足于特定出土法制文献针对秦汉律令的具体内容进行了专门注释与研究，为秦汉律令体系的初步理论建构提供了素材。限于史料，针对秦汉律令体系做全面、系统探讨显得既不可能、亦无必要。说其不可能，是因为迄今为止公开的出土文献数量过于巨大，单就其中与律令、法制相关的文献而言，数量仍然过于庞大；说其无必要，是因为大量出土法制文献横向上所反映的地域性、纵向上所反映的时代性特征都非常明显，更何况中国古代律令体系亦极为复杂，出土秦汉法制文献并不能构成集中描述特定时段、特定地域法律体系的素材。此背景下，针对特定文献的专门注释与研究，既为全面认识秦汉律令体系的基本特征奠定了坚实的基础，又为秦汉律令体系相关理论的构建提供了有效路径。

最后，以出土文献为基础的秦汉律令与唐律令比较研究，为深入了解中国古代法律体系由秦汉至唐的发展、演变提供了具体素材。通过深入的比较研究，亦能发现秦汉至唐一脉相承的立法精神。中国传统法制由秦汉至唐代的发展过程，是中国法律发展史最为重要的一个阶段。秦汉律与唐律的比较研究也是揭示中国传统法制形成、发展及其轨迹、规律的重要途径。秦汉律令与唐律令的比较研究显然是在直接文献欠缺的情况下，了解中国古代律令体系在秦汉至唐这一至关重要的发展阶段所作的有效尝试。

2. 可以深化的方向

回顾学术史，秦汉至唐律令体系及其中的典型术语、具体制度等问题已经引起历史学、法学、考古学、语言学等多学科的共同关注。中外学者围绕律令辑佚、基础史料整理与专题研究等方面展开了有益探讨，相关研究呈现逐渐向纵深、细化发展的特点，并且已经取得了极为丰硕的成果。但是，从现有成果中不难发现，在秦汉至唐律令体系不断深入的研究过程中，仍有一些值得深入探讨的问题。针对出土法制文献所见律令立法语言进行系统汇总、全面梳理的成果仍不多见，在考订其表述形式、含义与用法的基础上，揭示其发展演变脉络与详细轨迹的成果付诸阙如。具体来说，在已有研究成果的基础上，可以进一步深化的诸多问题大致可以总结为以下三个方向：

首先，"词汇""术语"不等于"立法语言"，针对律令体系中立法语言的专门研究有待加强。德国法学家麦考密克说："法学其实不过是一门法律语言学。"① "迄今为止的所有立法活动几乎都以语言文字为载体——仅此而言，就足以表明从语言或语言学的角度考察法律或立法是一项必要且有意义的工作。"② 立法语言是法律概念、法律规范与法律原则的直接载体，但立法语言并不等于一般的词汇、术语。法律规范中使

---

① 舒国滢：《战后德国法哲学的发展路向》，载《比较法研究》1995 年第 4 期，第 348 页。
② 周赟：《立法语言的特点：从描述到分析及证立》，载《法制与社会发展》2010 年第 2 期，第 134 页。

用的立法语言和各种特殊的应用技巧,必须经过系统化的法学训练方能理解和掌握。立法语言不仅有特定的表述形式与法律含义,而且必须将其放置在特定法律体系中去理解。已有研究对出土法制文献中的相关词汇进行了较多探讨,亦有专门的辞书类成果,但针对立法语言的深入分析尚不多见,系统梳理典型立法语言之间复杂关系的成果付诸阙如。由此而言,充分重视法制文献的"法律"属性,充分重视法学理论与部门法学基本原理的方法论意义;针对"立法语言"所涉及的大量出土文献与传世文献进行有效分类与整理;立足法律发展的基本理论,对律令体系的沿革与发展规律作系统总结,对于深化秦汉至唐律令立法语言的整体研究,具有极为重要的方法论意义。

其次,不同"类型"的立法语言在律令体系中具有截然不同的用法与功能,针对律令体系中典型立法语言的"分类"整理与研究有待完善。"中国的法制文献汗牛充栋,但长期以来,法制文献中的术语诠释却不尽如人意,这对于汉语史和法制史的研究都极为不利。"[①] 律令体系中包含着数量极为巨大的立法语言,其表达着不同的含义、具有不同用法;在不同语境中,有着相同表述形式的立法语言也具有不同用法。已有研究针对秦汉至唐律令体系中若干具体立法语言,分别进行了深入探讨,但有效"分类"仍有不足。由此而言,只有针对秦汉至唐律令体系中的典型立法语言进行详细统计与分类整理,才能使进一步的研究更加有效。

最后,律令体系中的立法语言相互之间存在包含、相异以及效力层级高低等复杂关系,还存在发展、演变过程中的替代关系,针对典型立法语言之间复杂关系的研究有待深入。针对律令体系中典型立法语言的研究不等于律令体系的研究,在针对若干典型立法语言进行深入探讨

---

① 王启涛、徐华:《〈唐律疏议〉得名考》,载《西南民族大学学报(人文社会科学版)》2011年第12期,第186页。

的基础上,充分梳理不同立法语言之间的复杂关系,从"复杂"的系统中概括出"简单"的规律才是针对秦汉至唐律令体系的有效研究。现有研究对于典型立法语言之间复杂关系的关注程度有待加强。由此而言,在对秦汉至唐律令体系中大量典型立法语言进行有效分类的基础上,充分关注其相互之间的复杂关系,才能通过针对典型立法语言的研究,形成对于秦汉至唐律令体系及其发展演变规律较为全面的认识。这种复杂关系既包括横向上不同术语之间层级、效力、含义等方面的逻辑关系,又包括纵向上不同术语之间的沿袭、演变、替代等方面的关系,还包括典型术语的发展轨迹、渐次形成的若干特征等方面的内容。

三、问题与思路

(一)主要问题

"秦汉至唐律令立法语言"是一个极为宏大且复杂的问题域,"论要"即论其"要"者。面对这一宏大且复杂的问题域,哪些是研究者应予关注的问题,哪些是笔者意图关注的问题,哪些又是本书能够关注的问题,尚需进一步明确。基于相关研究领域的学术史回顾,笔者意图关注又能够在本书中稍作论述的主要问题集中于以下三点。

1. 律令立法语言的筛选与分类问题

大量简牍文献的出土为我们深入认识秦汉法制及其体系提供了直接素材,但短期内对简牍法制文献及其反映的秦汉律令与法律体系产生全面、清晰的认识仍有困难,主要困难是简牍秦汉律令固有的时代性与地域性。以立法语言切入,结合正史文献与传世法典做综合比较,以小见大、提纲挈领地对秦汉律令、法律体系及相关理论问题进行分析显然是克服这一困难的有效途径。就此而言,针对律令立法语言的选取与分类极为关键。立法语言是法律规范、法典乃至法律体系最为基本的构成要素;具有典型意义的立法语言之于法律规范、法典与法制体系,犹如意义之网上的扭结,亦如明清律学家所总结的"律母"与"律眼"。① 面对海量文献,我们所选取的是否恰好是"网之扭结",直接决定着研究是否具有针对性;针对大量形态各异的"扭结"是否能做妥当分类,则决定着研究是否有效。

2. 律令立法语言的整体发展方向问题

秦汉至唐是中华法系与中华传统法律文化由初步形成、发展到高度成熟、完备的关键时期。限于史料,中外学者对于这一时期法律体系发展演变的详尽轨迹尚未产生系统、全面的认识。由于《唐律疏议》传世,加之唐代令、格、式及相应研究成果较为丰硕,尤其是 20 世纪末《天圣令》的发现,为我们全面认识唐代律令体系提供了坚实的史料与理论基础。若选取适当的切入点与有效路径,秦汉至唐法律体系的整体发展方向是清晰可辨的。就此来看,"秦汉至唐律令立法语言"包含的主要问题是:在适当分类、有效比较的基础上,系统考订典型术语的含义、表述形式与用法;通过纵向比较,深入揭示相同或相似立法语言在含义与用法等方面的发展、演变轨迹,并对其背后隐含的规律试作描述。通过对律令立法语言整体发展方向的把握,试图建构起秦汉至唐律令立法语言的谱系,渐次呈现律文、律篇与律典背后蕴含的立法意图、法律观念及其发展历程,并由此展现中华法系与中华优秀传统法律文化的精微之处。

3. 推动中华优秀传统法律文化创造性转化、创新性发展问题

习近平总书记指出:"对历史最好的继承就是创造新的历史,对人

---

① 参见[清]王明德:《读律佩觿》卷之一、卷之二,何勤华等点校,法律出版社 2001 年版。

类文明最大的礼敬就是创造人类文明新形态。"① 秦汉至唐律令立法语言及其所呈现的法律体系、法律文化与法治文明不只是静态的历史,而是中华民族几千年探索自我治理的智慧凝结。"传承中华文化,绝不是简单复古,也不是盲目排外,而是古为今用、洋为中用,辩证取舍、推陈出新,摒弃消极因素,继承积极思想,'以古人之规矩,开自己之生面',实现中华文化的创造性转化和创新性发展。"② 立足中国特色社会主义法治实践,面向中国式法治现代化,"秦汉至唐律令立法语言"还包含着三个重大问题:首先,借鉴人文社会科学领域的新成果,充分利用现代技术,推动秦汉至唐律令立法语言及相关法制文献保存、整理与传播,"加强对法律文化典籍、文物的保护和整理,让书写在古籍里的文字活起来、传下去"。③ 其次,促进中华优秀传统法律文化创造性转化和创新性发展。从微观视角揭示中国古代法制发展的轨迹与脉络,系统、深入地了解中华法治文化及其发展方向,为坚定制度自信与文化自信提供理论基础。最后,为中国自主法学知识体系的构建提供智识资源。"中华优秀传统法律文化是中国自主法学知识体系的思想源泉和文化根脉",④ 以秦汉至唐律令立法语言切入,全面挖掘中华法治文明精华,并赋予其新的时代内涵,总结提炼具有主体性、原创性、标识性的概念、观点、理论。

(二)基本思路

针对秦汉至唐律令立法语言的主要问题,以简牍秦汉律令、汉代之后大量的碑刻法制文献以及敦煌法制文书等出土文献为基础,并充分考虑文献记载的内容、范围、时代等方面的特征;综合利用正史《刑法志》

---

① 习近平:《在文化传承发展座谈会上的讲话》,载《求是》2023 年第 17 期,第 11 页。
② 《习近平在文艺工作座谈会上的讲话》,载《人民日报》2015 年 10 月 15 日,第 2 版。
③ 中共中央办公厅 国务院办公厅印发《关于加强社会主义法治文化建设的意见》。
④ 张文显:《论建构中国自主法学知识体系》,载《法学家》2023 年第 2 期,第 6 页。

等传世文献以及《唐律疏议》等传世法典,针对秦汉至唐律令立法语言进行分类整理与深入研究。在系统梳理与集中归纳的基础上,考订立法语言的表述形式、含义与用法,尤其是对其出现在律令条文中所具有的专门属性作比较详尽的说明,以之强调法制文献的专业性,并且突出立法语言区别于其他文献中常见词汇的专门含义与用法。力图对秦汉至唐律令立法语言进行横向上的分类与纵向上的分层,即表述形式、含义与用法等功能上的分类,以及立法语言内涵的深度、广度、抽象化程度以及适用效力等性质上的分层。并将若干具有典型意义的立法语言之间的关系作出比较清晰的梳理,在此基础上进行理论抽象与概括。总体来说,针对"秦汉至唐律令立法语言"的研究思路可概括为:通过史料收集奠定研究基础,通过分类整理明确研究方向,通过谱系建构尝试理论提升。

四、引注说明

本书引用唐律条文皆引自[唐]长孙无忌等:《唐律疏议》,刘俊文点校,中华书局1983年版。所引律文皆标明篇目、条标与总条文数,如《唐律疏议·名例》(或仅标明《名例》)"除免比徒"条(23)。文中引用唐律及其注、疏条文不再一一注明出处与具体页码。若引此书中收录的其他文献,则分别注明出处,如引用柳赟《唐律疏义序》中原文,则标注相应出处与出版信息"[元]柳赟:《唐律疏义序》,载[唐]长孙无忌等:《唐律疏议》,刘俊文点校,中华书局1983年版,第663页"。

本书引用睡虎地秦墓出土秦律令皆引自睡虎地秦墓竹简整理小组:《睡虎地秦墓竹简》,文物出版社1990年版。引用内容以《法律答问》为主,亦包含《秦律十八种》《秦律杂抄》《封诊式》中的相关内容。所引简文皆标明种类、简号。如睡虎地秦简"告臣"《爰书》:"丙,甲臣,桥(骄)

悍,不田作,不听甲令。谒买(卖)公,斩以为(三七)城旦,受贾钱。……(三八)"文中引用睡虎地秦简原文不再一一注明出处与具体页码,若引用整理小组的注释内容则标明出处。整理小组在《睡虎地秦墓竹简·释文》中将简号标于标点符号之前,如《法律答问》:"免老告人以为不孝,谒杀,当三环之不?不当环,亟执勿失(一〇二)。"本书中引用睡虎地秦简原文时,与张家山汉简及其他文献标注方式保持一致,将简号标于标点符号之后:"……亟执勿失。(一〇二)"

本书引用张家山二十七号汉墓出土汉律令皆引自张家山二四七号汉墓竹简整理小组:《张家山汉墓竹简〔二四七号墓〕(释文修订本)》,文物出版社2006年版。引用内容以《二年律令》为主,亦包含《奏谳书》中部分内容。所引简文皆标明种类、简号。如张家山汉简《二年律令·置后律》:"其自贼杀,勿为置后。(三七五)"文中引用张家山汉简原文不再一一注明出处与具体页码,若引用整理小组的注释内容则标明出处。整理小组将简号标于标点符号之后,如张家山汉简《二年律令·贼律》:"拚(矫)制,害者,弃市;不害,罚金四两。(十一)"本书引用张家山汉简原文时与之保持一致。

本书引用其他秦汉简牍文献如岳麓书院藏秦简、里耶秦简、居延汉简、敦煌汉简等,皆注明出处与出版信息。

第一章 "亦如之":技术性立法语言的形成与演化

  法律条文难以穷尽需要调整的社会关系,不论是具体、个别地列举还是抽象、概括地规定,都会出现大量需要法律评价而未能被立法的直接表述所覆盖的行为。此问题并非客观具体、一事一例的中国古代立法所独有,但其重大意义在传统制定法体系之内更加凸显。以唐律为代表的传统刑律中,一般将立法未直接列举定罪量刑条款的行为通过典型术语予以标识,并参照条文中规定了量刑条款的同质或同类行为,进而援引相应量刑条款。立法者或注律者在规范体系中自觉地使用这些术语,并在律典中对其含义、功能及量刑方面的限制进行集中注解。如《唐律疏议·名例》"称反坐罪之等"条(53)集中列举了"罪之""坐之""与同罪",以及"准盗论""以盗论"等典型术语。[1] 相关内容也为当代学者所关注。[2] 还有一些较为典型的术语,虽然在律典中频繁适用,也引

---

[1] 本条"律疏"对"罪之""坐之""与同罪"等术语进行了解释:"罪之者,依例云:'自首不实、不尽,以不实、不尽之罪罪之。'坐之者,依例:'余赃应坐,悔过还主,减罪三等坐之。'与同罪者,《诈伪律》:'译人诈伪致罪,有出入者,与同罪。'止坐其罪者,谓从'反坐'以下,并止坐其罪,不同真犯。故'死者止绞而已'。"

[2] 代表性成果包括(但不限于):霍存福、丁相顺:《〈唐律疏议〉"以""准"字例析》,载《吉林大学社会科学学报》1994年第5期;张田田:《〈唐律疏议〉"与同罪"条款分析》,载《学术研究》2014年第4期;陈锐:《"例分八字"考释》,载《政法论坛》2015年第2期;刘晓林:《唐律立法体例的实证分析——以"不用此律"的表述为中心》,载《政法论坛》2016年第5期;刘晓林:《唐律中的"余条准此"考辨》,载《法学研究》2017年第3期;吴欢:《明清律典"例分八字"源流述略——兼及传统律学的知识化转型》,载《法律科学》2017年第3期。

起了后世注释者的关注，但是针对其进行专门探讨的成果仍比较缺乏。"亦如之"便是其中极具代表性的术语。《大明律集解附例》"称与同罪"条后有一段按语："律有言'罪同'及'罪亦如之'者，皆承各条上文，言谓上文已有其所犯罪名，下所犯者情与相类，……盖此条原无'罪同'及'亦如之'之类，故特明之。"[①] 可见，唐代及后世律典、律学著作中，"亦如之"等术语都发挥着重要作用、具有重要价值，但未有律学家对其进行集中注解。当代学者亦对之有所措意，但限于相关成果的体例，未能深入挖掘。[②] 标识参照、援引的特定术语及其在法律规范中的特定表述形式，包含着较微观的技术问题，但其最终体现的是法的功能与价值等中观甚至宏观问题，而这些问题与立法者特定的旨趣、意图密不可分。基于此，本章从"亦如之"作为立法语言的形成与演化入手，对其在律典中的表述形式、分布及含义、用法等专门特征稍作梳理，在此基础上对律设此语的旨趣及其对于律典的价值试做总结。

一、渊源与演进

"亦如之"在唐代之前正史文献、经典文献及其注疏中已极为常见，且表述形式、含义与用法都非常稳定。如《汉书·百官公卿表》："县大率方百里，其民稠则减，稀则旷，乡、亭亦如之，皆秦制也。"[③] 乡、亭之行政级别与县不同，但其辖内人口的控制标准与县一致。《左传·隐公

---

① 《大明律集解附例》卷一，光绪戊申重刊版（第 2 册），修订法律馆藏，第 92—93 页。标点为笔者所加。

② 戴炎辉、钱大群分别在其代表作《唐律通论》《唐律研究》中对唐律中的"罪亦如之"有所解释，但限于通论性质的著作体例，未能专门探讨。参见戴炎辉：《唐律通论》，元照出版公司 2010 年版，第 465 页；钱大群：《唐律研究》，法律出版社 2000 年版，第 138—139 页。

③ ［汉］班固撰、［唐］颜师古注：《汉书》卷十九上《百官公卿表》，中华书局 1962 年版，第 742 页。

八年》:"官有世功,则有官族,邑亦如之。"① 先代做官而有功绩,可以其官名作为族氏,封地也可以作为族氏。可见,官名、封地皆是族氏的来源,但两者性质不同。《礼记·王制》:"八十拜君命,一坐再至,瞽亦如之。九十使人受。"孙希旦集解:"拜君命,谓君有所赐而拜受之也。凡拜君命者,必再拜稽首:坐而一拜,兴而又坐一拜。八十者,一坐而以首再至于地,杀其礼以优之也。瞽者无目,故亦如之。九十者,于君命不亲受,弥优之也。"② 八十岁的老人拜受君命可以享有优遇,不必严格遵循礼制定式;盲人拜受君命亦可与八十岁的老人享有同样优遇;九十岁的老人可以享有更高优遇,不亲自拜受君命。可见,八十、九十拜受君命所享有之优遇以及优遇之内容由其年龄决定,瞽者与八十之人享有同样优遇,但决定因素并非年龄,而是其身体状况。与法律规范最为相近的内容见于《周礼·地官司徒·调人》:"凡过而杀伤人者,以民成之。鸟兽亦如之。"郑玄注曰:"过失杀伤人之畜产者。"贾公彦疏曰:"亦谓过误杀伤人之鸟兽,若鹰隼牛马之属,亦以民平和之。"③ 即过失杀伤人,"以民成之";过失杀伤人之畜产,同样"以民成之"。

简牍秦汉律令中未见"亦如之",但见有相似术语。睡虎地秦简《法律答问》:"可(何)谓'赎鬼薪鋈足'? 可(何)谓'赎宫'? ·臣邦真戎君长,爵当上造以上,有罪当赎者,其为群盗,令赎鬼薪鋈足;其有府(腐)罪,【赎】宫。其它罪比群盗者亦如此。(一一四)"就表述形式来看,"亦如此"与"亦如之"一致,"此"与"之"皆指代前述列举内容。就简文内容稍作分析:有纯粹少数民族血统的少数民族首领,其有上造以上之爵,

---

① [周]左丘明传、[晋]杜预注、[唐]孔颖达正义:《春秋左传正义》卷第四,北京大学出版社1999年版,第115页。
② [清]孙希旦:《礼记集解》卷十四《王制第五之三》,沈啸寰、王星贤点校,中华书局1989年版,第382页。
③ [汉]郑玄注、[唐]贾公彦疏:《周礼注疏》卷第十四《调人》,北京大学出版社1999年版,第357—358页。

若犯群盗则赎鬼薪鋈足；若犯腐罪则赎宫。这显然是对少数民族首领犯罪而应受之处罚的优遇，不处真刑而缴纳相应财物。"其它罪比群盗者亦如此"，强调的是有纯粹少数民族血统的少数民族首领，除了犯群盗与腐罪之外，犯其他罪皆比照群盗，即准许适用赎而不处真刑。"亦如此"的用法与前述经典文献及其注疏中"亦如之"的用法显然一致，即虽然犯了不同的罪，都可以适用赎。①

秦汉时期正史文献、经典文献及其注疏中"亦如之"的出现非常普遍，且含义与用法固定，皆表达着不同对象须适用同一标准之意。简牍秦汉律令中此类表述较少，虽然仍见有大量"如律""如律令""如耐罪"等相似表述，但其用法与"亦如之""亦如此"的差异较为明显。②就此来看，后世刑律中作为立法语言的"亦如之"似乎是逐渐吸收了其作为一般词汇的通常用法。或者说，"亦如之"作为常见的固定表述形式，其用法在逐渐专门化的过程中，基本含义并未发生变化，但其在法律规范中开始具有了专门的意义，并且这种专门意义在特定法律体系中得以凸显。当然，限于史料，我们无法深入揭示通常词汇向专门术语转化的详尽过程及其轨迹。但《唐律疏议》无疑展现了"亦如之"进入法律规范与法典的完成形态。③

---

① 《法律答问》中出现的"亦如此"是否与其陪葬特征及抄本性质相关，即墓主人抄录律令条文时的用途及其记述习惯是否改变了抄录对象的原有格式与内容？这是值得探讨的另一个问题。如我们自《三国志》裴松之注中见到"亦如之"的使用极为频繁，这是否是个人汇总、抄录、注释文献时的习惯？颇为值得注意。

② 如睡虎地秦简《法律答问》："'邦客与主人斗，以兵刃，投（殳）梃、拳指伤人，挚以布。'可（何）谓'挚'，挚布入公，如赀布，入赀钱如律。（九〇）"张家山汉简《二年律令·户律》："诸不为户，有田宅，附令人名，及为人名田宅者，皆以卒戍边二岁，没入田宅县官。为人名田宅，能先告，除其（三二三）罪，有（又）畀之所名田宅，它如令律。（三二四）"

③ 此处所说的"完成形态"，是因为后世刑律中"亦如之"的含义与用法始终未发生变化，如《大清律例》中仍能看到"亦如之"作此种用法。

二、表述与分布

通过唐代之前正史文献、经典文献及其注疏中"亦如之"的表意及用法来看,此种表述形式表意核心在于"如之","之"指代前文列举的标准、规则,"如"是说不同主体、行为或事件,仍然适用之前的标准、规则。就此来看,"亦"并未表达实际的含义,仅做"仍然""也"等。以"如之"为关键词检索《唐律疏议》,我们看到律典中出现71次,其中包括67次"亦如之"与4次"各如之";"亦如之"的表述形式中,又包含着18次"罪亦如之"。梳理相关表述出现的条文可以清晰地看到,不同表述形式的分布亦有规律。"罪亦如之"主要出现于律文部分,相关内容涉及15条律文。①

《唐律疏议》中的"如之"分布于除《擅兴》之外各篇共计41条律文,仅就其出现频次与分布来看,呈现与其他典型术语相似的基本特

---

① 具体包括:《名例》"除免比徒"条(23);《卫禁》"已配仗卫辄回改"条(70)、"缘边城戍不觉奸人出入"条(89)、"烽侯不警"条(90);《职制》"庙享有丧遣充执事"条(101)、"文书应遣驿不遣"条(125)、"公事应行稽留"条(132)、"役使所监临"条(143);《厩库》"出纳官物有违"条(222);《诈伪》"对制上书不以实"条(368)、"诈称官捕人"条(372);《杂律》"不应入驿而入"条(409)、"得宿藏物隐而不送"条(447);《断狱》"囚应禁不禁"条(469)、"决罚不如法"条(482)。其中出现的18次"罪亦如之",有14次出现于律文、1次出现于"律注"、3次出现于"律疏"。出现于"律疏"中的内容有2次是对律文的解释或引述,《职制》(125)"文书应遣驿不遣"条:"若依式应须遣使诣阙而不遣者,罪亦如之。"《疏》议曰:"……此即应遣使诣阙,而不遣者,亦合杖一百,故云'罪亦如之'。"又《职制》"公事应行稽留"条(132):"……即公事有限,主司符下乖期者,罪亦如之。"《疏》议曰:"上文谓在下有违,此文谓'主司符下乖期者,罪亦如之',并同违会之罪。"可见"律疏"部分出现的"罪亦如之"未有表意方面的独立性。稍有不同的是1处出现于"律注"中的内容,《杂律》"得宿藏物隐而不送"条(447)"律注":"若得古器形制异,而不送官者,罪亦如之。"《疏》议曰:"注云'若得古器形制异,而不送官者',谓得古器,钟鼎之类,形制异于常者,依令送官酬直。隐而不送者,即准所得之器,坐赃论减三等,故云'罪亦如之'。"但律内"罪亦如之"的表述集中于律文部分的特征还是非常清晰的。

征,①具体分布详见表1.1：

表1.1 《唐律疏议》中"如之"的分布详表

篇名	涉及条数 （本篇中比例）	出现频次 （律、注、疏）	出现频次比例
《名例》（凡57条）	5（9%）	9（4、1、4）	13%
《卫禁》（凡33条）	4（12%）	6（4、0、2）	8%
《职制》（凡59条）	5（9%）	12（6、0、6）	17%
《户婚》（凡46条）	5（11%）	8（5、0、3）	11%
《厩库》（凡28条）	1（4%）	1（1、0、0）	1%
《擅兴》（凡24条）	0	0	0
《贼盗》（凡54条）	2（4%）	3（1、1、1）	4%
《斗讼》（凡60条）	2（3%）	3（2、0、1）	4%
《诈伪》（凡27条）	2（7%）	3（2、0、1）	4%
《杂律》（凡62条）	8（13%）	14（7、1、6）	20%
《捕亡》（凡18条）	2（11%）	2（2、0、0）	3%
《断狱》（凡34条）	5（15%）	10（5、0、5）	15%
总计	41	71（39、3、29）	100%

出现"如之"的各篇分布较为均衡,此种均衡表现在两方面:一是律内各篇分布较均衡,即包含条文多的律篇,"如之"出现的频次高,反之则低;二是律条内律文与"律注""律疏"分布较为均衡,律文部分出现"如之"的频次与"律注""律疏"部分出现的频次大致相当。但这种"均衡"正是引起我们关注的现象。《唐律疏议》凡12篇、30卷、502

---

① 基于笔者对《唐律疏议》中若干术语的梳理与分析,初步总结了典型术语在形式方面应当具备的基本特征:首先,在律典中出现的频次与分布应达到一定的普遍性,反之,仅出现了几次或仅在某一篇中出现的词汇,则不具备典型术语的基本特征;其次,在律典中的表述形式、含义与用法比较稳定,反之,表述形式过多,或所表达的含义与用法过多,则表明立法者对其使用较随意。由此判断,《唐律疏议》中"亦如之"的分布、表述形式、含义与用法呈现典型术语的基本特征。

条，据笔者统计，总计约22.8万字，其中律文部分约3.38万字，"律注"部分约0.8万字，"律疏"部分约18.6万字。若依字数与篇幅、体量来计算，律文与"律注""律疏"在法典内的比例分别为：15%、3%、82%。这个比例大致也是其中典型术语分布的平均值。由此来看，"如之"在律文与"律注""律疏"的分布大致相当，这表明此术语在律文部分出现非常集中，即"如之"在律文部分的出现高于律典中典型术语分布的平均值。

《唐律疏议》中"亦如之"尤其是"罪亦如之"在律文部分集中出现，表明此种表述形式应当是沿袭前代律典而来。结合前文对于正史文献、经典文献及其注疏中"亦如之"的分析，睡虎地秦简中的"其它罪比群盗者亦如此"应当具有一定的代表性，其与唐律中的"亦如之""罪亦如之"也应当具有较为直接的沿袭关系。当然，在现有材料的范围之内，要进一步探讨律典中作为立法语言的"亦如之""罪亦如之""各如之"及其渊源，必须在唐律具体条文的基础之上，深入分析其出现在律典中所表达的专门含义与用法。

三、含义与用法

"凡律以正刑定罪"，[①] 正史文献、经典文献及其注疏中常见的"亦如之"出现于律典中，且分布较为集中、适用较为广泛。那么，作为法律规范重要组成部分的"亦如之"必然围绕"正刑定罪"表达着专门含义。也就是说，唐律中的"亦如之"及"罪亦如之""各如之"所表达的含义必然是针对具体行为的定罪量刑而展开的。

唐律条文中的"亦如之"保持了通常用法，即不同对象适用同一标

---

① ［唐］李林甫等：《唐六典》卷第六，陈仲夫点校，中华书局1992年版，第185页。

准或后述对象援引前述对象同样的标准,但其作为立法语言的针对性更加明确、技术性更加突出。以条文中的"亦如之"为标识,可将相应法律规范的内容分为两部分:被援引部分与援引部分,援引部分以"如之"结束。显然,若脱离被援引部分,"……如之"并不具有完整的表意,因为"之"指引的便是同条中之前所列举的内容。也就是说,立法针对 A 行为列举了具体对应的刑等、刑种,并且规定了相应的计算标准,紧接着以"如之"标识 B 行为;条文中不再列举针对 B 行为的量刑条款,针对 B 行为的定罪量刑完全适用前述 A 行为的量刑条款,包括具体刑等、刑种,以及相应的计算标准。即"A……;B 亦如之"。虽然律学家及当代学者对于"亦如之"的含义与用法有所述及,[①]但要全面、有效解析其中包含的法律信息,还须将其置于具体条文中。结合唐律《名例》"除免比徒"条(23)的内容,对其中"罪亦如之""亦如之"的具体用法及蕴含的专门法律信息稍作分析。

　　……若诬告道士、女官应还俗者,比徒一年;其应苦使者,十日比笞十;官司出入者,罪亦如之。《疏》议曰:"'官司出入者',谓应断还俗及苦使,官司判放;或不应还俗及苦使,官司枉入:各依此反坐徒、杖之法,故云'亦如之'。"

律文规定,诬告道士、女官犯有应当使其还俗之罪的,处以徒一年;诬告道士、女官犯有应当使其苦使之罪的,苦使十日,处以笞十。这是针对诬告具有特殊身份之人的量刑条款,既然行为本身属于诬告,仅是

---

① 戴炎辉谓:"律称'亦如之'者,承前项之罪及其刑,后项之罪刑,亦如前项之谓。有时称之为'罪亦如之'。此通常用于各本条之罪名,但名例亦有之。就罪名而言,前项与后项,虽行为有异,论其定型(高次元罪名)即相一致,因而其刑法亦相同。……盖律定罪名,采取具体主义,前后项罪名似乎有异,但法律上评价则一样。"戴炎辉:《唐律通论》,第 465 页。钱大群谓:"'如之'用于同条后项之犯罪虽事有差异但性质及处罚同于本条前项之犯罪。"钱大群:《唐律研究》,第 138—139 页。

行为对象特殊,那么"诬告反坐"的一般量刑规则对之仍然适用。① 但是,我们非常直接地看到,"诬告反坐"的基本规则在此处无法直接适用,原因在于:一般人诬告具有特殊身份之人,针对特殊身份之人的处罚并不都适用于一般人。即诬告道士、女官犯有使其被强制还俗之行为,如何"反坐"诬告者?俗人自然难有还俗之说。因此,立法将一般量刑规则无法直接适用,而可能导致司法实践中出现的困难做了相应规定:诬告道士、女官犯有应当使其还俗之罪的,处以徒一年;诬告道士、女官犯有应当使其苦使之罪的,苦使十日,处以笞十。但道士、女官及律内其他法定身份在定罪量刑方面所具有的特殊意义是普遍的,若官司枉断道士、女官还俗或苦使,自然也无法以"全罪"论处相应官员。此处法律适用的困境在于:官司枉断道士、女官的行为与一般人诬告道士、女官的行为显然属于完全不同的行为,直接通过"以诬告论"或"准诬告论"的技术手段难以解决。而此处的"枉断"与"诬告"道士、女官所出现的定罪量刑困境,其背后的根源是一致的,即行为对象的特殊身份。明确了定罪量刑过程中的困惑、困境产生的根源以及立法者拟解决的问题,条文中的"亦如之"所表达的含义及其用法就非常清晰了。"官司出入者,罪亦如之""各依此反坐徒、杖之法,故云'亦如之'",即官司枉断道士、女官强制还俗,或道士、女官犯有应强制还俗之罪而官司枉断其无罪的,官司处以徒一年;官司枉断道士、女官犯有应当使其苦使之罪的,枉断苦使十日,官司处以笞十,同理,道士、女官犯有应当苦使之罪而官司枉断其无罪的,按照相应天数处以笞刑。

另需注意,《名例》"除免比徒"条(23)律文部分使用"罪亦如之"表达官司枉断道士、女官与常人诬告道士、女官适用相同的量刑规则与

---

① 《斗讼》"诬告反坐"条(342):"诸诬告人者,各反坐。"《疏》议曰:"凡人有嫌,遂相诬告者,准诬罪轻重,反坐告人。"

计算标准;"律疏"中以"亦如之"来解释律文中的"罪亦如之"。可见两种表述形式所表达的含义及其用法一致,这也很容易理解。两种不同的表述形式差别在于"罪",而出现于律典条文中、指向定罪量刑的术语,是否出现"罪"并不影响其作为立法语言表意的准确性与精确性。但需稍作说明的是不同表述形式出现的原因:首先,律文部分的"罪亦如之"沿袭前代律典的痕迹显然更加清晰,"律注""律疏"部分在恰当的位置简化了表述形式;其次,立法者或注律者仅是出于文辞工整的考虑,在两者表意一致的基础上或是使用"罪亦如之"或是使用"亦如之"。

唐律中的"各如之"在与"罪亦如之""亦如之"表意一致的基础之上,还包含着细微区别。"各如之"强调了"各",仅就表述形式而言,若省略"各","如之"与"亦如之"并无区别;若增加"各","罪各如之"与"罪亦如之"区别甚大。因此,"各"表达的含义是关键所在,其作为律典中的专门术语,强调的是"各主其事""同科此罪"。① 就此来看,"各如之"是说多个不同对象分别援引与前述对象同样的标准。律内涉及"各如之"的条文有 2 条,《断狱》"官司出入人罪"条(487):"诸官司入人罪者,(谓故增减情状足以动事者,若闻知有恩赦而故论决,及示导令失实辞之类。)若入全罪,以全罪论;(虽入罪,但本应收赎及加杖者,止从收赎、加杖之法。)从轻入重,以所剩论;刑名易者:从笞入杖、从徒入流亦以所剩论,(从徒入流者,三流同比徒一年为剩;即从近流而入远流者,同比徒半年为剩;若入加役流者,各计加役年为剩。)从笞杖入徒流、从徒流入死罪亦以全罪论。其出罪者,各如之。"《疏》议曰:"……其出罪者,谓增减情状之徒,足以动事之类。或从重出轻,依所减之罪科断,从死出至徒、流,从徒、流出至笞、杖,各同出全罪之法,

---

① [元]徐元瑞等:《吏学指南》(外三种),杨讷点校,浙江古籍出版社 1988 年版,第 54—55 页。

故云'出罪者,各如之'。"官司故意将无罪之人断为有罪,应按照所断之罪处罚官员;官司将轻罪之人断为重罪,应当按照他人所犯轻罪与官司所断重罪之间的差等处罚官员。这是基本量刑规则,但规则的具体适用,尤其是不同刑种、刑等之间差等的计算包含着极为复杂的标准,此种复杂标准在"律注"中已有说明。那么,官司出罪如何处罚,即官司故意将有罪之人断为无罪、将重罪之人断为轻罪。"律疏"中作了详细解释:"增减情状之徒,足以动事之类。或从重出轻,依所减之罪科断,从死出至徒、流,从徒、流出至笞、杖,各同出全罪之法。"即官司故意出罪的不同情形分别适用官司故意入罪的相应量刑标准,而这些表述是前文已做详细列举的。①

四、旨趣与价值

立法语言是表达与传递特定立法意图的手段与载体,出现于法律规范中的典型术语应当具有稳定的含义与用法;规范体系中不同术语尤其是相似术语并存的基础必然是其不同的功能,以及借由各自功能所实现的立法者的特定意图。以此为前提,律设"亦如之"及相关表述形式的旨趣及其价值必然是基于其特征,尤其是不同于其他相似术语之特质。以《卫禁》"越州镇戍等城垣"条(81)为例,对此稍作说明。

> 诸越州、镇、戍城及武库垣,徒一年;县城,杖九十;(皆谓有门禁者。)越官府廨垣及坊市垣篱者,杖七十。侵坏者,亦如之。(从沟渎内出入者,与越罪同。……)……即城主无故开闭者,与越

---

① 《杂律》"博戏赌财物"条(402)中"各如之"的用法与《断狱》"官司出入人罪"条(487)相同,"诸博戏赌财物者,各杖一百;(举版为例,余戏皆是。)赃重者,各依己分,准盗论。(输者,亦依己分为从坐。)其停止主人,及出九,若和合者,各如之"。《疏》议曰:"众人上得者,亦准上例倍论。故云'各如之'。"即容留赌博、组织赌博牟利、介绍赌博等人,都援引之前列举的参与赌博之人的量刑标准分别处罚。

罪同……

律文直接列举了三类犯罪行为：翻越有门禁的州、镇、戍城及武库垣篱，翻越有门禁的县城垣篱，翻越有门禁的官府廨垣及坊市垣篱。并列举了相应的量刑条款，具体刑种与刑等由重至轻分别为：徒一年、杖九十、杖七十。律文又规定"侵坏者，亦如之"。《疏》议曰："侵，谓侵地；坏，谓坏城及廨宇垣篱：亦各同越罪，故云'亦如之'。"即侵占或损坏前述列举的三类垣篱，与翻越这三类垣篱处罚相同。律文之后列举的行为与翻越完全不同，行为主体是官吏，即"城主无故开闭者，与越罪同"。《疏》议曰："'城主无故开闭者'，谓州、县、镇、戍等长官主执钥者，不依法式开闭，与越罪同。其坊正、市令非时开闭坊、市门者，亦同城主之法。州、镇、戍城门各徒一年，自县城以下悉与越罪同。""律注"中还说"从沟渎内出入者，与越罪同"，即从地沟、排水沟等钻入有门禁的州、镇、戍城及武库，或者钻入有门禁的县城、官府廨、坊市，与翻越这些场所的垣篱同样处罚。结合"律疏"中的内容，可将相关犯罪行为的参照情况及其量刑条款的援引过程简化为表1.2。

表 1.2 《唐律疏议·卫禁》"越州镇戍等城垣"条（81）中的参照（援引）简表

行为	参照（援引）对象	方式	比较
侵坏垣篱	翻越垣篱	亦如之（同越罪）	行为（对象）相同、侵犯法益相同
钻水沟		与越罪同	行为不同、侵犯法益相同
不依法式开闭门			

有两个问题需要进一步探讨：首先，立法者使用"亦如之"及"同罪""罪同"的意图是什么？其次，"亦如之"与"同罪""罪同"及其他术语之间存在什么关系？

显然，这两个问题之间具有内在一致性，如果立法者使用特定术语的意图明确，不同术语之间的关系自然清晰。但实际上我们对于立法者的主观意图很难有清晰的解释，只能通过条文呈现的信息做一些推测。那么，不妨换一个角度来观察，立法者使用"亦如之"等术语的必要性是什么，或者说是否可以不使用？答案显然是否定的，原因在于：律文列举了三类翻越垣篱的行为，与之相应，需要分别处罚的侵坏垣篱行为也有三类；钻水沟、无故开闭门亦需要针对不同场所分别处罚，这些场所也有三类。立法者有必要在同一条文内针对三种不同的场所重复列举四遍共计十二种具体量刑条款吗？既不可能、亦无必要，说其不可能，是因为中国古代律典体系发展至唐代，已不会出现此种条文表述；① 说其无必要，是因为律内已有解决此类问题的技术手段。由此来看，条文中出现"亦如之"等术语的必要性就很明显了。"侵坏者，亦如之""从沟渎内出入者，与越罪同""城主无故开闭者，与越罪同"，简短的表述避免了将三类翻越不同场所的行为所详细列举的量刑条款再重复三遍。

接下来的问题是"亦如之"与"同罪""罪同"及其他本条未出现的相似术语之间的关系。律文中列举了翻越不同地域、不同场所垣篱的量刑条款，之后补充列举了侵坏垣篱、钻水沟、不依法式开闭门三类犯罪行为，补充列举的行为并未规定量刑条款，而是从行为的角度参照翻越垣篱，并援引相应量刑条款。参照方式稍有不同，侵坏垣篱"亦如之"翻越垣篱，并且"同越罪"；钻水沟、不依法式开闭门"与越罪同"。立法者并未解释分别使用不同术语出自何种考虑，但审视两组行为与参照对象，我们很容易发现其中的差异：翻越垣篱与侵坏垣篱具有相同的犯罪对象、侵犯法益相同，翻越垣篱直接侵害了治安管理秩序与地方安全，侵坏垣篱则造成了治安秩序与地方安全处于危险状态；翻越垣篱与

---

① 唐初定律的原则是"务从宽简，取便于时"。[宋]王溥：《唐会要》卷三十九《定格令》，中华书局1955年版，第701页。"宽"与"简"所表达的含义各有侧重，"宽"是说刑罚适用应当宽严适中；"简"是说法律规定应当简约易明。仅就立法原则来看，法律条文中已不可能出现针对具体行为过于烦冗的表述。

钻水沟、不依法式开闭门行为外观完全不同，不依法式开闭门甚至是针对特殊主体而设，仅是侵犯法益相同，即侵害了治安管理秩序与地方安全。需要注意的是，此处引入现代法学原理分析条文中不同术语之间的差异，旨在说明唐代立法者或注律者使用不同术语尤其是于同条内使用不同术语，是自发地运用其差异，以实现针对不同行为定罪量刑方面的辨别。并不是说律内凡出现"亦如之"或"罪同"，都表现着行为对象或侵犯法益方面的差别。另一方面，"律疏"中用"同越罪"来解释"亦如之"，似乎不同术语之间虽然具有功能方面的显著差异，但亦有互补之处。若将视野扩展至整部律典，我们发现立法者或注律者用其他典型术语来解释"亦如之"的情况非常普遍。除上述"同罪"之外，尚有"依……此法""与……同罪"等。① 律内包括"亦如之""同罪""罪同"在内的大量此类术语皆发挥着参照具体行为、援引相应量刑条款的作用。那么，同时存在这些术语的前提必然是其相互之间存在着无法替代的差异，这是基于常识的判断。"律疏"中出现的不同术语之间的相互解释又表明，不同术语之间的关系是极为复杂的。

由此来看，"亦如之"等术语在简化条文、避免重复以及提高法典体系化程度，标识相应立法技术、辨别具体犯罪行为、针对不同行为确定相应量刑条款等方面所具有的价值是非常清晰的。当然，这些技术性要求也是立法者或注律者积极追求的。但仍有一些问题需要说明，立法只规定了翻越城墙行为及其处罚，若司法实践中出现了立法中没有规定的钻水沟行为，此行为应如何评价？以现代立法原理及司法观念审视，这个过程似乎属于司法人员裁量的范围。因为，翻越城墙与侵坏城墙、钻水沟等行为虽然客观方面不同，但其在行为对象、危害性、危害结果

---

① 如《户婚》"养杂户等为子孙"条(159)《疏》议曰："与者，各与养者同罪，故云'亦如之'。"又《杂律》"医合药不如方"条(395)《疏》议曰："已有杀伤者，亦依故杀伤法，故云'亦如之'。"

等方面所具有的内在一致性并不需要借助现代法学理论判断。但律文与"律注""律疏"反复列举着评价具体行为的细节,现代法语境中的大量应由司法官员所作的裁量与判断,在传统刑律中都被明确的技术性术语所表达,"律母"①以及"亦如之""罪同""同罪"等皆是技术表达的清晰痕迹。实际上,传统刑律所包含的立法技术并不能视作纯粹的"技术",因为其中包含着统治者限制甚至是控制司法裁判权的策略与意图,但不同技术手段基于其自身的内容与特点,表现出的控制意图及其强弱与范围有异。

五、小结

唐代之前正史文献、经典文献及其注疏中"亦如之"的含义与用法固定,其表意核心在于"如之",即不同主体、行为或事件,仍然适用之前列举的标准、规则。"亦如之"在传统刑律及其体系中围绕"正刑定罪",在简化条文、避免重复、提高法典体系化程度,标识立法技术、辨别具体行为、确定相应量刑条款等方面具有极为重要的价值。传统刑律中的技术性术语所蕴含的统治者控制司法裁判权的策略与意图亦不能忽视。中国古代律典体系中的"亦如之"及大量"字例""字类"等技术性术语,都是伴随着立法技术、法典结构及相关理论的发展、演进逐渐形成的,其"技术性"表现为一定程度的依附性。一方面,技术性术语仅是"五刑之权衡,非五刑之正律",律典体系的核心仍是"正律为体"②;另一方面,律典体系中大量技术性术语虽然是"正律之用",但其相互之

---

① 清人王明德谓:"律有以、准、皆、各、其、及、即、若八字,各为分注,冠于律首,标曰八字之义,相传谓之律母。"[清]王明德:《读律佩觿》卷之一,何勤华等点校,法律出版社2001年版,第2页。

② 同上。

间存在复杂关系,亦有"用中之体""用中之用"甚至更加复杂的层级、效力关系。

中国古代案件的审判过程及其结论一定要回归于具体法律条文,只有明确援引具体条文的裁判结果才被认可,这是根本性问题。《唐律疏议·断狱》"断罪不具引律令格式"条(484):"诸断罪皆须具引律、令、格、式正文,违者笞三十。"《疏》议曰:"犯罪之人,皆有条制。断狱之法,须凭正文。若不具引,或致乖谬。违而不具引者,笞三十。"立法明确要求司法官员断罪必须完整引用制定法条文;立法的明确要求能够实现的前提是有文可引,但立法者的要求所指出的目标与基于法律规范性质的前提所包含的可能性之间存在明显的张力。基于传统刑律客观具体、一事一例的立法体例,能够提供的直接、具体、清晰的条文依据显然是有限的,这种有限性在"法典化"高度成熟、完备的时期表现得更为突出,因为此时已不会出现"文书盈于几阁,典者不能遍睹"[①]的状况,只能在律典体系内部通过技术手段化解。包括"亦如之"在内的大量术语显然是律典体系内部化解此类矛盾的技术性标识。而我们对律典体系内部大量技术性术语的认识也需要回到皇权对于司法过程的控制与限制这一根本性问题。

中国古代律典体系中的"亦如之"及大量"字例""字类"等技术性术语,都是伴随着立法技术、法典结构及相关理论的发展、演进逐渐形成的,其"技术性"表现为一定程度上的依附性。也就是说,这些术语是依附于律典内针对具体行为及其量刑条款的直接列举而存在的,其功能只是参照与援引,是"五刑之权衡,非五刑之正律也"。[②] 律典的核心

---

① [汉]班固撰、[唐]颜师古注:《汉书》卷二十三《刑法志》,中华书局1962年版,第1101页。

② [清]王明德:《读律佩觹》卷之一,何勤华等点校,第2页。

内容是"五刑二十等"及立法者明确列举的与之对应的行为。"正律为体",即针对具体行为及相应量刑条款的列举为"体",是"律"之根本,也就是"正刑定罪"之根本;被立法者、注律者反复适用的技术性术语是"用",是扩展、实现"正刑定罪"的技术性手段。包含"亦如之"在内的大量技术性术语都是随着立法技术、法典结构及相关理论的发展、演进,逐渐形成并完善的。简牍秦汉律令中,我们并未见到类似后世"八例""字类"的概括,亦未见到类似其中个别术语稳定、自觉的含义与用法。① 较早关于"律义之较名"的集中注解出现于《晋律注》,而其中关注的也都是具体犯罪行为及主观心态的内涵辨析,后世"八例""字类"的逐步出现,应当不会早于"律义之较名"。"八例""字类"等术语的出现还表明犯罪行为的类型化程度越来越高,即"定型化了的典型"逐渐形成。与此同时,需要相应技术性术语作为标识,将大量立法并未明确列举的行为参照典型行为,并援引相应量刑条款。而"八例""字类"等术语进一步的发展,必然会产生内部分层,因为对于不同行为的判断标准越来越成熟,相关的技术性术语也越来越稳定。有些术语固定地和高度成熟的"类罪名"连用,如"以盗论""准枉法论"等,其在律典体系内的重要性程度逐渐凸显,而有些术语则逐渐固定地发挥着辅助作用。也就是说,虽然"八例""字类"等典型术语是"用",但"用中之体"与"用中之用"的结构也逐渐形成并稳固。当然,并不是说"八例""字类"等典型术语只是两分的结构,也不是说这些技术性术语只包括唐代之后律学家们所总结的"八例""字类"。对于律内大量"言简而意未悉"的技术性术语,其所包含的具体内容、各自用法、相互之间的关系等问题,

---

① 抛开史料局限不谈,就现有简牍秦汉律令的内容来看,后世"八例""字类"等相关术语在其中并未形成稳定、自觉的含义与用法,这就很能说明问题了。换一个角度来说,"八例""字类"都是在律典体系内实现"正刑定罪"的技术性手段,"法典化"尚未形成之前,也确实不会形成此类技术性术语。

尚需我们长期、持续地关注。① 我们对于唐律的研究、对于中国古代律令体系与立法语言的研究，还需要充分重视其复杂性。

---

① 清人王明德谓："……急取八字之义读之，率多言简而意未悉。师心推广，志存乎心，卒未敢逞臆以属笔墨，盖恐有干圣训，……窃议八字者，五刑之权衡，非五刑之正律也。五刑各有正目，而五刑所属，殆逾三千，中古已然，况末季乎？汉唐而下，世风日薄，人性变态，一如其面。若为上下比罪，条析分隶，虽汗牛充栋，亦不足概舆情之幻变，故于正律之外，复立八字，收ündungvern而连贯之。要皆于本条中，合上下以比其罪，庶不致僭乱差忒，惑于师听矣。此前贤制律明义之大旨也。然即刑书而详别之，正律为体，八字为用。而即八字细味之，则以、准、皆、各四字，又为用中之体。其、及、即、若四字，更为用中之用。……"[清]王明德：《读律佩觽》卷之一，何勤华等点校，第2—3页。可见清代律学家对"八例"的产生及其内部结构已有一些思考，当然，相关思考也许可以追溯得更早，虽然其范围稍有局限，但仍对我们极有启发。

第二章 "比徒"：立法之量化技术

唐律乃至中国传统刑律在条文表述及立法体例等方面所呈现的"客观具体"之特征极为显著。此种立法体例的优势非常明显，即司法官员易于在条文中找到与具体犯罪行为相对应的刑种与刑等。进一步来看，针对具体犯罪行为的量刑方法、步骤、标准以及尺度的统一似乎易于实现。其劣势也正在于此，法律条文中过于具体的表述，是否会限制相应的适用范围？若是，立法如何化解此类基于客观具体的立法体例所固有的矛盾？就前一个问题来看，答案自然是肯定的，传统刑律中对于具体犯罪行为及情节的列举与相应量刑条款之间的关系是"一个萝卜一个坑"，[①] 此种具体表述的直接适用范围非常有限。就后一个问题来看，要想将其他"萝卜"也放进这个"坑"里，就需说明"坑"外的"萝卜"与"坑内"的"萝卜"具有同质性。[②] 律内所见大量"以……论""准……论""同罪""罪同""坐之"等典型表述形式，便是标识不

[①] 徐忠明谓："明清律例属于'一个萝卜一个坑'，赃款数量与刑罚轻重一一对应，没有丝毫弹性"，"帝制中国的律例，具有'一个萝卜一个坑'的绝对界限，所以我们只能说是界限非常严格"。徐忠明：《明清时期的"依法裁判"：一个伪问题？》，载《法律科学》2010年第1期，第33、35页。

[②] 如《杂律》"医合药不如方"条（395）："诸医为人合药及题疏、针刺，……故不如本方，杀伤人者，以故杀伤论。"其中"以故杀伤论"表达的就是医生故意不按照药方开药导致患者伤亡之行为需要适用立法针对"故杀伤"明确列举的量刑条款。若医生故意不按照药方开药导致患者死亡，则需适用《斗讼》"斗殴杀人"条（306）所规定之内容："故杀人者，斩。""以故杀伤论"之表述本身就标识了不同犯罪行为之间的同质性。按《名例》"称反坐罪之等"条（53）："称'以枉法论'及'以盗论'之类，皆与真犯同。"

同犯罪行为之间的同质或相似性的技术手段。① 进一步的问题则是，若手中的"萝卜"放不进眼前的"坑"里，就需要尽快寻找合适的"坑"。立法必须确保拿着"萝卜"找"坑"的过程尽可能高效，其前提便是不同"坑"之间具有清晰的关系，且这种关系是通过量化判断能够完成的。② 律内所见大量"累减""得减""听减""各加""并加"等典型表述形式，便是针对具体犯罪行为量刑的量化技术手段，立法还针对量刑加减之等数与限制做了非常清晰的描述。③ 就此而论，唐律乃至中国传统刑律所呈现的"客观具体"的特征与"量化标准"是同一个问题的两方面。"量化标准"的设立为司法官员在具体犯罪行为与相应刑种、刑等之间寻找对应关系提供了精确的尺度与标准，并使得相关尺度与标准具有可操作性，以确保最终实现罪刑均衡。一方面，量化技术内生于唐律乃至传统刑律的立法体例；另一方面，量化技术又塑造了唐律乃至传统刑律的若干特质。可见，深入探讨唐律中所包含的量化技术对于系统认识传统刑律具有极为重大的理论意义。中外学者针对唐律立法的量化特征已有一些概括，④ 近些年针对量化技术的专门探讨又将研究不断推向更

---

① 在传统注释律学的视野中，这些内容是作为"律母""律眼"而被律学家高度重视、反复注解的。参见[清]王明德：《读律佩觿》卷之一，何勤华等点校，第3—5页。

② 如《杂律》"在市人众中惊动扰乱"条(423)："诸在市及人众中，故相惊动，令扰乱者，杖八十；以故杀伤人者，减故杀伤一等。"在市场或人群聚集的场所，故意造成恐慌、引起踩踏事件导致他人死亡，"减故杀伤一等"。虽然不能直接适用"故杀"之量刑条款，但通过"减一等"可以快速找到适合"萝卜"的"坑"。

③ 如《名例》"称加减"条(56)："诸称'加'者，就重次；称'减'者，就轻次。惟二死、三流，各同为一减。加者，数满乃坐，又不得加至于死；本条加入死者，依本条。(加入绞者，不加至斩。)其罪止有半年徒，若应加杖者，杖一百；应减者，以杖九十为次。"

④ 代表性观点如仁井田陞谓："与其说唐律是抽象、概括、主观地观察各种犯罪，毋宁认为它是具体、个别、客观地对待各种犯罪，作为在这一点上体现了古代法特征的法典，唐律是著名的。例如，虽是性质相同的犯罪，却根据犯意、犯罪的状况、犯罪的方法、犯罪人以及被害人的身份、犯罪的目标等情况的不同，设立各种罪名、科以不同的处罚。"[日]仁井田陞：《唐律的通则性规定及其来源》，载刘俊文主编：《日本学者研究中国史论著选译(第八卷)》，中华书局1992年版，第155—156页。戴炎辉谓："唐律对犯罪之处罚，不采取主观的、

深的层次，[1]但从具体表述形式出发，集中探讨量化技术及其标准、适用等方面特征的成果仍比较缺乏。唐律中的"比徒"及相关内容恰好为我们提供了观察不同刑种、刑等及其折算标准的直接素材，基于此，本章立足于《唐律疏议》中的典型立法语言，分别探讨律设"比徒"的基本旨趣及其在立法层面的具体表现，由此对唐律的立法体例、量化标准及其关系试作总结。

"比徒"一词在《唐律疏议》中共出现33次，[2]其含义与用法非常固定，"比"即折算，"徒"即徒刑。立法者将其他刑种、刑等或基于特殊身份的特别处罚方式折算为徒刑相应之刑等。将其他刑种、刑等折算为徒刑相应刑等之实例如《名例》"官当"条（17）："以官当流者，三流同比徒四年。"即官人犯罪而适用"官当"之优遇时，三等流刑（流二千里、流二千五百里、流三千里）皆可折算为徒四年。将基于特殊身份的特别

概括的态度，而采取客观的、具体的主义。""故同其罪质之犯罪，仍依其主体、客体、方法、犯意、处所、数量（日数、人数、赃数等）及其他情况，而另立罪名，各异其刑。"戴炎辉：《唐律通论》，戴东雄、黄源盛校订，第30页。钱大群指出，唐律中的量化技术是指"唐律对犯罪构成客观方面诸因素作有罪认定并以此确定刑罚幅度过程中所使用的技术手段。这些技术手段，主要是指对犯罪行为的性质、结果等作分析时使用的数量计算或级别档次定位及其与刑罚幅度之间形成的量刑参数。其中，数量计算是由数词与量词结合所表现的行为或结果的轻重程度，级别档次定位是指犯罪行为的结果或说明行为性质的不同行为对象之间形成的一种相对稳定的差别关系，量刑的参数是立法者根据数量指标或级别档次增加而随之加重刑罚的系列指数关系。"钱大群：《唐律立法量化技术运用初探》，载《南京大学学报（哲学·人文科学·社会科学）》1996年第4期，第22页。

① 如针对唐律定罪量刑的标准进行了较为全面的梳理，并将定性分别与时间、面积、赃数、重量、人口数等定量标准相结合，进一步对其所包含的规范化、精确化内涵进行了较为深入的挖掘。代表性成果包括（但不限于）：侯欣一：《唐律与明律立法技术比较研究》，载《法律科学》1996年第2期；姜涛：《〈唐律〉中的量刑制度及其历史贡献》，载《法学家》2014年第3期；姜涛：《追寻定性与定量的结合——〈唐律〉立法技术的一个侧面》，载《安徽大学学报（哲学社会科学版）》2016年第1期。

② 此处统计不包括出现于"条标"中的表述，相关内容涉及《名例》《卫禁》《斗讼》《断狱》中共计12条律文，其中23次出现于《名例》。可见律设"比徒"主要是作为"通则性"条款，这正好符合其作为计量标准的特征。

处罚方式折算为徒刑相应刑等之实例如《名例》"除免比徒"条(23)："若诬告道士、女官应还俗者，比徒一年。"即诬告道士、女官而针对诬告者量刑时，专为道士、女官设定的处罚方式"还俗"可折算为徒一年。根据律文之表述并结合其所列举的行为类型，可将律内出现的"比徒"大致分为三类，以下详述。

一、官当比徒

官当是立法给予官员的优遇，"是在规定实体特权与程序特权之后所规定的最具传统特色的专条之一"，[①] 或称为"官人犯流、徒罪之特殊赎刑"，"官当之方法，系追毁官人用以抵刑之官告身。唐制，凡授官，包括职、散、卫、勋官，皆给告身，历任之告身皆可保留。故一人可同时拥有多种、多个告身。官当既须追毁告身，则应明确各种、各个告身之法律效力与使用次序"。[②] 简要地说，即一定品秩之官员，犯应处徒、流之罪，以其告身折抵一定之刑等，而不再执行"真刑"之制。[③]

具体来看，"一定品秩"与"一定刑等"包含着复杂且细致的适用标准，而具体适用标准取决于犯罪行为之性质与官员品秩两个因素。官员犯"公罪"与"私罪"，其官品所折抵之刑等不同；官员品秩不同，折抵之刑等亦不相同。《名例》"官当"条(17)："诸犯私罪，以官当徒者，五品以上，一官当徒二年；九品以上，一官当徒一年。"不同品秩之官员犯私罪"以官当徒"的折算标准，为官当之基本适用标准。律文又规定：

[①] 钱大群：《唐律疏义文白读本》，人民法院出版社2019年版，第76页。
[②] 刘俊文：《唐律疏议笺解》(上)，中华书局1996年版，第192、193页。
[③] 关于唐律中"真刑"与"赎刑"之含义，戴炎辉谓："真刑系决死、奴役(真配、真役)及苦其身(杖、笞)之刑也。五刑系真刑。赎刑乃不奴役、不苦身，而以官当徒、流刑，或以铜赎死、流、徒、杖、笞刑之谓。……官当虽是赎刑(广义之赎刑)；但律通常之用法，赎刑指以铜赎者。"戴炎辉：《唐律通论》，戴东雄、黄源盛校订，第180—185页。

"若犯公罪者,各加一年当。"①"律疏"中详细说明了具体适用标准:"各加一年当者,五品以上,一官当徒三年;九品以上,一官当徒二年。"若官员犯应处流刑之罪,折抵标准不变,但须将折抵对象换算为律文规定的基本适用对象,即换算为前述"以官当徒"的折算标准。"以官当流者,三流同比徒四年。"《疏》议曰:"品官犯流,不合真配,既须当、赎,所以比徒四年。假有八品、九品官,犯私罪流,皆以四官当之;无四官者,准徒年当、赎。故云'三流同比徒四年'。""以官当流"适用过程中,"三流"即流二千里、流二千五百里、流三千里皆折算为徒四年,那么,根据官员的品秩可折抵徒刑的不同刑等,"以官当流"会产生三种结果:若官员的品秩可折抵之徒刑为徒四年,"官""罪"当尽,应追毁当罪告身,但不收赎;若官员的品秩可折抵之徒刑为徒五年以上,属"罪轻不尽其官",应保留官员告身,并对应处之流刑收赎;若官员的品秩可折抵之徒刑为徒三年以下时,属"官少不尽其罪",应追毁当罪告身,再将徒四年与官员可折抵之徒刑相抵当,得出"余罪",收取赎金。

二、诬告比徒

诬告的目的是使无罪之人受处罚或轻罪之人受重罚,基本手段为捏造事实。"诬告反坐"作为量刑之基本原则由来已久。②《斗讼》"诬告反坐"条(342):"诸诬告人者,各反坐。""律注"进一步解释:"反坐致罪,准前人入罪法。至死,而前人未决者,听减一等。其本应加杖及赎者,止依杖、赎法。即诬官人及有荫者,依常律。"《疏》议曰:"凡人有嫌,遂相诬告者,准诬罪轻重,反坐告人。"可见,律设"诬告反坐"之量刑

---

① 本条"律疏"中将"公罪"又称为"公坐",并解释了其内涵:"私、曲相须。公事与夺,情无私、曲,虽违法式,是为'公坐'。"
② 张家山汉简《二年律令·告律》:"诬告人以死罪,黥为城旦舂;它各反其罪。(一二六)"

原则,旨在使诬告人与被诬告之人受到同样的处罚。即诬告人意图使他人受到何种处罚,自身便应受到何种处罚。基于传统刑律客观具体的立法体例,"诬告反坐"之原则既易实现,又难于完全实现。就前者而言,立法针对特定行为的量刑列举得非常具体,因此容易实现"反坐",如诬告他人窃盗不得财,则应依照窃盗不得财笞五十。① 就后者而言,同样是由于立法针对特定行为的量刑列举得非常具体,直接表现为针对不同身份、不同对象适用不同处罚,因此不容易直接实现"反坐"。② 主要表现为诬告具有特殊身份之人,使其可能遭受基于特殊身份而产生之处罚显然无法"反坐"于不具有特殊身份之普通人。因此,立法特别规定了相应的折算标准与量刑原则。《名例》"除免比徒"条(23):"诸除名者,比徒三年;免官者,比徒二年;免所居官者,比徒一年。流外官不用此律。(谓以轻罪诬人及出入之类,故制此比。)"③ 若诬告五品以上官于监守内盗绢一匹,官员可能受到杖八十并除名之处罚,而诬告者由于律设"反坐"之原则性限制,无法直接适用"除名"。若对于诬告者仅处以杖八十,显然有悖于罪刑均衡之基本价值追求,亦不利于官员基本权利之保障。因此,诬告者应根据"除名者,比徒三年",处以徒三年。诬告其他官员亦当依据所诬告之不同内容,处以相应处罚。④ 本条律文还列举

---

① 按《贼盗》"窃盗"条(282):"诸窃盗,不得财笞五十。"
② 基于此,立法明确规定了针对"反坐"的原则性限制。《名例》"称反坐罪之等"条(53):"诸称'反坐'及'罪之''坐之''与同罪'者,止坐其罪;(死者,止绞而已。)……并不在除、免、倍赃、监主加罪、加役流之例。"《疏》议曰:"谓从'反坐'以下,并不在除名、免官、免所居官,亦无倍赃,又不在监主加罪及加役流之例。其本法虽不合减,亦同杂犯之法减科。"即"反坐"之效力不及于除名、免官、免所居官等处罚内容,原因自然在于这些处罚内容并不具有普遍适用性。
③ "律注"中所谓"以轻罪诬人及出入之类",是说"除名比徒三年、免官比徒二年、免所居官比徒一年"也是官司枉断官员之量刑标准,即"官司出入人罪"之刑罚适用细则。出于论述结构考虑,相关内容于下文"枉断比徒"中详述。
④ 《名例》"除免比徒"条(23)"律疏"中通过举例解释了除名、免官、免所居官比徒之适用详情:"假有人告五品以上官,监临主守内盗绢一匹,若事实,盗者合杖八十,仍合除名;

了诬告道士、女官之量刑条款:"若诬告道士、女官应还俗者,比徒一年;其应苦使者,十日比笞十。"还俗、苦使是针对道士、女官等而设立的特别处罚方式,"诬告反坐"之原则难以直接适用。《疏》议曰:"假有人告道士等辄着俗服,若实,并须还俗;既虚,反坐比徒一年。'其应苦使者,十日比笞十',……若实不教化,枉被诬告,反坐者诬告苦使十日比笞十,百日杖一百。"

另需注意者,同样是基于客观具体的立法体例,律内存在大量广义上的比附量刑之条款,既有在表述形式上与"反坐"极为相似的"坐之",亦有表述形式虽有不同但同质的"罪之""与同罪"及在其基础之上加、减刑等。① 若比附对象为特殊身份之人,同样会出现难于比附的困难。如《捕亡》"知情藏匿罪人"条(468):"诸知情藏匿罪人,若过致资给,令得隐避者,各减罪人罪一等。"若所藏匿之人为轻罪并处除名之官员,知情藏匿自然不得减其轻罪一等,而应当在徒三年上减一等。此类适用范围在《名例》"除免比徒"条(23)"律疏"中有明确解释:"其藏匿罪人,若过致资给,或为保、证及故纵等,有除、免者,皆从比徒之例,故云'之类'。"妄诉官员除、免或以赦前事告官员除、免,律文规定"以其所告之罪罪之"或"以其罪罪之",但仍需依照"比徒之法"量刑。

若虚,诬告人不可止得杖罪,故反坐比徒三年。免官者,谓告五品于监临外盗绢五匹,科徒一年,仍合免官;若虚,反坐不可止科徒一年,故比徒二年。免所居官者,谓告监临内奸婢,合杖九十,奸者合免所居官;若虚,反坐不可止得杖罪,故比徒一年。及出入之类者,谓不盗监临内物,官人枉判作盗所监临;或实盗监临,官人判作不盗。即是官司出入除名,比徒三年;若出入免官者,比徒二年;出入免所居官,比徒一年之法。其藏匿罪人,若过致资给,或为保、证及故纵等,有除、免者,皆从比徒之例,故云'之类'。"

① 唐律中此类术语所谓之"同质性",可由律内同条解释、集中说明证之。《名例》"称反坐罪之等"条(53):"诸称'反坐'及'罪之''坐之''与同罪'者,止坐其罪;死者,止绞而已。"刘俊文谓:"律以罪名众多,每条皆自定刑不胜其烦,故采用近代法学所称之'准据法',或对某行为科以与他行为同刑,此时即使用'反坐''罪之''坐之''与同罪'之语……此条之设,盖欲明确上述用语之定义,以便实际之运用也。"刘俊文:《唐律疏议笺解》(上),第507页。

《卫禁》"私度及越度关"条(82)《疏》议曰:"若勘无徒以上罪而妄诉者,妄诉徒、流,还得徒、流;妄诉死罪,还得死罪;妄诉除、免,皆准比徒之法:谓元无本罪而妄诉者。"《斗讼》"以赦前事相告言"条(354)《疏》议曰:"假有会赦,监主自盗得免,有人辄告,以其所告之罪罪之,谓告徒一年赃罪者,监主自盗即合除名,告者还依比徒之法科罪。"即妄诉或以赦前事告官员除名,处以徒三年;妄诉或以赦前事告官员免官,处以徒二年;妄诉或以赦前事告官员免所居官,处以徒一年。

三、枉断比徒

"枉断"并非典型立法语言,[①] 此处立足于"枉"的基本含义,表达官司不依法裁断之意,[②] 即唐律中的"官司出入人罪"。《断狱》"官司出入人罪"条(487):"诸官司入人罪者,(谓故增减情状足以动事者,若闻知有恩赦而故论决,及示导令失实辞之类。)若入全罪,以全罪论;从轻入重,以所剩论;刑名易者:从笞入杖、从徒入流亦以所剩论,(从徒入流者,三流同比徒一年为剩;即从近流而入远流者,同比徒半年为剩;若入加役流者,各计加役年为剩。)从笞杖入徒流、从徒流入死罪亦以全罪论。其出罪者,各如之。"基于唐律乃至传统刑律客观具体之立法体例,针对具体行为的量刑必须与制定法之明确条文一一对应。由此评价,"枉断"即官员之裁断与法律条文之具体规定不一致。从裁断结果来看,

---

[①] 《唐律疏议》中"枉断"仅出现1次,《卫禁》"私度及越度关"条(82)《疏》议曰:"关外有人,被官司枉断徒罪以上,其除、免之罪,本坐虽不合徒,亦同徒罪之法。"

[②] 《礼记·月令》:"乃命有司申严百刑,斩杀必当。毋或枉桡,枉桡不当,反受其殃。"正义曰:"'申,重也',《释诂》文。云'当谓值其罪'者,言断决罪人之时,必须当值所犯之罪。经云'枉桡不当',枉谓违法曲断,桡谓有理不申,应重乃轻,应轻更重,是其不当也。"[汉]郑玄注、[唐]孔颖达疏:《礼记正义》卷十六《月令》,北京大学出版社1999年版,第525—526页。

"枉断"包括"入罪"与"出罪",前者为无罪而受罚、轻罪而重罚;后者为有罪而不罚、重罪而轻罚。就此来看,立法层面的划分非常明确、量刑条款的适用非常清晰。"若入全罪,以全罪论;从轻入重,以所剩论","其出罪者,各如之"。但结合唐律"五刑二十等"之刑罚体系,具体判断过程极为复杂。

针对同一刑种之不同刑等,计算"所剩"较为清晰;针对不同刑种,则难于计算"所剩"。因此,立法针对"刑名易者"规定了详细的计算标准;笞、杖刑虽属不同刑种,但其性质相同且执行方式相似,得以沟通刑等计算之"所剩"。如官员依法当断笞三十,但却枉断杖七十,官员应当以"所剩"量刑,即处以笞四十。徒、流性质相似但执行方式不同,虽得以沟通刑等计算之"所剩",但徒刑以时间为单位分为五等,流刑以距离为单位分为三等,立法为此规定了明确的"折算"标准:"从徒入流者,三流同比徒一年为剩;即从近流而入远流者,同比徒半年为剩;若入加役流者,各计加役年为剩。"如官员依法当断徒二年半,但却枉断流三千里,官员应当以"所剩"量刑,即处以徒一年半。具体来说,徒二年半与徒三年之间"所剩"徒半年;徒三年与流三千里之间"所剩"徒一年,共计徒一年半。"律疏"中举的例子更加复杂:"假有囚犯一年徒坐,官司故入至加役流,即从一年至三年,是剩入二年徒罪,从徒三年入至三流,即三流同比徒一年为剩,加役流复剩二年,即是剩五年徒坐。"但其中"比徒"的含义与用法非常清晰,其本质上是一种"折算"标准,官员轻判同样适用,即"官司从加役流出至徒一年,亦准此"。而针对"刑名未易者"计算"所剩",虽然多数情况较为清晰,但会存在"所剩"不宜适用的情况,即"从近流而入远流者"与"出远流而至近流者"。流刑不同刑等之间的远、近是相对的,流二千里相对于流二千五百里、流三千里是"近流";流二千五百里相对于流三千里则是"近流"。如按一般的"所剩"计算方法,远、近流刑之间的"所剩"分别为流五百里与一千里。①适用流五百里与流一千里显然不符合律设流刑的距离与意图。②立法为此规定了明确的"折算"标准:"即从近流而入远流者,同比徒半年为剩"。《疏》议曰:"即从近流二千里,入至二千五百里,或入至三千里者,'同比徒半年为剩'。"如官员依法当断流二千里,但却枉断流二千五百里,官员应以"所剩"量刑,即处以徒半年;官员依法当断流二千里,但却枉断流三千里,官员应以"所剩"量刑,即处以徒半年;官员依法当断流二千五百里,但却枉断流三千里,官员应以"所剩"量刑,即处以徒半年。③"其出罪者,各如之","出远流而至近流者",亦同比徒半年为剩。当然,基于官员不同的主观心态,"故"与"失"亦有不同的处罚标准,但"比徒"在其中的含义与用法相同。

上述"比徒一年为剩""比徒半年为剩"是一般性规定,即立法者针对官员枉断无特殊身份之一般人所列举之量刑条款。枉断的对象自然也有可能是具有特殊身份之人,此种情况下枉断官员之罚则规定于《名例》"除免比徒"条(23),即前文所述"除名比徒三年、免官比徒二年、免所居官比徒一年"。"律注"中说:"谓以轻罪诬人及出入之类,故制此比。若所枉重者,自从重。"即官员枉断官人轻罪,致使受害者于主刑之外遭受除名、免官、免所居官,则官员仅以枉断之轻罪量刑显然与其造成之危害结果不相适应。"若所枉重者,自从重。"即官员枉断之罪重于

---

① 流二千里与流二千五百里及流二千五百里与流三千里间的"所剩"为流五百里;流二千里与流三千里间的"所剩"为流一千里。

② 《名例》"流刑三"条(4)《疏》议曰:"《书》云:'流宥五刑。'谓不忍刑杀,宥之于远也。又曰:'五流有宅,五宅三居。'大罪投之四裔,或流之于海外,次九州之外,次中国之外。盖始于唐虞。今之三流,即其义也。"可知,"不忍刑杀,宥之于远也"是律设三流之义。也就是说,律设流刑的意图是,通过流配远方宽有本应被刑杀的犯罪者。立法者为"宥之于远"设定了明确的距离,即流二千里、二千五百里、三千里。那么,如果流配距离低于二千里,流刑便不能满足"远"的距离要求,也就无法实现"宥之于远"的立法意图。

③ 《名例》"徒刑五"条(3)《疏》议曰:"徒者,奴也,盖奴辱之。"律设徒刑的意图是侮辱犯罪者,而犯罪者只要适用徒刑,无论年限多少,立法意图便已实现,故徒半年虽非徒刑的法定刑等,但适用徒半年并不影响立法意图的实现。

"比徒"之刑等的，应当根据所枉之重罪，适用《断狱》"官司出入人罪"条(487)中的条款量刑，不再适用"除名比徒三年、免官比徒二年、免所居官比徒一年"。另外，官司枉断道士、女官还俗或苦使，也无法直接以"全罪"论处或计算"所剩"。其折算标准亦同于"诬告比徒"，即《名例》"除免比徒"条(23)："若诬告道士、女官应还俗者，比徒一年；其应苦使者，十日比笞十；官司出入者，罪亦如之。"《疏》议曰："'官司出入者'，谓应断还俗及苦使，官司判放；或不应还俗及苦使，官司枉入：各依此反坐徒、杖之法，故云'亦如之'。失者，各从本法。"

四、量化标准与立法体例

唐律中的"比徒"及相关条款所表达的内容，本质上是立法针对不同刑种、刑等之间的换算或折算所规定的明确标准。[①] 律内关于不同刑等折算之标准与表述自然不止于"比徒"，亦有"准徒""准笞"[②] 等个别表述，但"比徒"显然是出现最多、适用最广，也是最具典型性与代表性的立法语言。律内涉及"比徒"的相关内容既表现了唐律乃至传统刑律

---

① 此类内容在律典中较为广泛，只是不同制度所包含的信息复杂程度稍有不同。唐律中所规定的最为直接的折算过程及其标准是关于"五刑二十等"赎铜数的规定，如《名例》"笞刑五"条(1)："笞刑五：笞一十。（赎铜一斤。）笞二十。（赎铜二斤。）笞三十。（赎铜三斤。）笞四十。（赎铜四斤。）笞五十。（赎铜五斤。）"律内对于是否适用赎刑、如何适用赎刑亦有专门规定。由此可以看出，客观具体的立法表述中针对具体数量及其折算标准的明确规定非常普遍。

② 《名例》"犯罪未发自首"条(37)"问答"："三流之坐，准徒四年，谋杀凡人合徒三年，不言是舅，首陈不尽，处徒一年。"其中"三流之坐，准徒四年"乃是《名例》"官当"条(17)中"三流同比徒四年"的转述。"官当"条中亦有注律者以"准"解释"比"的内容。《疏》议曰："假有八品、九品官，犯私罪流，皆以四官当之；无四官者，准徒年当、赎。故云'三流同比徒四年'。"又《名例》"共犯罪有逃亡"条(44)《疏》议曰："假有本坐合徒一年，官司决杖一百，决讫事发，还合科徒。前已决杖一百，不可追改，准徒一年赎铜二十斤，即是十八日徒当铜一斤，准笞十。"此内容可视为枉断比徒在适用细节方面的补充。

的立法体例，又呈现了量化的过程与特质。具体来说，律设"比徒"欲解决的核心问题是沟通不同刑种、刑等之间的折算标准。而不同刑种、刑等之间为何需要折算、如何折算则是基于客观具体的立法体例必然出现的问题。"官当比徒"中，不同品秩之官员犯私罪"以官当徒"为官当之基本适用标准，若官员犯应处流刑之罪，需将流刑与徒刑之不同刑等予以折算并明确规定折算的具体标准。"诬告比徒"中，诬告具有特殊身份之人，无法直接针对诬告者"反坐"基于诬告对象之特殊身份而产生的相应处罚，需将此类特殊处罚折算为针对一般主体直接适用的相应刑种、刑等。适用"罪之""坐之""与同罪"等比附形式定罪量刑的过程中，亦会出现涉及特殊身份的情况，将特殊处罚方式折算为一般的刑种、刑等也是定罪量刑过程中的迫切需要。"枉断比徒"稍显复杂，其中包含的技术性更强，相应的量化特征也更加明显。"官司出入人罪"的量刑基础是针对法定刑种、刑等"出"与"入"的具体数量，因此，轻罪重判与重罪轻判产生的"所剩"及其计算标准是量刑的核心。同时，枉断对象为具有特殊身份之人时，"所剩"之计算标准更加需要明确。

　　基于客观具体的体例，立法针对特定行为、主体、情节等规定了明确的量刑条款。定罪量刑过程中遇有需要解决的问题，一般是寻找已有条文或是在已有条文的基础之上作技术性处理，而不是通过立法途径作新的表述。仍以本章开篇时所举的例子说明，若眼下的"坑"装不下手里的"萝卜"，需要做的是根据"萝卜"的特点和不同"坑"之间的计量标准，迅速找到合适的"坑"。如果确实没有现成的"坑"，则需要根据"萝卜"的特点和确定的计量标准，对眼下的"坑"稍作调整，而不是挖个新的"坑"。也就是说，现有的"坑"一定是具有典型性的，也具有足够的包容性，这是前提。新的问题一般通过技术手段予以解决，最为有效的技术手段自然是明确规定一整套量化标准。这种解决方式是在针对具体犯罪行为适当地定罪量刑与维护律典的体系化之间寻求均衡，换一个角度来看,我们可以设想,若唐律中没有"比徒"及相关技术性术语,律典体系将会膨胀到何种程度?[①] 当然,立法技术与律典本身自秦汉发展至唐代,律典体系的此种形态已不可能出现,至于为何不可能出现? 前述探讨大概可以从微观角度提供一些素材,就此而言,针对"比徒"进行专门探讨的目的已基本实现。

五、小结

唐律中的"比徒"包含了不同刑种、刑等之间的折算方式与计算标准,立法明确规定针对具体行为定罪量刑的过程中,将其他刑种、刑等或特殊处罚方式折算为一定刑等之徒刑。律内所见之"比徒"大致分为三类:官当比徒、诬告比徒与枉断比徒。律设"比徒"旨在通过量化技术化解客观具体的立法体例固有的内在矛盾,"比徒"之适用使得立法者在"罪刑均衡"与律典体系化之间找到了大致的平衡点。

[①] 《汉书·刑法志》中所述:"律、令凡三百五十九章,大辟四百九条,千八百八十二事,死罪决事比万三千四百七十二事。文书盈于几阁,典者不能遍睹。""今大辟之刑千有余条,律、令烦多,百有余万言,奇请它比,日以益滋,自明习者不知所由,欲以晓喻众庶,不亦难乎!"可作参考。[汉]班固撰、[唐]颜师古注:《汉书》卷二十三《刑法志》,第 1101、1103 页。

第三章 "罪止"：立法层面的刑等累加限制

唐律中大量出现的"罪止"直接指示着立法针对具体犯罪行为设置的量刑上限，其作为立法语言凝结着特定的技术策略。律设"罪止"旨在限制定罪量刑过程中的死刑适用与刑等加重，其过程表现出明显的慎刑理念。但此种设置使得司法官吏没有任何裁判"余地"，只能机械地选择确定的刑种、刑等与制定法所列举的具体犯罪行为及不同情节一一对应。立法者如何通过技术策略表现出对犯罪者的慎刑和对司法官吏裁判权力的控制？此种技术策略在法律规范中如何表现？这无疑是我们揭示传统刑律立法特质的有效路径。目前学界未有针对传统刑律中"罪止"的专门探讨，[①] 对中国古代慎刑的分析也未深入立法技术层面，且相关成果多是孤立探讨慎刑而未从技术层面将其与官吏司法权的控制进行联系。[②] 基于此，本章拟从"罪止"的含义入手，进一步探讨律设

[①] 清人王明德曾将清律中涉及"罪止"的条文详尽摘录，并指出其中所包含的慎刑因素。限于传统注释律学的立场，王氏虽认识到"律中罪止之条最繁，摘不胜摘"，但未能在此基础之上对律典中"罪止"的表现形态、功能做深入分析，亦未能指出律内各篇"罪止"的差异，更不可能超越"专制皇权"的语境揭示其立法意图与基本逻辑。另，即使是在传统律学的语境之下，对于刑律中的"罪止"进行深入探讨的律学家与作品也不多见。参见 [清] 王明德：《读律佩觿》卷六，何勤华等点校，第217—256页。

[②] 目前关于中国古代慎刑问题的探讨集中于慎刑观念、慎刑思想以及死刑复核程序、刑讯制度等领域，相关研究成果包括（但不限于）：冯卓慧：《中国古代慎刑思想研究——兼与20世纪西方慎刑思想比较》，载《法律科学》2006年第2期；孙光妍、隋丽丽：《"慎刑"新释》，载《北方论丛》2008年第6期；李胜渝：《慎刑观与中国古代死刑审判制度》，载《求索》

"罪止"的意图及其在规范体系中的功能,并系统梳理律典中"罪止"的表现形态,借以全面展现唐律通过立法技术表现慎刑与官吏控制的基本方式。在此基础之上,对技术策略背后所蕴含的基本逻辑稍作总结。

一、"罪止"的含义

"止"常见的含义为止息、停止、终止,作此含义时多与"讫""定"等通用、互训。《尔雅·释诂下》:讫与止同,"皆谓止住也"。"讫者,终止也。"[①] 从"罪止"的字面含义与表述形式来分析,其表达的应当是将罪刑或处罚限定于某一范围,即止于某处。因此,"罪止"的含义常与定罪量刑密切相关。

(一)传世文献中的"罪止"及其含义

传世文献中所见的"罪止"大多与处罚相关,其表达的含义分为两类:一是对于处罚对象的限定;二是对于处罚内容的限定。

"罪止"限定处罚对象的用法在传世文献中出现较早,但此种用法并未直接涉及明确的法律规范内容。《大戴礼记·本命》:"大罪有五:逆天地者,罪及五世;诬文武者,罪及四世;逆人伦者,罪及三世;诬鬼神者,罪及二世;杀人者,罪止其身。故大罪有五,杀人为下。"[②] 杀人较之其他"大罪"相对为轻,因此处罚方式有异,逆天地等"大罪"皆罚及家嗣,而杀人仅处罚本人即"罪止其身"。《后汉书·梁统列传》:"春秋

2008年第9期;林明:《论慎刑理念对古代司法运行机制的影响》,载《法学杂志》2012年第4期;吕丽:《中国传统慎刑观对"制刑之义"的阐释》,载《法制与社会发展》2012年第6期。

① [晋]郭璞注、[宋]邢昺疏:《尔雅》卷第二《释诂下》,北京大学出版社1999年版,第38页。

② [清]王聘珍:《大戴礼记解诂》卷十三《本命》,中华书局1983年版,第256页。

之义,功在元帅,罪止首恶,故赏不僭溢,刑不淫滥,五帝、三王所以同致康乂也。"①"罪止首恶"与"功在元帅"相对,所表达的含义一致,不论功、过皆止于一人。"罪止"限定处罚对象的用法在正史文献中非常普遍,其所表达的含义与用法非常稳定,至明清时期,仍常见于正史记载。

"罪止"限定具体量刑的用法在传世文献中出现较晚,与其用法相应,相关表述多明确指向具体的法律规范内容,且强调了严格依据制定法量刑的司法过程。《宋书·何承天传》记载了关于"陈满射鸟误伤人案"何承天所说的一段话:"狱贵情断,疑则从轻。昔惊汉文帝乘舆马者,张释之劾以犯跸,罪止罚金。"②与之相似的内容是《旧唐书·狄仁杰传》中记载狄仁杰关于"权善才误斫昭陵柏树案"的一段话:"昔汉文时有盗高庙玉环,张释之廷诤,罪止弃市。"③"罪止"与具体刑罚连用,表达的含义是量刑当止于具体刑种或刑等,且针对具体犯罪行为的量刑所"止"之刑等与刑种应当是制定法的明确规定,不应处以更重的刑罚。需要注意的问题是汉代关于张释之所断"犯跸案"与"盗高庙玉环案"的记载中并未有"罪止"的表述。《史记·张释之列传》:"……廷尉奏当,一人犯跸,当罚金。……释之案律盗宗庙服御物者为奏,奏当弃市。"④可以推测,"罪止具体刑罚"的用法应当出现于汉代之后,此种表述形式具备了专门法律术语的特征。其后,正史文献中又多见直接指涉具体法律规范的记载。《魏书·刑罚志》:"十一年春,诏曰:'三千之罪,莫大于不孝,而律不逊父母,罪止髡刑。于理未衷。可更详改。'"⑤从中

---

① [南朝宋]范晔撰、[唐]李贤等注:《后汉书》卷三十四《梁统列传》,中华书局1965年版,第1176页。
② [梁]沈约:《宋书》卷六十四《何承天传》,中华书局1974年版,第1702页。
③ [后晋]刘昫等:《旧唐书》卷八十九《狄仁杰传》,中华书局1975年版,第2886页。
④ [汉]司马迁:《史记》卷一百二《张释之列传》,中华书局1959年版,第2754—2755页。
⑤ [北齐]魏收:《魏书》卷第一百一十一《刑罚志》,中华书局1974年版,第2878页。

可以看出髡刑是律典中针对"不逊父母"所规定的量刑上限。唐宋之后的正史文献中,"罪止某刑等"还包含了具体的刑等累加计算标准。《宋史·刑法志》:"神宗谓非所以爱养将士之意,于是诏三司始立《诸仓丐取法》……凡丐取不满百钱,徒一年,每百钱则加一等;千钱流二千里,每千钱则加一等,罪止流三千里。"① 可见,正史文献中"罪止某刑等"的表述形式自汉代之后形成,其用法逐渐具体化与专门化。

(二)唐律中的"罪止"及其含义

《唐律疏议》中"罪止"共出现 235 次,② 相关内容涉及各篇共计 97 条律文。③ 从出现的频次来看,作为立法语言的"罪止"在律内使用比较广泛;从具体表述涉及的条文数来看,律内 12 篇共计 502 条,20% 的条文出现了直接的表述;各篇出现的频次有比较明显的差别,涉及"罪止"的条文在本篇所占比例较高者为《厩库》,其所包含的条文中有 46% 出现了"罪止"的表述,这一比例超过 30% 的还有《捕亡》《擅兴》《户婚》;涉及"罪止"的条文在本篇所占比例低于 10% 的有《斗讼》《诈伪》《断狱》。

---

① [元]脱脱等:《宋史》卷一百九十九《刑法志一》,中华书局 1977 年版,第 4977 页。
② 若依直接表述形式统计,《唐律疏议》中共出现"罪止" 237 次,但其中有两处"罪止"所表达的含义与功能并非具体犯罪行为的量刑上限即"罪之所止"之意。《名例》"称加减"条(56):"其罪止有半年徒,若应加杖者,杖一百;应减者,以杖九十为次。"《户婚》"义绝离之"条(190)《疏》议曰:"离者,既无'各'字,得罪止在一人,皆坐不肯离者。"此处"罪止"同于"罪只","其罪止有半年徒"是说主典故入人罪,量刑过程中在应处笞刑刑等的基础之上增加了一等,即半年徒刑;"得罪止在一人"是说犯义绝而不解除婚姻关系的夫妇应各处徒一年之刑,若一方愿离而一方不肯离,仅处罚不离一方。可见,"得罪止在一人"的含义与用法与传世文献中所见"罪止"一致,但其用法在唐律中仅此一处。
③ 《唐律疏议》各篇"罪止"出现的频次与涉及条文数具体为:《名例》12 次、6 条,《卫禁》15 次、5 条,《职制》31 次、14 条,《户婚》35 次、14 条,《厩库》33 次、13 条,《擅兴》31 次、9 条,《贼盗》18 次、6 条,《斗讼》4 次、4 条,《诈伪》2 次、2 条,《杂律》23 次、14 条,《捕亡》23 次、7 条,《断狱》8 次、3 条。

第三章 "罪止"：立法层面的刑等累加限制　59

关于唐律中"罪止"的具体含义与用法，《名例》"犯罪未发自首"条(37)"问答"中将之解释为"罪之所止"，其出现于律文中皆与具体刑等连用，如《擅兴》"遣番代违限"条(239)："诸镇、戍应遣番代，而违限不遣者，一日杖一百，三日加一等，罪止徒二年。"《疏》议曰："依《军防令》：'防人番代，皆十月一日交代。'如官司违限不遣，若准程稽违不早遣者，一日杖一百，三日加一等，罪止徒二年。"根据《军防令》的规定，镇、戍守卫应当按时替换，超过法定日期一日而不替换要予以处罚，起刑点为杖一百，每超过法定日期三日加一等量刑，量刑上限为徒二年。据此：违限一日不遣番代杖一百、四日徒一年、七日徒一年半、十日徒二年；遣番代违限的量刑上限为徒二年，即使违期超过十日，量刑亦不增加。其中"罪止"指示的是犯罪行为的量刑上限，具体来说是律文中出现的一种关于量刑的规则与刑等累加的计算标准。律内未见"罪止"的其他用法，从含义及具体表述形式来看，显然与魏晋南北朝及之后正史文献中所见一致。作为立法语言出现于法律规范中的"罪止"始于何时，目前似乎无法确定。我们自简牍秦汉律令中并未见到"罪止"及相关表述，①但从《唐律疏议》中"罪止"在具体条文的分布情况来看，虽然大多数表述出现在"律注""律疏"中，但律文中出现的有66次，占总数的近30%；"罪止"仅出现在律文中的有62条，占总数的64%。也就是说，《唐律疏议》中的"罪止"出现于律文中的比例和出现于"律注""律疏"中的比例基本相似。这表明律内所见"罪止"及相关条文应当是沿袭前代立法而来，但限于史料，无法对其具体渊源作进一步探讨。只能大致推测"罪止"作为立法语言出现于法律规范当中，应当是自汉代之后逐渐产生的。

---

① 检索岳麓秦简、睡虎地秦简、张家山汉简、居延汉简等文献，皆未见其中涉及"罪止"的内容。

二、律设"罪止"的意图与功能

作为立法语言与立法技术的表现形式,律设"罪止"包含了立法者的特定意图与价值追求;立法意图的表现又以"罪止"在定罪量刑过程中所发挥的独特功能为基础。

(一)立法意图:慎刑与官吏控制

"罪止"即量刑止息、停止而不再增加,作为立法语言与立法技术的表现形式,其在律内直接表达的是量刑过程中针对具体犯罪行为刑等计算的限制。元人徐元瑞将"止"与"加""减"等律内常见之立法语言统称为"字类",其将"止"释为:"无所加及谓之止。凡称止者,谓坐罪止此,不可复加于他人也。假如犯界,酒一十瓶以下,追罚钞二十两,决二十七下;一十瓶以上,追罚钞四十两,决四十七下;酒虽多,罪止杖六十,罚钞五十两是也。"[①] 从解释内容来看:首先,"止"即"坐罪止此",亦即"罪止";其次,"止"与"罪止"强调的重点是量刑"无可加及"与"不可复加",即"罪止"是具体犯罪行为量刑过程中刑等累加的终点,其仅是对量刑"加等"的限制。《刑统赋解》:"六赃计贯或终如其始",即"六赃"计赃量刑,"俱从一贯累至罪止也",歌曰:"……六赃罪,从头一累。终者罪止,始者初起。"[②] "终者罪止"将法律规范中的"罪止"作为立法对于刑等累加终点即量刑上限或法定最高刑的含义表达得十分清晰。

唐律立法对于量刑过程中刑等计算的"加"与"减"态度截然不

---

① [元]徐元瑞等:《吏学指南(外三种)》,杨讷点校,第58页。
② [宋]傅霖:《刑统赋解》卷下,[元]郗口韵释、[元]王亮增注,载徐世虹主编:《沈家本全集》(第八卷),中国政法大学出版社2010年版,第497页。

同,对于"减"的适用态度较为宽缓,《名例》"称加减"条(56):"惟二死、三流,各同为一减。"即作为重刑的死刑与流刑,只要出现减罪情节,便降为下一级刑种,绞刑、斩刑减一等皆为流三千里;流三千里、流二千五百里、流二千里减一等皆为徒三年。《名例》以下各篇在针对具体犯罪行为量刑的规定中又有大量减一等、减二等至减若干等量刑之表述,清人王明德谓:"极而推之,直至减尽无科而后已。是皆轻乎本犯犯该之例;即或误减而至失出焉,其法固犹可及追也。"① 律内并未见到关于量刑中适用"减"的限制性规定,可见立法者对于量刑减等的态度是一律从宽。对于"加"的适用则极为审慎,《名例》"称加减"条(56):"加者,数满乃坐,又不得加至于死;本条加入死者,依本条。(加入绞者,不加至斩。)"律称加一等、加二等或加若干等量刑不得适用死刑,本条规定可适用死刑者,仅适用绞刑而不得适用斩刑。"律疏"中引述具体条文对之进行了解释:"依《捕亡律》:'宿卫人在值而亡者,一日杖一百,二日加一等。'虽无罪止之文,唯合加至流三千里,不得加至于死。'本条加入死者依本条',依《斗讼律》:'殴人折二支,流三千里。'又条云:'部曲殴伤良人者,加凡人一等。加者,加入于死。'此是'本条加入死者依本条'。"律疏"中的解释内容有两点值得注意:首先,"虽无罪止之文,唯合加至流三千里,不得加至于死"。可见加等量刑的限制是在"罪止"的基础之上展开的,虽无"罪止之文"仍得限制加刑,若出现"罪止"的表述则当然适用;其次,"律注"中说"加入绞者,不加至斩"。此与《名例》"称反坐罪之等"条(53)之立法精神一致:"诸称'反坐'及'罪之''坐之''与同罪'者,止坐其罪;(死者,止绞而已。)""不加至斩"与"止绞而已"表达了相同的含义,表意核心在于"止"亦即"罪止","虽以止云罪止,乃实所以著加律也,明乎其为罪止之加"。②

---

① [清]王明德:《读律佩觿》卷六,何勤华等点校,第218页。
② 同上书,第219页。

针对具体犯罪行为所规定的起刑点、刑等累加计算标准、法定最高刑等内容都在"罪止"所表达的含义当中，律设"罪止"直接表现出立法者意图全面控制司法过程的技术策略。从司法官吏的角度来看，立法者通过"罪止"之设，要求司法官吏审慎适用所有刑种与刑等，未给司法裁决留有任何"余地"，也不允许丝毫"弹性"。唐律"五刑二十等"，除了笞刑五等未有与"罪止"相连之表述，自"罪止杖六十""罪止杖七十"直至"罪止流二千五百里""罪止流三千里"，十四等刑皆有大量与"罪止"相连之具体表述。① 可见立法者通过技术策略对裁判权力的控制面非常广泛。从犯罪者或受刑者的角度来看，这种控制司法官吏裁判权力的技术策略又蕴含着慎刑的理念，如清代律学家所言："是以律中，即于一笞之微亦必各著以罪止之例，以重示夫刑之不可不慎，其于确体钦恤之微，固有毫发之不敢或苟者"，可见"律于加等罪止之别，抑何其详其慎"。②

"罪止"的内容是立法中对定罪量刑过程尤其是法定最高刑的详尽规定，此种立法模式所表现出的意图既包含了对于司法官吏裁判权力的控制，也包含了慎刑的理念，而这种立法意图背后所蕴含的是维护中央集权与专制皇权的基本逻辑。③ 如前引汉初廷尉张释之所断之著名案例，"犯跸罪止罚金"对于受刑者而言，自然包含了明显的慎刑、忠恕、平允等理念。对于作为司法官吏的张释之而言，"罪止罚金"首先是其践行慎刑理念的法律依据，更是其自我保护、对抗皇帝干预司法的具体方式。既然"罪止罚金"是"王法"的明确规定，廷尉的坚持则于法有据，也就是其所说的"今法如此"；另外，既然"罪止罚金"是"王法"所规定的

---

① 唐律当中五刑共计二十等，律内未有"罪止笞刑"之表述；死刑为法定最高刑，亦不必有"罪止死刑"之表述。因此，"罪止"之刑等应为二十等刑除去笞刑五等与死刑二等，即十三等。但需要注意的是律内出现的"罪止加役流"，由于加役流并不同于流三千里，因此，律内与"罪止"相连之具体刑等当为十四等。

② ［清］王明德：《读律佩觿》卷六，何勤华等点校，第 218、256 页。

③ 参见徐忠明：《明清刑事诉讼"依法判决"之辨正》，载《法商研究》2005 年第 4 期。

内容，那么作为最高立法者的皇帝从逻辑上也是可以突破"王法"的。如果皇帝"立诛"惊马之人，张释之也只会说"则已"，而不会抛开制定法的明确规定，强调"廷尉，天下之平也"。①论者谓唐律"出入得古今之平"。②制刑之审、量刑之慎当为入罪之"平"的具体表现，但审慎量刑、用刑得平并非孤立的司法理念，支撑司法理念的规范内容是皇帝意图全面控制司法官吏的技术性策略。

（二）量刑功能：限制死刑适用与限制刑等加重

作为立法语言的"罪止"所表达的含义是具体犯罪行为的法定最高刑或量刑上限，其在定罪量刑过程中最为主要的功能就是通过指示具体犯罪行为的量刑上限而限制重刑。具体来说包括两方面内容：一是限制死刑适用；二是限制刑等加重。

1. 限制死刑适用

"罪止"指示了具体犯罪行为的量刑上限，其最重要的功能便是限制死刑适用。律内"罪止"所表达的完整内容包括：行为主体与犯罪行为、起刑点、刑等累加标准，根据这些内容最终通过规定"罪止某刑等"表述具体犯罪行为的量刑上限。由于绞、斩二等死刑同为一减，因此，对死刑的限制一般是处以流三千里，而对刑等累加标准等具体内容并未有详细区分。律内通过"罪止"限制死刑适用的内容主要出现于《名例》，其中规定的是贯穿全律的定罪量刑通则。首先，律内凡出现"准某罪论"者，法定最高刑皆为流三千里，不得适用死刑。《名例》"称反坐罪之等"条（53）："称'准枉法论''准盗论'之类，罪止流三千里，但准其罪。"《疏》议曰："称准枉法论者，《职制律》云：'先不许财，事过之

---

① ［汉］司马迁：《史记》卷一百二《张释之列传》，中华书局1959年版，第2755页。
② 《四库全书总目唐律疏议提要》，载［唐］长孙无忌等：《唐律疏议》，刘俊文点校，中华书局1983年版，第677页。

后而受财者,事若枉,准枉法论。'又条:'监临内强市,有剩利,准枉法论。'又,称准盗论之类者,《诈伪律》云:'诈欺官私以取财物,准盗论。'《杂律》云:'弃毁符、节、印及门钥者,准盗论。'如此等罪名,是'准枉法''准盗论'之类,并罪止流三千里。但准其罪者,皆止准其罪,亦不同真犯。"其次,量刑过程中的刑等累加上限为流三千里,原则上不得适用死刑。《名例》"称加减"条(56):"加者,数满乃坐,又不得加至于死。"《疏》议曰:"……又不得加至于死者,依《捕亡律》:'宿卫人在值而亡者,一日杖一百,二日加一等。'虽无罪止之文,唯合加至流三千里,不得加至于死。"但"律注"中对其例外有所规定,即本条规定适用死刑者,也仅适用绞刑而不得适用斩刑。

《名例》以下各篇见有"罪止流三千里"的表述,其内容基本都是《名例》中通则性规定的重述,如《户婚》"私入道"条(154):"即监临之官,私辄度人者,一人杖一百,二人加一等。"《疏》议曰:"即监临之官,不依官法,私辄度人者,一人杖一百,二人加一等,罪止流三千里。"又《厩库》"牧畜产死失及课不充"条(196):"系饲……失者,又加二等。"《疏》议曰:"'失者,又加二等',以其系饲不合失落,故加二等。称'又'者,明累加,即失一杖六十,罪止流三千里。"其内容皆是对《名例》"称加减"条(56)"不得加至于死"的具体适用。但《名例》之外亦有通过"罪止"限制死刑适用的内容,《贼盗》"略和诱奴婢"条(293):"诸略奴婢者,以强盗论;和诱者,以窃盗论。各罪止流三千里。(虽监临主守,亦同。)"根据《贼盗》"强盗"条(281)的内容,强盗不持杖得财十匹处以绞刑、持杖得财五匹处以绞刑。因此,"计赃以强盗论"与真强盗同,①是可以适用死刑的。本条规定"罪止流三千里",限制了"计

---

① 按《名例》"称反坐罪止等"条(53):"称'以枉法论'及'以盗论'之类,皆与真犯同。"《疏》议曰:"……所犯并与真枉法、真盗同,其除、免、倍赃悉依正犯。其以故杀伤、以斗杀伤及以奸论等,亦与真犯同,故云'之类'。"

赃以强盗论"的死刑适用,此内容是对《名例》关于"罪止"限制死刑适用的通则性规定的补充。

律内除了"罪止流三千里"之外,还见有"罪止加役流"的表述,《贼盗》"本以他故殴人因而夺物"条(286)"问答":"监临官司,本以他故殴击部内之人,因而夺其财物,或窃取三十匹者,合得何罪?律称'本因他故殴击人',元即无心盗物,殴讫始夺,事与强盗相类,准赃虽依'强盗',罪止加役流,故知其赃虽多,法不至死。'因而窃取,以窃盗论加一等者',为监临主司殴击部内,因而窃物,以窃盗论加凡盗三等。上文'强盗'既不至死,下文'窃盗'不可引入绞刑,三十匹者罪止加役流。"律设加役流本身即替死之刑,《名例》"应议请减(赎章)"条(11)《疏》议曰:"加役流者,旧是死刑,武德年中改为断趾。国家惟刑是恤,恩弘博爱,以刑者不可复属,死者务欲生之,情轸向隅,恩覃祝网,以贞观六年奉制改为加役流。"其与三千里常流之区别在于:"常流唯役一年,此流役三年,故以加役名焉。"① 因此,从表述形式来看,"罪止加役流"亦发挥了限制死刑适用的功能,其具体内容仍是对《名例》中关于"罪止"限制死刑适用的补充。

2. 限制刑等加重

限制刑等加重的具体内容较之限制死刑适用略显复杂,"罪止"乃是立法为量刑过程中具体刑等累加而设之限制,律内各篇、各条对于具体犯罪行为的量刑规定了不同的起刑点与刑等累加计算标准,并分别规定相应的量刑上限。唐律立法通过"罪止某刑等"的规定来限制刑等加重,集中体现了精细的量化技术。② 从"罪止"在限制刑等加重方面的具

---

① [唐]李林甫等:《唐六典》卷六,陈仲夫点校,第186页。
② 对于唐律量化技术的全面介绍可参见钱大群:《唐律立法量化技术运用初探》,载《南京大学学报(哲学·人文科学·社会科学)》1996年第4期;姜涛:《追寻定性与定量的结合——〈唐律〉立法技术的一个侧面》,载《安徽大学学报(哲学社会科学版)》2016年第1期。

体条文来看，有针对计赃量刑而做的限制，律内规定的刑等累加计算标准与单位一般为"匹"，如《杂律》"错认良人为奴婢部曲"条(401)："错认奴婢及财物者，计赃一匹笞十，五匹加一等，罪止杖一百。"有针对计时量刑而作的限制，律内规定的刑等累加计算标准与单位一般为"日"，如《卫禁》"关津无故留难"条(84)："诸关、津度人，无故留难者，一日主司笞四十，一日加一等，罪止杖一百。"有针对计人口之数量刑而作的限制，律内规定的刑等累加计算标准与单位一般为"人"或"口"，[①]如《职制》"贡举非其人"条(92)："诸贡举非其人及应贡举而不贡举者，一人徒一年，二人加一等，罪止徒三年。"又《户婚》"脱漏户口增减年状"条(150)："脱口及增减年状，（谓疾、老、中、小之类。）以免课役者，一口徒一年，二口加一等，罪止徒三年。"有针对计距离量刑而作的限制，律内规定的刑等累加计算标准与单位一般为"里"，如《职制》"乘驿马枉道"条(128)："诸乘驿马辄枉道者，一里杖一百，五里加一等，罪止徒二年。"有针对计重量刑而做的限制，律内规定的刑等累加计算标准与单位一般为"斤"，如《职制》"乘驿马赍私物"条(129)："诸乘驿马赍私物，（谓非随身衣、杖者。）一斤杖六十，十斤加一等，罪止徒一年。"有针对计面积量刑而做的限制，律内规定的刑等累加计算标准与单位一般为"亩"，如《户婚》"卖口分田"条(163)："诸卖口分田者，一亩笞十，二十亩加一等，罪止杖一百。"另外，计面积量刑还有以田地面积比例为计罪标准与刑等累加计算标准，并根据比例规定了量刑上限，如《户婚》"部内田畴荒芜"条(170)："诸部内田畴荒芜者，以十分论，一分笞三十，一分加一等，罪止徒一年。"

此处主要探讨唐律中的立法量化技术在限制刑等加重过程中的具体表现，对于唐律中的"量化"问题不作全面介绍。

① 律内亦见有针对计牲畜之数量刑而作的限制，但一般未标有数量单位，而是直接表述数量，如《厩库》"验畜产不实"条(197)："诸验畜产不以实者，一笞四十，三加一等，罪止杖一百。"

第三章 "罪止"：立法层面的刑等累加限制

上述针对不同计罪标准与刑等累加计算标准分别规定的量刑上限皆是对具体犯罪行为的单一计罪量刑标准而设，即针对同一主体、一个犯罪行为统一计量标准规定具体量刑上限。律内所见计罪标准与刑等累加计算标准亦有复合内容，主要包括以下几类：

首先，针对相互关联的两个犯罪行为分别规定计罪标准与刑等累加标准，并规定相应的量刑上限。如《捕亡》"丁夫杂匠亡"条（461）："诸丁夫、杂匠在役及工、乐、杂户亡者，（太常音声人亦同。）一日笞三十，十日加一等，罪止徒三年。主司不觉亡者，一人笞二十，五人加一等，罪止杖一百。"丁夫、工匠等逃亡，其计罪标准与刑等累加标准是逃亡时间，而对其逃亡结果，主管官吏亦承担法律责任，主司的计罪标准与刑等累加标准为逃亡人数，立法根据两类主体不同的刑等累加标准分别规定了量刑上限。

其次，针对同一行为规定不同的刑等累加标准，如《户婚》"占田过限"条（164）："诸占田过限者，一亩笞十，十亩加一等；过杖六十，二十亩加一等，罪止徒一年。"立法在量刑达到一定刑等时将刑等累加计算标准提高了一倍，此种设计包含了诸多技术性考虑。律文规定，一亩笞十，十亩加一等，即十一亩笞二十、二十一亩笞三十，以此类推，若不变换累加标准，占田过限一百零一亩即处徒一年，占田再多亦不加刑。新的标准为量刑累加至杖六十以上，每二十亩加刑一等，即七十一亩杖七十、九十一亩杖八十，以此类推，一百五十一亩徒一年，占田数仍多者不再计算，量刑亦不再增加。规定复合标准的意图在于扩大刑事立法与刑罚对于犯罪行为的有效评价范围。从立法技术的角度来考虑，这也是在有限立法资源的框架之内对于"刑罚阶梯"的进一步精细化设计，目的在于促进具体犯罪行为及具体情节与相应刑种、刑等的一一对应，此为"罪刑均衡"的应有之义。

最后，针对不同主体规定不同的计罪标准与刑等累加标准，并规定相同的量刑上限。如《户婚》"州县不觉脱漏增减"条（152）："诸州县不觉脱漏增减者，县内十口笞三十，三十口加一等；过杖一百，五十口加一等。州随所管县多少，通计为罪。（通计，谓管二县者，二十口笞三十；管三县者，三十口笞三十之类。计加亦准此。若脱漏增减并在一县者，得以诸县通之。若止管一县者，减县罪一等。余条通计准此。）各罪止徒三年。"由于州、县之间的隶属与管辖关系，州对于县内脱漏户自然要承担相应责任，对于州县之间刑事责任的确定与划分采取"通计为罪"，其计罪标准、刑等累加标准与各自权责相适应，但最终的量刑上限一致。

三、律典中"罪止"的表现形态

《唐律疏议》中作为立法语言的"罪止"根据表现形态即条文的叙述方式可分为两类：一类是立法直接根据行为主体、起刑点、刑等累加标准的具体差异对量刑规则与量刑上限的直接规定；另一类是对前述直接规定的引述。

（一）立法的直接规定

关于立法对"罪止"的直接规定，典型者如《杂律》"坐赃致罪"条（389）："诸坐赃致罪者，一尺笞二十，一匹加一等；十匹徒一年，十匹加一等，罪止徒三年。""坐赃"为唐律"六赃"之一，《名例》"以赃入罪"条（33）《疏》议曰："在律，'正赃'唯有六色：强盗、窃盗、枉法、不枉法、受所监临及坐赃。"但"坐赃"与"六赃"中其他赃罪仍有差别，"赃非实有之赃，坐之以为赃，故曰坐赃。致罪者，推而极之，以至于罪也。"① 从"坐赃"的量刑亦能看出其与枉法、不枉法等赃罪的明显差别，"坐赃"

---

① ［清］王明德：《读律佩觿》卷六，何勤华等点校，第44—45页。

量刑上限为"徒三年"即"罪止徒三年"。

唐律中对"罪止"直接规定的内容涉及《卫禁》《职制》《户婚》《厩库》《擅兴》《杂律》《捕亡》《断狱》8篇中的44条律文；[①]《名例》《诈伪》《贼盗》《斗讼》则未有关于"罪止"的直接规定，其中相关的表述皆是引述别条律文。《名例》作为集中律内通则性规定的篇目，对于具体犯罪行为的定罪量刑规定较少，其中所出现的关于"罪止"的内容皆是对其他各篇具体条文的引述。《诈伪》中出现"罪止"的内容为律内各篇最少，仅涉及的2条律文皆是引述其他篇的直接规定。《贼盗》与《斗讼》从各自条文数与所规定的内容来看，皆在律内具有重要的地位，正是由于其内容重要，立法对之没有大量关于具体量刑上限的规定，其中所出现的关于"罪止"的内容皆为引述他篇，或是受到《名例》关于具体犯罪行为定罪量刑的通则性规定限制。

（二）引述直接规定

律内出现"罪止"的各条中，仅有不足一半的条文是对量刑规则与

[①] 具体包括《卫禁》中2条："宿卫上番不到"条（75）、"关津无故留难"条（84）；《职制》中10条："贡举非其人"条（92）、"官人无故不上"条（95）、"之官限满不赴"条（96）、"官人从驾稽违"条（97）、"稽缓制书官文书"条（111）、"驿使稽程"条（123）、"乘驿马枉道"条（128）、"乘驿马赍私物"条（129）、"公事应行稽留"条（132）、"受所监临财物"条（140）；《户婚》中9条："脱漏户口增减年状"条（150）、"里正不觉脱漏增减"条（151）、"同居卑幼私辄用财"条（162）、"卖口分田"条（163）、"占田过限"条（164）、"盗耕种公私田"条（165）、"妄认盗卖公私田"条（166）、"在官侵夺私田"条（167）、"部内田畴荒芜"条（170）；《厩库》中8条："验畜产不实"条（197）、"受官羸病畜产养疗不如法"条（198）、"乘官畜车私驮载"条（199）、"大祀牺牲养饲不如法"条（200）、"官马不调习"条（202）、"库藏主司不搜检"条（210）、"假借官物不还"条（211）、"输给给受留难"条（219）；《擅兴》中4条："拣点卫士征人不平"条（227）、"遣番代违限"条（239）、"丁夫差遣不平"条（245）、"丁夫杂匠稽留"条（246）；《杂律》中4条："负债违契不偿"条（398）、"错认良人为奴婢部曲"条（401）、"买奴婢牛马不立券"条（422）、"乘官船违限私载"条（426）；《捕亡》中4条："流徒囚役限内亡"条（459）、"丁夫杂匠亡"条（461）、"浮浪他所"条（462）、"官户奴婢亡"条（463）；《断狱》中3条："徒流送配稽留"条（492）、"输备赎没入物违限"条（493）、"领徒囚应役不役"条（500）。

量刑上限的直接规定,多数关于"罪止"的表述是对立法直接规定的引述。如《卫禁》"赍禁物私度关"条(87):"诸赍禁物私度关者,坐赃论。"携带违禁物品私度关,以坐赃论,"律疏"中通过引述"坐赃"的量刑规则与量刑上限对赍禁物私度关的具体量刑予以说明:"禁物者,谓禁兵器及诸禁物,并私家不应有者,私将度关,各计赃数,从'坐赃'科罪:十匹徒一年,十匹加一等,罪止徒三年。"需要注意的是,同一条文中关于量刑上限的直接规定被不同条文反复引述的情况也非常普遍,经初步统计,关于"坐赃"量刑上限的直接规定在律内被17条律文引述。其他关于量刑上限的直接规定,如《户婚》"同居卑幼私辄用财"条(162):"诸同居卑幼,私辄用财者,十匹笞十,十匹加一等,罪止杖一百"亦在律内被多次引述。

基于唐律客观具体、一事一例的立法体例,大量"律无罪名"或"条无罪名"[①]但还需要处罚的犯罪行为并未在条文中予以明确列举,因此,比类相附或引述相似、相近犯罪行为的量刑规则便是律内大量出现的内容。但直接引述或完全引述仍会存在量刑轻重失衡、刑罚不得其中的可能,唐律中见有大量不完全引述或变通引述相近、相似犯罪行为量刑规则的内容,这些内容皆为客观具体的立法体例之下对罪刑均衡的技术性追求。仍以引述"坐赃"量刑上限直接规定的条文为例,《杂律》"受寄物辄费用"条(397):"诸受寄财物,而辄费用者,坐赃论减一等。"《疏》议曰:"受人寄付财物,而辄私费用者,坐赃论减一等,一尺笞十,一匹加一等,十匹杖一百,罪止徒二年半。"对于受寄物辄费用的量刑是在"坐赃论"的基础之上减一等,其量刑上限亦随之减一等,即"罪止徒二年半"。又《职制》"受人财为请求"条(136):"诸受人财而为请求者,

---

① 唐律中大量"无罪名"所表达的含义是条文中对相关具体犯罪行为是否处罚、如何处罚未作直接列举。参见刘晓林:《唐律中的"罪名":立法的语言、核心与宗旨》,载《法学家》2017年第5期。

坐赃论加二等。"《疏》议曰:"'受人财而为请求者',谓非监临之官。'坐赃论加二等',即一尺以上笞四十,一匹加一等,罪止流二千五百里。"对于受人财而为请求的量刑是"坐赃论"的基础之上加二等,其量刑上限亦随之加二等,即"罪止流二千五百里"。可见,律内对于"罪止"相关内容的引述方式除了直接引述或完全引述以外,还有在其基础之上加、减若干等的变通引述或不完全引述。另外,律内所见对于"坐赃"量刑上限直接规定的不完全引述还有一种特殊情况,其并非在坐赃量刑规则与量刑上限的基础之上加、减若干等,而是形式上仍表述为"坐赃论"的完全引述形式,但立法改变了量刑上限的内容。如《职制》"役使所监临"条(143):"诸监临之官,私役使所监临,……即役使非供己者,(非供己,谓流外官及杂任应供官事者。)计庸坐赃论,罪止杖一百。"此条虽仍表述为"计庸坐赃论",但未沿用"罪止徒三年"的量刑上限,而是规定了"罪止杖一百",《疏》议曰:"非供己,谓流外官者,谓诸司令史以下,有流外告身者。'杂任',谓在官供事,无流外品。为其合在公家驱使,故得罪轻于凡人不合供官人之身,计庸坐赃致罪,一尺笞二十,一匹加一等,罪止杖一百。"根据"律疏"中的解释,得罪轻的原因在于犯罪主体的身份与情节,其完全引述了"坐赃致罪"的起刑点与刑等累加标准,但对量刑上限则另外规定了不同于"坐赃致罪"的刑等。

作为立法语言出现于条文中的"罪止"表现形态极其复杂,除少部分由立法直接规定以外,大量内容是对这些直接规定的引述。各条对之引述包括完全引述与不完全引述两类,不完全引述当中,又根据变通律内直接规定的不同方式分为在直接规定量刑上限的基础之上加、减若干等与形式上完全引述但直接改变量刑上限的具体内容两类。"律中罪止之条最繁,摘不胜摘。"[①] 因此,较之摘录律内涉及"罪止"的条文,全面

---

① [清]王明德:《读律佩觽》卷六,何勤华等点校,第255页。

描述"罪止"于律典中的表现形态是更加有效的分析路径。

四、未出现"罪止"的条文中立法意图的表现方式

律设"罪止"之旨趣直接表现为法律规范中针对不同计罪标准与刑等累加标准而设置的相应量刑上限，即前文所述之律内大量"罪止某刑等"的表述。要继续探讨的问题：立法意图应当贯穿全律，而不仅表现于律内部分章节或条文；唐律中并非各条皆有"罪止"之表述。那么，未出现"罪止"的条文中如何表现立法意图？以下结合具体条文详细说明：

首先，"罪止"限制死刑适用的条文规定于《名例》中，律内"准某罪论"皆罪止流三千里，不得适用死刑；量刑时刑等累加若未明确规定上限，皆罪止流三千里，不得适用死刑。此功能并不局限于律内出现"罪止"表述的条文，而是贯穿全律的通则性内容。如《职制》"事后受财"条（139）："诸有事先不许财，事过之后而受财者，事若枉，准枉法论。"《疏》议曰："官司推劾之时，有事者先不许物，事了之后而受财者，事若曲法，准前条'枉法'科罪。既称'准枉法'，不在除、免、加役流之例。"官司枉法裁判后受财准枉法论，律文与"律疏"中皆未出现"罪止"的表述，按《职制》"监主受财枉法"条（138）："诸监临主司受财而枉法者……十五匹绞；无禄者……枉法者二十匹绞。"但有禄官司枉法裁判后受财十五匹、无禄官司枉法裁判后受财二十匹并不处以绞刑，而是据《名例》"称反坐罪之等"条（53）的规定罪止流三千里。又《卫禁》"奉敕夜开宫殿门"条（71）："宫殿门闭讫，而进钥违迟者，殿门杖一百，经宿加一等，每经一宿，又加一等。"律文中仅规定了殿门进钥违迟杖一百，过一晚加一等，并未规定量刑上限即"罪止某刑等"，但据《名例》"称加减"条（56）的规定，当罪止流三千里。"律疏"中对这一总则性条文的适

第三章 "罪止"：立法层面的刑等累加限制　73

用细则作了说明："依《监门式》：'驾在大内，宫城门及皇城门钥匙，每去夜八刻出闭门，二更二点进入。京城门钥，每去夜十三刻出闭门，二更二点进入。'违此不进，是名'进钥违迟'。殿门杖一百，经宿加一等，合徒一年；每经一宿，又加一等，既无罪止之文，加至流三千里。宫门以外递减一等者，即宫门及宫城门进钥违迟，亦合杖九十，经宿杖一百，每经一宿又加一等，罪止徒三年。"

其次，"罪止"限制刑等加重的条文虽然集中于《名例》以外各篇，但各篇、各条之间比类相附或在其基础之上加、减若干等量刑亦为常态。若被比附的犯罪行为规定有明确的量刑上限，那么比附其量刑的行为虽未规定"罪止某刑等"仍同其量刑上限。如《职制》"贷所监临财物"条（142）："诸贷所监临财物者，坐赃论。"律文与"律疏"中皆未规定其量刑上限，但其仍同于《杂律》"坐赃致罪"条（389）规定：坐赃致罪罪止徒三年。又《职制》"驿使稽程"条（123）："诸驿使稽程者，一日杖八十，二日加一等，罪止徒二年。若军务要速，加三等。"驿使稽程之量刑起于杖八十、罪止徒二年，此为律文明确规定。若军务要速而稽程加三等，但并未直接规定量刑加三等后是否有"罪止"之内容。《疏》议曰："'军务要速'，谓是征讨、掩袭、报告外境消息及告贼之类，稽一日徒一年，十一日流二千里，是为'加三等'。"可见，对于军务要速稽程的处罚在起刑点与量刑上限皆加"驿使稽程"三等，即"罪止"流二千里。

最后，《名例》以外各篇关于"罪止"的规定之后常见有"准此"或"余条准此"等表述。如《户婚》"里正不觉脱漏增减"条（151）："诸里正不觉脱漏增减者，一口笞四十，三口加一等；过杖一百，十口加一等，罪止徒三年。（不觉脱户者，听从漏口法。州县脱户亦准此。）"律文中对里正不觉脱户、漏口及增减年状的具体量刑作了列举，并规定了其量刑上限为徒三年，注文中说"州县脱户亦准此"，"律疏"释曰："州县脱户，亦准此计口科罪，不依脱户为法。"即对于州县脱户的具体量刑以及量刑上限，相关律文未必有明确规定，但仍以前述规定为准。其中"准此"的表述提示了之前的法律规范并非一事一例，强调了包括"罪止"在内的相关内容具有通则性质，适用于全律。①

因此，"罪止"所指示的量刑上限作为律内技术性规范，其效力并不止于出现具体表述形式的各条，而是通贯全律的量刑规则与标准，律设"罪止"之意图亦表现于律内各条。

五、立法意图及其逻辑

立法语言凝结了专门的立法技术，立法技术在法律规范与规范体系中的运用表现出了立法者的特定意图。"罪止"是唐律中运用非常广泛的典型术语，立法者通过"罪止"之设，将具体犯罪行为及不同情节与相应的刑种、刑等一一对应，并对刑等累加计算标准及法定最高刑或量刑上限做了清晰的规定。对于犯罪者或受刑者来说，律设"罪止"直接限制了量刑过程中的刑等加重与死刑适用，立法者通过特定技术手段在法律规范中表现出了慎刑与忠恕、平允等理念；对于司法官吏来说，律设"罪止"则将针对具体犯罪行为的量刑限制在非常具体的范围之内，司法官吏只能根据制定法的明确规定，将不同行为、不同情节与法定刑种、刑等一一对应，对于刑种的选择与刑等累加计算没有丝毫余地。因此，慎刑与官吏控制是律设"罪止"表现出的意图，这种立法意图背后所蕴含的是维护中央集权与专制皇权的基本逻辑。

首先，制定法的具体规定是作为制度设计的慎刑的逻辑起点，"依律慎刑"应当是慎刑最基本的内容。②基于传统法客观具体、一事一例

---

① 关于唐律中"准此"的性质与功能可参见刘晓林：《唐律中的"余条准此"考辨》，载《法学研究》2017年第3期。

② "依律慎刑"所表达的含义应当是严格依据律文的内容实现慎刑观念，或者说其表述

的立法体例,对于具体犯罪行为的量刑"不采取主观的、概括的态度,而采取客观的、具体的主义。……故同其罪质之犯罪,仍依其主体、客体、方法、犯意、处所、数量(日数、人数、赃数等)及其他情况,而另立罪名,各异其刑"。[①] 应处罚的行为与具体的刑种、刑等一一对应,基于此,量刑内容似乎不是由司法官吏决定的,案件的审判只是认定事实并根据制定法的规定宣告法定刑。与现代法相比,这一点非常明显,如现行《刑法》第232条规定:"故意杀人的,处死刑、无期徒刑或者十年以上有期徒刑;情节较轻的,处三年以上十年以下有期徒刑。"在案件事实清晰的基础上,司法人员对于故意杀人的量刑选择余地很大,同为情节较轻的故意杀人,"三年以上十年以下"所包含的任何刑等都是依法审判的结果。但中国古代法并非如此,唐律《斗讼》"斗殴杀人"条(306):"诸斗殴杀人者,绞。以刃及故杀人者,斩。虽因斗,而用兵刃杀者,与故杀同。(为人以兵刃逼己,因用兵刃拒而伤杀者,依斗法。余条用兵刃,准此。)"审判过程中对于具体量刑没有任何选择的余地,[②] 是否慎刑也不应当是司法官吏的选择。这是立法者通过技术策略所表现出的明确意图。

其次,从秦汉至明清,经典大义与纲常礼教对于具体案件的裁决始

强调了所依之"律"对于慎刑实现的意义与价值。以笔者所见,"依律慎刑"的表述方式并未在传世文献中出现,张金桐曾撰文《从〈冥报记〉看初唐"依律慎刑"思想》,文中并未交代其所谓初唐"依律慎刑"思想的出处。参见张金桐、刘雪梅:《从〈冥报记〉看初唐"依律慎刑"思想》,载《武汉大学学报(人文科学版)》2007年第3期。但文中"依律慎刑"之表述对笔者仍极具启发意义。

① 戴炎辉:《唐律通论》,戴东雄、黄源盛校订,第30页。持完全相同的观点还有日本学者仁井田陞:"(唐律)是具体、个别、客观地对待各种犯罪的,……虽是性质相同的犯罪,却根据犯意、犯罪的状况、犯罪的方法、犯罪人以及被害人的身份、犯罪的目标等情况的不同,设立各种罪名、科以不同的处罚。"〔日〕仁井田陞:《唐律的通则性规定及其来源》,载刘俊文主编:《日本学者研究中国史论著选译(第八卷)》,中华书局1992年版,第155—156页。

② 徐忠明在比较现行《刑法》中的盗窃罪与明清律中关于窃盗的量刑内容时亦有相同结论,并形象地将明清律中赃款数量与刑罚轻重的一一对应称为"一个萝卜一个坑"。参见徐忠明:《明清时期的"依法裁判":一个伪问题?》,载《法律科学》2010年第1期,第33页。

终没有产生形式上的直接影响。① 也就是说，在不否认慎刑观念对具体案件的裁决可能会产生影响的前提之下，必须承认的是：具体案件的审判结果一定要落实于制定法的条文甚至是对具体条文的明确援引。对此，所见的大量司法文书② 以及唐律的规定为我们提供了直接证据。《断狱》"断罪不具引律令格式"条（484）："诸断罪皆须具引律、令、格、式正文，违者笞三十。"《疏》议曰："犯罪之人，皆有条制。断狱之法，须凭正文。若不具引，或致乖谬。违而不具引者，笞三十。"唐律所规定的"依法断罪"首先要求作为审判与定罪量刑法律依据的条文必须是"正文"，而且要求"具引"，即全文照引律、令、格、式原文。"不得寻章摘句，随意节引；或转述其文，参以己意。"③ 否则处以笞三十之刑。又《断狱》"辄引制敕断罪"条（486）载："诸制敕断罪，临时处分，不为永格者，不得引为后比。若辄引，致罪有出入者，以故失论。"《疏》议曰："事有时宜，故人主权断制敕，量情处分。不为永格者，不得引为后比。若有辄引，致罪有出入者，'以故失论'，谓故引有出入，各得下条故出入之罪；其失引者，亦准下条失出入罪论。"唐代审判以及定罪量刑之依据必须是国家正式颁布的法律规范，即律、令、格、式条文。除此之外，不得

---

① 王志强指出："在古代中国，尽管实体原则的决定性意义日益彰显，但对制定法的形式依赖，在唐代以后，始终不同程度地以各种方式顽强存在。单纯的道德价值、情理判断通常并不能独立门户，不能绕过制定法直接指向裁判结果。在清代刑事性裁判特别是高层司法机关所做的判决中，几乎所有的案件中都明确地引述了制定法或成案，而后者的适用中，无论是类比、区别，还是最后判定刑罚，其实也往往以律为基础。"王志强：《制定法在中国古代司法判决中的适用》，载《法学研究》2006年第5期，第146页。

② 秦汉司法文书中常见以"律曰：……""律：……"等表述方式引述制定法具体条文的内容，如岳麓秦简"尸等捕盗疑购案"中的"律曰：'产捕群盗一人，购金十四两。'"朱汉民、陈松长主编：《岳麓书院藏秦简（叁）》，上海辞书出版社2013年版，第114页。张家山汉简《奏谳书》："律：(三〇)取（娶）亡人为妻，黥为城旦，弗智（知），非有减也。……(三一)"唐代司法文书中亦见有大量"准律……"的表述，如"准律以官物自贷用，无文记，以盗论；若有文记，减准盗论"。王震亚、赵荧：《敦煌残卷争讼文牒集释》，甘肃人民出版社1993年版，第129—130页。

③ 刘俊文：《唐代法制研究》，文津出版社1999年版，第200页。

引以断罪。皇帝临时发布的制敕，虽亦具有法律效力，但只有其中被确定为"永格""常式"者始得援引，否则仅作为"临时处分"的依据。另外，"断罪引律令"的内在要求与皇帝据以控制司法官员的技术策略是一致的，[①] 审判过程中的严格守文即对于制定法具体条文的明确援引也是专制集权官僚体制之下"官员强化自身权力与利益的有效工具"。[②] 明乎此，我们就能理解为何在"犯跸案"与"盗高庙玉环案"中，廷尉张释之向汉文帝据理力争时一定要强调其依据的是制定法对于具体犯罪行为的规定，而后世记载这两件经典的慎刑案例时皆述其依律"罪止罚金"与"罪止弃市"了；进一步说，如果历代皇帝想超越"罪止"所包含的法定刑罚幅度，从维护中央集权与专制皇权的基本逻辑来看，也是完全可以这样做的。

六、小结

"罪止"是唐律中的典型立法语言，其出现于律文中皆与具体刑种、刑等连用，指示了立法针对犯罪行为所设之量刑上限。作为立法技术的表现形式，"罪止"之设将司法官吏针对具体犯罪行为的量刑限定于明确的范围内，即立法根据犯罪行为的不同情节规定了确定的刑种与刑等，并将刑等累加的计算标准一并规定于条文当中。律内涉及"罪止"的条文包括立法的直接规定与引述直接规定两类，未出现具体表述的条文中也通过技术性手段直接表现出立法意图。律设"罪止"表现出对于犯罪者的慎刑和对于司法官吏裁判权力的控制，两者统一于维护中央集权和专制皇权的基本逻辑，即维护"王法"的确定性与权威性。

[①] 参见徐忠明：《明清时期的"依法裁判"：一个伪问题？》，载《法律科学》2010年第1期。

[②] 徐忠明：《明清刑事诉讼"依法判决"之辨正》，载《法商研究》2005年第4期，第153页。

第四章 "至死"：立法层面的死刑适用限制

人本主义与人文精神是中华法系的哲学基础与基本特征，[①]"爱惜民命"与"恤刑慎杀"是其浸润之下表现于传统立法与司法的基本原则与价值追求。传统刑律所蕴含的文化基础与价值取向由特定立法语言所承载，并通过立法的技术策略直接表现为具体的规范内容，进而通过针对具体犯罪行为的定罪量刑向公众予以宣示。自汉代之后，正史文献中常见"法至死""罪至死"等表述，以之强调具体行为性质严重、当处极刑。传统刑律中亦见大量"至死"的内容，死刑适用是其作为立法语言较为固定且典型的含义。在沿袭正史文献中所表达通常含义的基础之上，律典中出现的"至死"多表述为"至死减一等""至死加役流"等规范内容，其直接功能是限制律内存在的大量死刑适用条款，以之宣示立法的"慎"与"平"。此种技术策略内生于传统刑律客观具体、一事一例的立法体例，是传统刑律乃至中华法系若干特质的直接表现。

目前学界对于传统刑律中的慎刑与死刑控制进行了比较充分的探讨，但相关成果集中于思想、观念与文化等宏观方面的阐释，[②]立足于制

[①] 参见张晋藩：《人本主义——中华法系的特点之一》，载《河北法学》2005年第9期；张晋藩：《论中国古代司法文化中的人文精神》，载《法商研究》2013年第2期。

[②] 代表性成果包括（但不限于）：冯卓慧：《中国古代慎刑思想研究——兼与20世纪西方慎刑思想比较》，载《法律科学》2006年第2期；林明：《论慎刑理念对古代司法运行机制的影响》，载《法学杂志》2012年第4期；吕丽：《中国传统的慎杀理念与死刑控制》，载《当代法学》2016年第4期。

度层面的探讨也集中于死刑覆奏与复核、录囚、秋审等司法领域,[①] 基于传统刑律所固有的立法技术对死刑限制进行系统探讨的成果尚不多见,[②] 以中华法系的代表之作《唐律疏议》中的典型术语切入,对传统刑律中死刑限制的技术策略进行深入分析的成果更是阙如。[③] 基于此,笔者拟以"至死"的语义分析切入,辨析其在正史文献中的表述形式以及作为立法语言的含义、用法与渊源;进而对《唐律疏议》中"至死"的分布与特征作详尽统计,并逐条分析相关条文,系统归纳其在律典中所发挥的功能及具体表现;在此基础之上,对律设"至死"的意图与策略试作总结。

一、"至死"的含义与用法

"至死"中的"死"即死亡,表意比较固定。"至"的表意强调了"过

[①] 代表性成果包括(但不限于):肖胜喜:《略论我国古代死刑复核制度》,载《法学研究》1988年第6期;沈厚铎:《秋审初探》,载《政法论坛》1998年第3期;张明敏:《中国古代死刑复奏制度的流变及其现代价值》,载《中国刑事法杂志》2008年第2期。

[②] 蔡墩铭在论及唐律"刑之加减"时曾谓:"此种不得加至于死之规定,乃系中国法系应值大书特书者,其注重人权保障,在各国古代法上实属罕见。唐律以下历代法律均有规定。"蔡墩铭:《唐律与近世刑事立法之比较研究》,汉苑出版社1976年版,第285页。蔡氏所论已涉及律内"至死"相关内容,限于其论著主旨,仅介绍了唐律刑017累加之一般规则,并未以律内"加至死"为切入点,深入挖掘其丰富内涵。但其所述唐律中"不得加至于死"的重要价值仍极具启发意义。

[③] 需要特别注意的是《唐律疏议》中的概念、规范与原理等技术性内容除了具有定罪量刑的直接功能与意义之外,还凝结了儒家主导的思想、文化,更是统治者与立法者主导思想的直接表现与传播方式。对此,马小红曾指出:"自汉武帝尊儒,律典就被赋予了多重历史使命。首先,惩罚犯罪,维护王朝秩序,是律义不容辞的职责。其次,律体现并维护王朝的主导思想。经过近八百年的发展,'一准乎礼'的唐律终于达到了这样一个境界。也许唐律及其疏义的得以流传,也正是因为自唐始,律就已经不只是量刑定罪,根据时势不同而代有改变的法律实践中的适用之典,它更是一部'刑理'之典。"马小红:《律、律义与中华法系关系之研究》,载马小红、刘婷婷主编:《法律文化研究》(第七辑),社会科学文献出版社2014年版,第318页。因此,通过律典中的技术性内容来揭示中华法系的若干特质较之宏观总结与全面介绍显然更为切实。

程"与"途径"的因素,许慎释"至":"鸟飞从高下至地也。"段玉裁注:"凡云来至者,皆于此义引申叚借。……许云到,至也。……此本义之引申也。"①"至"与"到"可互训,通常表达相同的含义。许注"从高下至地"与段注"来至"皆暗含了"过程"与"途径"的因素,进一步来说又包含了"起点"与"终点"之意。许注所谓之"高"显然是"起点",而"地"自然表达了"终点"之意,"至"所表达的含义一方面突出了到达终点即"至地",另一方面强调了由起点到终点的过程。段注"来至"亦可作此解释,其包含了从何处来与最终至何处之意。结合"至"的具体表意,"至死"即最终死亡、到达死亡。如何到达死亡?基于常识与经验,死亡根据原因可分为两类:自然死亡与非自然死亡。自然死亡即"生老病死"之"死",如"裴晋公度……每语人曰:……生老病死,时至即行。"②"时至"表达了自然死亡是必然规律,一般来说基于刑事法律规范的立场并无直接意义,即并未引起刑事法律关系的产生、变更或消灭,③如《说苑·建本》:"梁丘据谓晏子曰:'吾至死不及夫子矣。'"④非自然死亡一般具有比较直接的刑事法方面的意义,或是他人杀伤,或是国家剥夺生命,其于刑律中皆有直接对应的规范内容。传世文献中见有大量"罪至死""法至死"等表述,法典中亦有大量作为专门法律术语的"至死",表达了其指涉的行为可适用死刑。⑤

---

① [汉]许慎撰、[清]段玉裁注:《说文解字注》十二篇上"至"部,上海古籍出版社1981年影印版,第584页下。
② [宋]李昉等编:《太平广记》卷第一七七《器量二·裴度》,中华书局1961年版,第1316页。
③ 当然,自然死亡在刑事法律关系之外的其他领域具有明显的法律意义,如在民事领域即可基于自然死亡产生婚姻关系的终结与财产继承的开始等。
④ [汉]刘向撰:《说苑校证》卷第三《建本》,向宗鲁校证,中华书局1987年版,第70页。
⑤ 传世文献中亦见有"至死"表达"致人死亡"的用法,可通"致死"。如《汉书·礼乐志》:"刑罚之过,或至死伤。"[汉]班固撰、[唐]颜师古注:《汉书》卷二十二《礼乐志》,中华书局1962年版,第1033页。"至死"的表达"致人死亡"的用法在律典中亦有所见,如

(一)正史文献中的"罪至死"与"法至死"

汉代之后正史文献中所见"至死"表达死刑适用是较为典型的用法,"罪至死"是其固定表述形式,如《史记·滑稽列传》:"王下令曰:'有敢以马谏者,罪至死。'"①"以马谏者"可处死,对其适用死刑的依据是"王令",即针对具体行为的死刑适用具有明确的法律依据。②"至死"之法律依据并非仅限于狭义的"王令",作为通常法律形式的"令"亦是其当然依据。《汉书·王莽传》:"是岁,复明六管之令。每一管下,为设科条防禁,犯者罪至死,吏民抵罪者浸众。"③"罪至死"亦有变通表述形式,《论衡·正说》:"东海张霸案百篇之序,空造百两之篇,献之成帝。帝出秘百篇以校之,皆不相应,于是下霸于吏。吏白霸罪当至死。"④官吏说黄霸"罪当至死",其中"当"强调了依据相关法律规定处以死刑。

我们自《汉书·食货志》中也见到了"犯令,法至死"⑤的直接表述,与"罪至死"相比,正史文献中所见"法至死"更加突出了死刑适用的法

唐律《斗讼》"同谋不同谋殴伤人"条(308):"诸同谋共殴伤人……至死者,随所因为重罪。"《疏》议曰:"'至死',谓被殴人致死。"但正史文献与律典中此种用法出现的数量远不及"死刑适用",《唐律疏议》中"至死"表达"致人死亡"之意仅出现20余处,相关内容涉及《斗讼》《诈伪》《捕亡》3篇计10余条律文。另,唐律中表达"致人死亡"之意仍有"致死"的表述93处。可见,"至死"表达"致人死亡"并非其主要用法,而是律内"致死"在表意方面的辅助与补充;其作为"致人死亡"的含义与用法很可能被律内直接出现的"致死"所包含。限于主旨,此处不再涉及律内表达"致人死亡"之"至死"。

① [汉]司马迁:《史记》卷一百二十六《滑稽列传》,中华书局1959年版,第3200页。
② 相同的用法还可见《越绝书·荆平王内传》:"王乃号令邦中:'无贵贱长少,有不听子胥之教者,犹不听寡人也,罪至死,不赦。'"[汉]袁康、吴平:《二十五别史·越绝书》卷第一《越绝荆平王内传》,吴庆峰点校,齐鲁书社2000年版,第6页。
③ [汉]班固撰、[唐]颜师古注:《汉书》卷九十九下《王莽传下》,中华书局1962年版,第4150页。
④ 黄晖:《论衡校释(附刘盼遂集解)》第二十八卷《正说》,中华书局1990年版,第1125—1126页。
⑤ [汉]班固撰、[唐]颜师古注:《汉书》卷二十四上《食货志上》,第1144页。

律依据与司法程序。《汉书·终军传》:"御史大夫张汤劾(徐)偃矫制大害,法至死。"①张汤弹劾徐偃"矫制大害",结合张家山汉简《二年律令·贼律》的规定:"拚(矫)制,害者,弃市;不害,罚金四两。(十一)"张汤说徐偃"法至死"的依据显然是刑律的直接规定。②"法至死"亦有变通表述形式,《三国志·魏书·田畴传》:"(田)畴乃为约束相杀伤、犯盗、诤讼之法,法重者至死,其次抵罪,二十余条。"③"至死"的依据是"杀伤、犯盗、诤讼之法",同时,针对这些行为并非一概适用死刑,而是"法重者至死",即法定最高刑或量刑上限为死刑。

正史文献中"法至死"在表意方面更加强调作为死刑适用法律依据的具体规范内容及司法过程。除此之外,"罪至死"与"法至死"未有实质差异。因为同一部史书针对同一案件,既有记述为"罪至死"者,亦有记述为"法至死"者。如《汉书》中记述江充告太子丹"为奸甚众""吏不能禁",《江充传》述:"书奏,天子怒,遣使者诏郡发吏卒围赵王宫,收捕太子丹,移系魏郡诏狱,与廷尉杂治,法至死。"④而《景十三王传》述:"武帝遣使者发吏卒捕丹,下魏郡诏狱,治罪至死。"⑤针对同一案件的不同表述除了说明"治罪至死"与"法至死"在表意方面未有本质的区别之外,主要原因大概在于正史文献的主旨、性质与记述者的视角不同。⑥

---

① [汉]班固撰、[唐]颜师古注:《汉书》卷六十四下《严朱吾丘主父徐严终王贾传下》,第2817—2818页。
② 相同的用法还可见《汉书·酷吏传》:"于是覆劾(严)延年阑内罪人,法至死。"[汉]班固撰、[唐]颜师古注:《汉书》卷九十《酷吏传》,第3667页。
③ [晋]陈寿撰、[宋]裴松之注:《三国志》卷十一《魏书十一·田畴传》,中华书局1959年版,第341页。
④ [汉]班固撰、[唐]颜师古注:《汉书》卷四十五《蒯伍江息夫传》,第2175页。
⑤ [汉]班固撰、[唐]颜师古注:《汉书》卷五十三《景十三王传》,第2421页。
⑥ 正史文献中常见有大量律典中的"立法语言",记述者对这些词汇的专门含义显然未必有清晰的认识,除了直接引述诏令、律典等原文之外,亦多见有记述者较为随意的描述性语言。关于传统刑律中"立法语言"性质的辨析可参见刘晓林:《立法语言抑或学理解释?——注释律学中的"六杀"与"七杀"》,载《清华法学》2018年第6期。

汉代之后正史文献中还见有表意与"罪至死""法至死"一致但形式稍有变化的表述,如《通典·刑法》:"又定盗一钱弃市法,闻见不告者坐至死。"① 又《后汉书·张酺传》:"长安有杀盗徒者,(张)酺辄案之,以为令长受臧,犹不至死,盗徒皆饥寒佣保,何足穷其法乎!"② 但正史文献中关于"坐至死"以及否定表述"不至死"的内容较少。

(二)作为立法语言的"至死"

作为立法语言的"至死"即出现于律典或法律规范中的直接表述,其表述形式、功能与特定立法技术及法典体例直接相关,并且直接表达着特定的立法意图。唐代之前刑律全本不存,针对这一阶段律典、法律规范的考察只能依据出土简牍文献与正史文献中的相关记载。简牍秦汉律令中尚未见到关于"至死"的表述,③ 张斐《注律表》中见有关于"至死"的表述:

> 五刑不简,正于五罚,五罚不服,正于五过,意善功恶,以金赎之。故律制,生罪不过十四等,死刑不过三,徒加不过六,囚加不过五,累作不过十一岁,累笞不过千二百,刑等不过一岁,金等不过四两。月赎不计日,日作不拘月,岁数不疑闰。不以加至死,并死不复加。不可累者,故有并数;不可并数,乃累其加。以加论者,但得其加;与加同者,连得其本。不在次者,不以通论。……④

此段说的是《晋律》中的刑罚结构与刑等累加标准等内容,"不以加至死"是对死刑适用的限制,即刑等累加不得入于死刑。"至死"的基本

---

① [唐]杜佑:《通典》卷一百七十《刑法八·酷峻》,王文锦等点校,中华书局1988年版,第4424页。
② [南朝宋]范晔撰、[唐]李贤等注:《后汉书》卷四十五《袁张韩周列传》,中华书局1962年版,第1529页。
③ 检索龙岗秦简、岳麓秦简、睡虎地秦简与张家山汉简,皆未见到关于"至死"的表述。
④ [唐]房玄龄等:《晋书》卷三十《刑法志》,中华书局1974年版,第929页。

含义与正史文献中所见其他记载一致，但其用法显然包含了直接的技术因素。"至死"强调的是到达死刑的途径与过程，具体来说就是自起刑点至量刑上限的刑等累加计算的过程。就此来看，魏晋时期应当是"至死"作为立法语言出现于律典中的关键时期。因为秦汉时期的法定刑罚结构与后世有所不同，尤其是尚未见到普遍的刑等与刑种累加计算规则，①"至死"作为刑等累加的技术性内容自然没有存在与适用的空间。

《注律表》中"不以加至死"的原则性内容被后世律典所沿袭，且随着立法技术与法典体例的发展，至唐代得以极为系统、完备的形态出现于律典中。唐律《名例》"称日年及众谋"条（55）："加者，数满乃坐，又不得加至于死；本条加入死者，依本条。""律疏"中引述了具体条文解释"不得加至死"："又不得加至于死者，依《捕亡律》：'宿卫人在直而亡者，一日杖一百，二日加一等。'虽无罪止之文，唯加至流三千里，不得加至于死。"但律典中原则性规定与例外条款并存是立法常态，"本条加入死"即"不得加至于死"的例外条款。《疏》议曰："'本条加入死者依本条'，依《斗讼律》：'殴人折二支，流三千里。'又条云：'部曲殴伤良人者，加凡人一等。加者，加入于死。'此是'本条加入死者依本条'。"其他各篇仍见有"本条加入死"的适用详情，《斗讼》"流外官以下殴议贵等"条（316）"问答"中提到了奴婢、部曲殴议贵的量刑规则："其部曲、奴婢殴凡人，尚各加罪，况于皇族及官品贵者，理依加法。唯据本条加至死者，始合处死：假如有部曲殴良人折二支，加凡斗一等，注云'加者，加入于死'，既于凡斗流三千里上加一等，合至绞刑。"并强

---

① 虽然龙岗秦简、岳麓秦简、睡虎地秦简、张家山汉简等出土文献中见有较多"加罪"的内容，但秦及汉初律内的"加罪"表现为"附加刑罚"，本质是复数叠加，而非单数刑罚意义上的以重代轻；且"加罪"并不逾越具体刑种，即不会打乱"死刑——城旦舂刑——耐刑——财产刑"的基本序列。参见张传玺：《秦及汉初律上的"加罪"和刑罚加等排序》，载《第七届青年法史论坛论文集》，上海，2018 年 10 月 21 日，第 69—87 页。

调了"别条虽加，不入于死"。

二、《唐律疏议》中"至死"的分布与特征

通过含义与用法的分析，作为立法语言的"至死"仍沿袭了正史文献中死刑适用的基本含义，但律典中的"至死"表达的主要是对死刑适用的技术性限制，即对于刑等累加的限制。至于立法者的技术策略及其表现，则需要结合具体的条文内容、通过系统的规范分析予以展示。《唐律疏议》中"至死"表达死刑适用时于律内的分布详如表4.1：

表 4.1 《唐律疏议》中表达死刑适用的"至死"出现频次与分布详表

篇目	出现的频次（律、注、疏[①]）	涉及的条文[②]
《名例》（凡57条）	10次（1、0、9）	5条
《卫禁》（凡33条）	4次（2、0、2）	2条
《职制》（凡59条）	1次（1、0、0）	1条
《户婚》（凡46条）	10次（3、1、6）	6条
《厩库》（凡28条）		

[①] 此处所统计的"疏"包括"律疏"中"问答"的内容。
[②] 具体包括：《名例》中5条，"十恶"条(6)、"除名"条(18)、"老小及疾有犯"条(30)、"犯罪未发自首"条(37)、"官户部曲官私奴婢有犯"条(47)；《卫禁》中2条，"因事入宫辄宿"条(63)、"犯庙社禁苑罪名"条(79)；《职制》"有所请求"条(135)；《户婚》中6条，"里正官司妄脱漏增减"条(153)、"不言及妄言部内旱涝霜虫"条(169)、"应复除不给"条(172)、"差科赋役违法"条(173)、"娶逃亡妇女"条(185)、"嫁娶违律"条(195)；《擅兴》中3条，"镇所私放征防人还"条(235)、"征人巧诈避役"条(236)、"私有禁兵器"条(243)；《贼盗》中8条，"劫囚"条(257)、"夜无故入人家"条(269)、"恐喝取人财物"条(285)、"本以他故殴人因而夺物"条(286)、"盗缌麻小功亲财物"条(287)、"因盗过失杀伤人"条(289)、"略卖期亲以下卑幼"条(294)、"共盗并赃论"条(297)；《斗讼》中4条，"流外官以下殴议贵等"条(316)、"斗殴误杀伤傍人"条(336)、"诬告反坐"条(342)、"以赦前事相告言"条(354)；《诈伪》"诈冒官司"条(388)；《杂律》"向城官私宅射"条(393)；《断狱》中3条，"死罪囚辞穷竟雇请人杀"条(471)、"据众证定罪"条(474)、"监临自以杖捶人"条(483)。

续表

篇目	出现的频次（律、注、疏）	涉及的条文
《擅兴》（凡24条）	4次（1、0、3）	3条
《贼盗》（凡54条）	18次（4、0、14）	8条
《斗讼》（凡60条）	11次（2、1、8）	4条
《诈伪》（凡27条）	2次（1、0、1）	1条
《杂律》（凡62条）	2次（1、0、1）	1条
《捕亡》（凡18条）		
《断狱》（凡34条）	7次（2、0、5）	3条
总计	69次（18、2、49）	34条

"至死"在唐律各篇以及在具体条文中的分布皆呈现明显的特征：

《唐律疏议》中出现"至死"的条文近一半集中于《贼盗》《斗讼》，此外，《名例》《户婚》各出现10次，也是出现频次较高的篇目；《厩库》《捕亡》未出现"至死"。作为立法语言的"至死"与死刑适用条款具有直接关系，那么，死刑适用频繁的《贼盗》《斗讼》出现"至死"的表述较多，少有死刑适用的《厩库》未出现"至死"的表述是容易理解的。[①] 为何《名例》与《户婚》两篇"至死"的出现也比较集中？又如何解释《捕亡》未出现"至死"？需要作进一步探讨。《名例》集中规定了一部律内通则性条文，虽然唐律立法体例是针对犯罪行为作具体列举，但死刑适用仍是需要集中说明的内容。因此，《名例》中出现了较多"至死"的表述，如"自首""共犯罪""特殊主体犯罪"等涉及死刑适用的内容皆于其中做概括规定。《户婚》虽未有直接的死刑适用条款，但其中存在大量比类相附的内容，如"以枉法论""准枉法论"等，这些内容与死刑

[①] 沈家本曾撰《唐死罪总类》统计了唐律条文中绞、斩二等死刑的适用情况，根据沈氏统计，《户婚》既无绞刑、亦无斩刑；《厩库》无斩刑、绞一条；《捕亡》斩五条、绞四条。参见［清］沈家本：《历代刑法考》（三），邓经元、骈宇骞点校，中华书局1985年版，第1253—1267页。

适用存在形式上的密切关系，故出现了大量"至死"的表述。《捕亡》的死刑适用条款并不少，但其中未出现"至死"的表述，原因主要在于：其中的死刑适用多为直接规定，较少比类相附，而适用死刑的行为又属性质严重的犯罪行为，如《捕亡》"被囚禁拒捍走"条（465）："诸被囚禁，拒捍官司而走者，流二千里；伤人者，加役流；杀人者斩，从者绞。"不需要通过"至死"标识并限制死刑适用。

《唐律疏议》条文可分为律文与"律注""律疏"三部分，"律注"是对律文的解释、说明，"律疏"是对律文及旧注的进一步诠释，"律疏"中又附"问答"对其中的疑难问题做了例释。《唐律疏议》是《唐律》及其基础之上的注、疏的合编。[①] 就各部分内容来看，律文与"律注"的内容承袭前代的痕迹非常清晰，这也是中国传统律令体制的显著特征；"律疏"的内容则集中表现了唐代律学发展的水平，具有鲜明的时代特征。"至死"在律、注中出现20次，占总数的近30%，这些内容显然是沿袭了魏晋南北朝律典的基本内容；在疏中出现50次，占总数的70%以上，其中部分内容是在引述律文相关表述基础之上的进一步诠释，如《户婚》"差科赋役违法"条（173）："若非法而擅赋敛，及以法赋敛而擅加益，赃重入官者，计所擅坐赃论；入私者，以枉法论，至死者加役流。"《疏》议曰："今云'至死者加役流'，并不合绞。"相关表述也受到了前代刑律的直接影响。结合前文所述，秦汉律中未见"至死"的表述，结合秦汉刑罚结构的特征，"至死"也无适用空间；《晋律注》中已见相关内容，而唐律律文与"律注"中出现的表达死刑适用的"至死"应当源自魏晋南北朝时期的刑律，至于具体条文的沿袭脉络，则限于史料无法详究。

[①] 参见张伯元：《律注文献丛考》，社会科学文献出版社2009年版，第133页。钱大群：《唐律与唐代法制考辨》，社会科学文献出版社2009年版，第38—39页。

三、《唐律疏议》中"至死"限制死刑适用的技术表现

作为立法语言的"至死"本身表达的含义是针对具体犯罪行为可适用死刑，立法者将其置于条文中的主要意图是量刑"至死"时通过技术手段限制死刑适用。若针对具体犯罪行为的量刑未涉及死刑适用，则与律内的"至死"无关。[①]如《斗讼》"以赦前事相告言"条(354)"问答"："不至死者，俱无减法；至死者，处加役流。"因此，不论是直接减等量刑还是改处其他刑种，在条文中皆以"至死"标识。唐律中通过"至死"所标识的限制死刑的技术手段包括两种：一是以通则性规范的形式对法定刑罚体系内刑等累加的计算标准做出限制，规定刑等累加不得"至死"，此种技术手段于张斐《注律表》中已有所见；二是针对具体犯罪行为量刑或者刑等累加计算过程，规定"至死"时通过改变原有量刑规则而限制死刑适用。唐律中"至死"表达死刑适用的含义时，近90%的内容通过减等或直接变更刑种而限制了死刑适用。

（一）"至死"限制死刑适用

"至死"强调的乃是量刑过程而非结果，基于立法者的特殊考虑，针对具体犯罪行为的量刑若出现死刑适用，一般通过减等或直接变更刑种予以限制。如《卫禁》"犯庙社禁苑罪名"条(79)："即向庙、社、禁

[①] "慎""平"等理念贯穿于唐律始终，"至死"所标识的量刑技术仅适用于限制死刑，尚有其他技术性手段，针对量刑过程中所有刑种与刑等的加重皆有具体限制，其中用刑"慎""平"的理念表现得更加充分。如律内所见"罪止徒三年""罪止流三千里"等表述。虽然律内所见"罪止"与"至死"在功能方面有所重合，但其含义与用法、立法旨趣、技术表现等方面皆有较大差异。

苑射及放弹、投瓦石杀伤人者,各以斗杀伤论,至死者加役流。"立法将私自向庙、社、禁苑等地射箭及放弹、投瓦石而导致他人死伤的行为视作斗杀伤。又《斗讼》"斗殴误杀伤旁人"条(336):"诸斗殴而误杀伤旁人者,以斗杀伤论;至死者,减一等。"斗殴误杀伤旁人亦同于斗杀伤。按《斗讼》"斗殴杀人"条(306):"诸斗殴杀人者,绞。"因此,私自向庙、社、禁苑等地射箭及放弹、投瓦石而导致他人死亡并不处以绞刑,而是"至死者加役流";斗殴而误杀旁人虽然"以斗杀伤论",但需减一等量刑,即"律疏"所谓:"至死者,减一等,流三千里。"律内出现"至死"而限制死刑适用的内容详见表4.2:

表4.2 《唐律疏议》中"至死"限制死刑适用详表

至死途径	限制手段	本条
以斗杀伤论(各以斗杀伤论、依斗杀伤人论、以斗杀罪论)	至死者加役流(应至死者从加役流坐)	《卫禁》"犯庙社禁苑罪名"条(79)
		《贼盗》"劫囚"条(257)
		《贼盗》"夜无故入人家"条(269)
		《贼盗》"因盗过失杀伤人"条(289)
		《杂律》"向城官私宅射"条(393)
		《断狱》"死罪囚辞穷竟雇请人杀"条(471)
		《断狱》"据众证定罪"条(474)
		《断狱》"监临自以杖捶人"条(483)
	至死者减一等	《斗讼》"斗殴误杀伤旁人"条(336)
赃重入己者以枉法论(入私者以枉法论)	至死者加役流	《户婚》"里正官司妄脱漏增减"条(153)
		《户婚》"不言及妄言部内旱涝霜虫"条(169)
		《户婚》"应复除不给"条(172)
		《户婚》"差科赋役违法"条(173)
各以阑入论	至死者加役流	《卫禁》"因事入宫辄宿"条(63)
以奸论	至死者减一等	《户婚》"嫁娶违律"条(195)

续表

至死途径	限制手段	本条
计赃以强盗论	至死者加役流	《贼盗》"本以他故殴人因而夺物"条（286）
以故入人罪论	至死者各加役流	《斗讼》"以赦前事相告言"条（354）
与同罪	至死者减一等	《户婚》"娶逃亡妇女"条（185）
		《诈伪》"诈冒官司"条（388）
	至死者加役流	《擅兴》"征人巧诈避役"条（236）
各反坐	至死而前人未决者听减一等	《斗讼》"诬告反坐"条（342）
罪与主司同	至死者减一等	《职制》"有所请求"条（135）
以不实不尽之罪罪之	至死者听减一等	《名例》"犯罪未发自首"条（37）
各依本首从法	至死减一等	《贼盗》"恐喝取人财物"条（285）
		《贼盗》"共盗并赃论"条（297）

从立法技术的角度来分析，量刑过程中"至死"即出现死刑适用的途径有五类：以某罪论、以某罪罪之、与某罪同、反坐、依首从法，皆为唐律中定罪量刑之惯用技术，其中出现最多的是"以某罪论"而应处死刑，相关内容涉及17条律文，占表内涉及律条总数的逾70%，"以斗杀伤论""以枉法论"又是其中的主要形式。① 限制死刑适用的结果有两种：减一等量刑与改处加役流，改处加役流的相关内容涉及16条律文，占表内涉及律条总数的近70%，其亦为限制"以某罪论"处以死刑的主要手段。"至死"减一等皆处流三千里之刑，"加役流"与其有所不同，《名例》"应议请减（赎章）"条(11)《疏》议曰："加役流者，旧是死刑，武德

---

① 这也进一步突出了唐律中的"七杀""六赃"等高度类型化的犯罪行为作为"定型化了的典型"在定罪量刑过程中被反复参照的地位。参见霍存福、丁相顺：《〈唐律疏议〉"以""准"字例析》，载《吉林大学社会科学学报》1994年第5期。

年中改为断趾。国家惟刑是恤,恩弘博爱,以刑者不可复属,死者务欲生之,情轸向隅,恩覃祝网,以贞观六年奉制改为加役流。"可见,律设加役流原本即替死之刑,从涉及"至死"的相关条文内容来看,其立法沿革轨迹极为清晰。就加役流与流三千里的执行内容来看,"常流唯役一年,此流役三年,故以加役名焉"。[①] 根据律文中所规定的出现死刑适用的途径,可以将唐律中"至死"而限制死刑适用的内容分为以下两类。

1. "以某罪论""反坐""罪之""与同罪"至死的量刑限制

这些比类相附的具体手段皆是传统刑律客观具体、一事一例的立法体例之下内生的立法技术,功能在于各有侧重地将"律无罪名"或"条无罪名"的犯罪行为与律文已有明确定罪量刑规定的犯罪行为比类相附,[②] 对这些技术性术语的含义与适用规则,《名例》"称反坐罪止等"条(53)有系统规定:"诸称'反坐'及'罪之''坐之''与同罪'者,止坐其罪;(死者,止绞而已。)称'以枉法论'及'以盗论'之类,皆与真犯同。"各自适用重点在于:"反坐""罪之""与同罪"在于"止坐其罪",而"以枉法论""以盗论"之类在于"皆与真犯同"。其适用细节在于:通过"反坐""罪之""与同罪"比附他罪而应处死刑的,仅处以绞刑。"律疏"谓:"止坐其罪者,谓从'反坐'以下,并止坐其罪,不同真犯。故'死者止绞而已'。"通过"以某罪论"比附他罪而应处死刑的,既可能处以绞刑、亦可能处以斩刑,突出了比附者与被比附者完全相同,即"与真犯同"。"律疏"谓:"以枉法论、以盗论之类者,所犯并与真枉法、真盗同,其除、免、倍赃悉依正犯。其以故杀伤、以斗杀伤及以奸论等,亦与真犯同,故云'之类'。"立法之所以作此区别是因为比类相附的过程中,律

[①] [唐]李林甫等:《唐六典》卷六,陈仲夫点校,第186页。
[②] "律无罪名"与"条无罪名"皆为唐律中的固定表述,其含义是律条中对于某犯罪行为是否处罚、如何处罚未有直接规定。参见刘晓林:《唐律中的"罪名":立法的语言、核心与宗旨》,载《法学家》2017年第5期。

文所针对之罪与所比照之刑不可避免地具有差别，在定罪量刑的过程中甄别这种微妙异是实现"罪刑均衡"的应有之义。[①] 从《名例》中对"以某罪论""罪之""与同罪"适用的原则性规定来看，若某行为以可能处以死刑之罪论，或与可能适用死刑之罪同，都是允许适用死刑的。分则条文中以"至死"的表述指示了适用死刑的可能性，并且限制了作为量刑结果的死刑适用。需要注意的另一个问题是："反坐""罪之""与同罪"在《名例》中对于死刑的适用已有限制，即"止绞而已"，《名例》以下各篇所出现的"至死"减一等或处加役流是从立法技术角度对于死刑适用的二次限制或进一步限制。

2. 各依"首从法"至死的量刑限制

"首从法"即唐律中关于共犯罪的处罚原则，《名例》"共犯罪造意为首"条（42）："诸共犯罪者，以造意为首，随从者减一等。"《疏》议曰："'共犯罪者'，谓二人以上共犯，以先造意者为首，余并为从。"此为共犯罪定罪量刑的原则性规定，具体包括两方面内容：一是首犯与从犯的判断标准，即"以先造意者为首，余并为从"；二是首犯与从犯的量刑规则，即首犯"处以全罪（各本条所规定之基本刑）；随从者减一等"。[②]《名例》以下各篇中有适用此规则者，如《贼盗》"谋杀制使府主等官"条（252）《疏》议曰："已伤者绞，仍依首从法。"但共犯罪形态复杂，首从判断标准亦非固定不变。针对某些特殊类型的共犯罪，律文列举了首从判断及定罪量刑的具体内容。《贼盗》"共盗并赃论"条（297）："若造意者不行，又不受分，即以行人专进止者为首，造意者为从，至死者减一等。"若策划共盗之人未实际参与犯罪实行行为，事后又未参与分赃，以实际掌控犯罪实行行为的人为首犯，策划犯罪之人为从犯。"律疏"中

[①] 参见张田田：《〈唐律疏议〉"与同罪"条款分析》，载《学术研究》2014 年第 4 期。
[②] 戴炎辉：《唐律通论》，戴东雄、黄源盛校订，第 372 页。

举例对具体量刑规则予以说明:"假有甲造意行盗而不行,所盗得财又不受分,乙、丙、丁等同行,乙为处分方略,即'行人专进止者',乙合为首,甲不行为从,其强盗应至死者,减死一等,流三千里。虽有从名,流罪以下,仍不得减。其共谋窃盗,从者不行,又不受分,笞四十。若谋强盗,从者不行,又不受分,杖八十。"从犯即策划犯罪但未参与实行、分赃之人"至死"减一等量刑;同时,"律疏"中又强调了此种减等仅适用于"至死"的情况,若从犯即策划犯罪但未参与实行、分赃之人当处流罪以下刑罚的,并不适用减等。可见此处"减一等"乃专为限制死刑适用而设。"共盗至死减等"还适用于数人共行恐喝取财的定罪量刑,《贼盗》"恐喝取人财物"条(285):"诸恐喝取人财物者,(口恐喝亦是。)准盗论加一等。""律疏"中将"恐喝取财"的含义解释为:"恐喝者,谓知人有犯,欲相告诉,恐喝以取财物者。"其处罚的基本原则为"准盗论加一等","恐喝取财"与"盗"具有行为外观的相似性,即"问答"中所说的"律称准盗,须依盗法"。其处罚标准亦为计赃定罪。因此,数人共行恐喝取财的定罪量刑与共盗相同,"问答"中明确指出其处罚依据为《贼盗》"共盗并赃论"条(297)所规定的内容:"案下条'共盗者并赃论',造意及从行而不受分,即受分而不行,各依本首从法:若造意不行,又不受分,即以行人专进止者为首,造意为从,至死减一等;从者不行,又不受分,笞四十。"

(二)"至死"限制死刑适用的例外

唐律中"至死"表达死刑适用时,亦有不予限制的内容,但律内所见此种例外规则非常少,相关内容涉及3条律文,仅占总数的10%。"至死"限制死刑适用的例外规则表现为两类:一是本条规定"至死"仍处死;二是本条虽"不至死"并处死。值得注意的是,"律疏"中对适用死刑的理由皆作了详细说明。

本条规定"至死"仍需处死实际上是律内所见"至死"而限制死刑的适用效力的进一步细化。《名例》"称日年及众谋"条(55)中已对刑等累加"不得加至于死"作为"法例"的适用效力做了集中说明,并明确规定了适用方面的例外条款"本条加入死者依本条"。"至死仍需处死"即其例外条款的具体表述形式,此内容于律内未必逐条规定,仅是举例说明情节特殊者。如《断狱》"死罪囚辞穷竟雇请人杀"条(471)规定了死囚亲故等人雇请人杀死囚的定罪量刑详情,影响量刑的情节主要有两个:杀已获死罪之囚的时间是在案件审结之前还是案件审结之后,即是否"辞状穷竟",前者量刑重而后者量刑轻;杀已获死罪之囚是否受死罪囚本人所遣,受囚所遣量刑轻而未受所遣量刑重。若同时具备两个因素,即辞穷竟且为囚所遣而杀之,依本杀罪减二等;若只具备一个因素,即辞穷竟但不遣雇请人杀之,或者虽遣雇请人杀之但辞未穷竟,"各依斗杀为罪,至死者加役流";若两个因素皆不具备,即辞未穷竟且不为囚所遣而辄杀之,"各同斗杀之法,至死者并皆处死,不合加役流"。又《贼盗》"略卖期亲以下卑幼"条(294):"略卖期亲以下卑幼为奴婢者,并同斗殴杀法;……其卖余亲者,各从凡人和略法。"律文将犯罪对象分为"期亲以下卑幼"与"余亲",划分依据是服制关系即行为人与行为对象之间血缘关系的亲疏。"律疏"中对"期亲以下卑幼"的含义做了进一步限定:"谓本条杀不至死者",即斗杀这些亲属不处死刑。略卖期亲以下卑幼为奴婢比附斗殴杀量刑、略卖余亲为奴婢从凡人和略法,两类犯罪行为皆未直接规定刑罚而是比照律内已有明确规定的罚则量刑,其中"略卖余亲"处绞刑。① 将卖期亲以下卑幼为奴婢的定罪量刑规则做一总结:若斗殴杀所卖亲属"不至死"即不处死刑的情况,以斗殴杀所卖亲属处罚;若斗殴杀所卖亲属"至死"即处死刑的情况,同于略卖凡人处

---

① 按《贼盗》"略人略卖人"条(292)《疏》议曰:"略人、略卖人为奴婢者,并绞。"

以绞刑。①

本条虽"不至死"并处死即根据一般量刑规则未处死刑的情况,立法直接规定处以死刑,律内此种用法仅见一处。《贼盗》"盗缌麻小功财物"条(287):"若有所规求而故杀期以下卑幼者,绞。余条准此。"《疏》议曰:"'若有所规求,故杀期以下卑幼者,绞',即此条因盗,是为有所规求,故杀期以下卑幼者,绞。误杀者,自依本斗杀伤论。'余条',谓诸条奸及略、和诱,但是争竞,有所规求而故杀期以下卑幼,本条不至死者,并绞。故云'余条准此'。""本条"即一部律内故杀卑幼定罪量刑之各条。即使各条规定故杀期以下卑幼不处死,皆依此规定处以死刑。此乃《名例》之外的"通则性条文",亦为定罪量刑所应遵循之"法例","余条准此"是其具体标识。②如《斗讼》"殴詈祖父母父母"条(329)规定,祖父母、父母以手足、他物故杀子孙,徒二年;以刃杀,徒二年半。又《斗讼》"妻妾殴詈夫父母"条(330)规定,祖父母、父母故杀子孙之妇,流二千里。若是祖父母、父母有所规求故杀子孙、子孙之妇,不依"本条"处以徒、流之刑而是处以绞刑。③

作为"至死"而限制死刑适用的例外条款,律内"至死仍需处死"与"本条虽不至死并处死"形式上强调了犯罪行为的性质严重,不应限制其死刑适用;内容上涉及的皆为亲属相犯,尤其是近亲属之间的杀伤与

---

① 仅从量刑来看,若斗殴杀所卖亲属"至死",以斗殴杀论所处刑罚仍为死刑,为何转向"从凡人和略法"而处以绞刑?究其立法原意:期亲以下卑幼当中,斗殴杀而处死刑的亲属服制皆轻,若将其略卖,不应当再考虑行为人与行为对象之间的身份关系,虽然最终处罚并无差异,但从立法技术的角度将"本条杀合至死"转向"从凡人和略法",是从细微处体现了立法对亲缘、身份关系的深入辨别。

② 参见刘晓林:《唐律中的"余条准此"考辨》,载《法学研究》2017年第3期。

③ 集中规定"尊长有所规求故杀期以下卑幼并绞"还包含着明显的协调法典内部条文、篇章之间逻辑结构的技术性考虑:尊长杀卑幼的量刑内容散见于律内相关各条,若逐条变更特殊情节的量刑规则势必打乱律内各篇、各条之间既有的逻辑关系。因此,立法于固定一条内抽举出"有所规求故杀期以下卑幼"之情节,明确规定律内各条量刑"不至死者并绞",并以"余条准此"标识其"法例"之性质,以此稳定篇章、条文之间既有逻辑顺序与关系。

略卖。这些犯罪行为严重背离了主流价值取向，立法者通过技术手段在未影响律内死刑限制整体设计的前提下，以例外条款的形式强调了其死刑适用。

四、小结

传统刑律针对具体犯罪行为作客观、个别的列举，甚至对不同的主体、对象、工具、情节以及时间、空间等要素也在律文中作具体描述，并将其与具体的刑种、刑等一一对应。在客观具体、一事一例的立法体例之下，具体刑等的累加及其计算标准就显得极为重要。若没有针对刑种与刑等累加、计算的规则与限制，很多犯罪行为都可能通过比类相附或"加……等"之类的技术性手段达至法定最高刑。唐律中对于刑等加减与死刑适用做了极为详尽的限制，[①]"至死减一等""至死加役流"即律内死刑限制的若干技术性手段当中最终与最后一环。其"最终性"与"最后性"表现在两方面：首先，其并非普遍的轻刑与减刑策略，而仅是针对可能出现死刑适用的条款有效；其次，限制死刑的结果仅限于将死刑变更为次死之刑，即"加役流"或"流三千里"，而非大幅度减轻。因此，"至死"并非死刑适用的全面限制，而是在已有限制手段基础之上的进一步限制或二次限制。律设"至死"欲达到的效果包含三方面内容：一是保证了死刑限制的有效性，在律内其他技术手段可能出现漏洞时作最后的限制；二是从罪刑均衡的角度确保性质严重的犯罪行为虽不"至死"但予以较重的处罚；三是通过限制死刑适用的例外条款强调了对于杀、略卖近亲属等严重的犯罪行为仍适用死刑，即"至死仍需处死""本条

---

① 如《名例》"称反坐罪之等"条(53)："称'准枉法论''准盗论'之类,罪止流三千里，但准其罪。"又《名例》"称加减"条(56)："惟二死、三流，各同为一减。"

虽不至并处死"。另外，需要注意的是这种形式上技术性非常强的手段，还在一定程度上表现出统治者控制司法官吏审判权的策略。① 传统刑律的立法体例本身就直接表现出统治者对于审判权的控制，即司法官吏只能根据立法的明确表述将犯罪行为的主体、对象、工具、情节以及时间、空间等要素与法定刑种、刑等一一对应，没有丝毫选择的余地。自主的裁量更是统治者所严厉禁止，因为司法官吏的裁判文书中要严格引述制定法条文作为依据，否则要受到处罚。② 立法中明确规定了"至死减一等""至死加役流"等内容，直接表现出立法者将是否限制死刑适用、如何限制死刑适用以及哪些特殊情况不得限制死刑适用规定得非常具体，司法官吏仍旧是在制定法条文的框架之内选择。从统治者的角度来看，这是其实现官吏控制的具体措施之一；从司法官吏的角度来看，这也是其"强化自身利益的有效工具"。③

---

① 实际上传统刑律所包含的立法技术皆表现着统治者控制司法官吏裁判权的策略与意图，只是不同技术手段由于其自身的内容与特点，所表现出的此种控制意图的强弱与范围有异。如律设"至死"仅直接限制了司法官吏对死刑适用的裁决，而律内所见与之相似的"罪止"涉及的范围就广泛得多，包括了自"罪止杖六十""罪止杖七十"直至"罪止流二千五百里""罪止流三千里"，共计十四等刑，也就是说唐律"五刑二十等"当中有 70% 的刑等涉及"罪止"。

② 如《断狱》"断罪不具引律令格式"条（484）："诸断罪皆须具引律、令、格、式正文，违者笞三十。"又《断狱》"辄引制敕断罪"条（486）载："诸制敕断罪，临时处分，不为永格者，不得引为后比。若辄引，致罪有出入者，以故失论。"

③ 关于司法官员审判过程中"严格守文"的根源与表现可参见徐忠明：《明清刑事诉讼"依法判决"之辨正》，载《法商研究》2005 年第 4 期；徐忠明：《明清时期的"依法裁判"：一个伪问题？》，载《法律科学》2010 年第 1 期。

第五章 "杀"与"死"：律令体系中的行为与结果

"杀"与"死"是日常生活中极为常见的词汇，基于其日常含义与用法，两者之间的关系被习以为常地表达为某些法律语境下的规范、原理甚至观念。但相关结论多基于常识或经验，若将其置于具体法律规范当中，则会发现其针对性并不明显。如我们常说的"杀人者死"，其中的"杀"包含哪些具体行为、"死"又指涉哪些具体刑罚？立足于法律规范中的具体表述，我们会发现大量杀人行为并不处以死刑，甚至会发现不处以死刑的情况更加常见；而法律规范中针对具体杀人行为的量刑也不表述为"死"，而是直接表述为"绞""斩"等具体刑等。现有研究对传统刑律中的"杀人罪""死刑"及相关内容进行了充分探讨，但作为立法语言的"杀"与"死"尚未得到充分关注，尚未见到针对刑律中"杀"与"死"的含义、用法及相互关系的深入辨析。基于此，本章将以"杀"与"死"在《唐律疏议》中的分布切入，并将两者在形式方面呈现的特征结合其作为立法语言的含义与用法，对两者之间的关系作深入探讨，最终对"杀"与"死"所表现的罪刑关系及其基本逻辑与渊源试作总结。

一、律典中的分布及其特征

《唐律疏议》中"杀"与"死"为广泛出现的高频词汇，[①] 与律内其他

[①] 笔者针对《唐律疏议》中"杀""死"出现频次的统计数据有两点需要说明：第一，

典型术语相比,其出现的频次之高、分布之广非常明显。[①] 相关数据详见表5.1:

表5.1 《唐律疏议》中的"杀"与"死"分布详表

篇目 (条文数)	出现的频次 (律、注、疏) 杀	出现的频次 (律、注、疏) 死	涉及条文数 (在本篇的比例) 杀	涉及条文数 (在本篇的比例) 死
《名例》 (凡57条)	141(5、10、126)	160(20、6、134)	22(39%)	34(60%)
《卫禁》 (凡33条)	10(4、0、6)	9(2、0、7)	2(6%)	5(15%)
《职制》 (凡59条)	6(1、0、5)	12(3、0、9)	3(5%)	5(8%)
《户婚》 (凡46条)	5(0、0、5)	15(4、1、10)	2(4%)	8(17%)
《厩库》 (凡28条)	76(19、3、54)	27(5、1、21)	5(18%)	8(29%)
《擅兴》 (凡24条)	5(2、0、3)	6(1、0、5)	2(8%)	3(13%)

《名例》"序疏"中出现了"杀"3次、"死"1次,具体表述形式计入总数,但未计入涉及的条文数,即《唐律疏议》中出现"杀"的条文129条、出现"死"的条文172条,此处条文数并不包括《名例》"序疏"。原因在于:唐律各篇"序疏"的内容乃是对该篇宗旨、特征与渊源的说明,各篇"序疏"乃是"各篇"之有机组成,但不属于律条,亦不在所谓唐律502条之内。关于各篇"序疏"与唐律具体条文的差异,可参见钱大群:《唐律义新注》,南京师范大学出版社2007年版,第4页注释③。第二,各条条标中出现的"杀"与"死"未计入总数,如《断狱》"死罪囚辞穷竟雇请人杀"条(471)、《厩库》"故杀官私马牛"条(203)等。原因在于:各条条标并非《唐律》原本所有;现代学者的不同注释版本在条标的表述方面虽有所区别,但主要以各条律文首句词组或短句作为条标,其内容已包含于律文中。

① "杀""死"与"情""理"等词汇非常相似,既为日常语言,又为古代刑律中的常见的专门立法语言。《唐律疏议》中"情"与"理"出现频次与涉及的条文数分别为:282次、102条,192次、96条。与律内纯粹的技术性词汇相比,"杀""死"出现的频次与涉及的条文数与之对比更加明显。如"不用此律""余条准此"等,其在律内出现的频次与涉及的条文数分别为:39次、17条,7次、5条。

续表

篇目 （条文数）	出现的频次 （律、注、疏）		涉及条文数 （在本篇的比例）	
	杀	死	杀	死
《贼盗》 （凡54条）	303（50、15、238）	83（14、1、68）	29（54%）	21（39%）
《斗讼》 （凡60条）	259（61、6、192）	158（31、10、117）	31（52%）	38（63%）
《诈伪》 （凡27条）	14（2、0、12）	38（11、0、27）	3（11%）	10（37%）
《杂律》 （凡62条）	119（35、3、81）	29（5、1、23）	12（19%）	9（15%）
《捕亡》 （凡18条）	43（14、0、29）	37（8、2、27）	7（39%）	7（39%）
《断狱》 （凡34条）	75（18、0、57）	100（23、1、76）	11（32%）	24（71%）
总计	1056（211、37、808）	674（127、23、524）	129（26%）	172（34%）

（一）基于篇章结构的分布及其特征

律典中"杀"出现1056次，涉及129条律文；"死"出现674次，涉及172条律文。即《唐律疏议》中26%的律文都出现了与"杀"相关的表述，34%的律文都出现了与"死"相关的表述；律各篇皆出现了"杀"与"死"，但频次有所不同。关于"杀"的各种表述，出现频次较高的篇目包括：《名例》《贼盗》《斗讼》《杂律》，这4篇中出现的比例占总数的78%，且各篇出现频次都超过100次；出现频次较低的篇目包括：《卫禁》《职制》《户婚》《擅兴》，这4篇中出现的比例仅占总数的2.5%，且各篇出现频次都不足10次。关于"死"的各种表述出现频次较高的篇目包括：《名例》《贼盗》《斗讼》《断狱》，这4篇中出现的比例占律内出现总数的74%，除《贼盗》之外，其他3篇出现频次都超过100次，《贼盗》出现频次也达到83次；出现频次较低的篇目包括：《卫禁》《职制》《户婚》《擅兴》，这4篇中出现的比例仅占总数的6%，且各篇出现频次都不足5次。

由此可见，"杀"与"死"在律典各篇的分布高度重合，各自出现频次最高的4篇中有3篇重合，出现频次最低的4篇完全重合。结合具体的频次与比例，也可以看出其分布的重合度非常高。另外，"杀"与"死"的表述较为集中的篇目也与相关篇章设立之宗旨相契合。结合"杀"与"死"在法律规范中的具体含义，这一点会表现得更加清晰。

（二）基于律条结构的分布及其特征

《唐律疏议》的条文由律文及其注释"律注""律疏"共同构成，某些律文针对需要进一步解释的内容又在"律疏"中设"问答"。[①] 律文的内容受前代影响极大；"律注"是结合实际需要对律文含义的说明；"律疏"又是对律与注的进一步阐释。"律令制下的中国古代法典体系一个重要特征是律文的内容变动不大"，[②] 历次大规模修律的成果主要表现在注、疏当中。"杀"在律文中出现211次，占总数的20%；"律注"中出现37次，占总数的3.5%；"律疏"中出现808次，占总数的76.5%；"死"在律文中出现127次，占总数的19%；"律注"中出现23次，占总数的3%；"律疏"中出现524次，占总数的78%。

[①] 钱大群谓："《律疏》的'疏'文包括'议'及'问答'两种内容。""对律与注来说'疏'是对它们进行解释的一个整体，而疏文又有其自身的内容结构。疏是由'议'和必要（而不是必备）的'问答'两部分组成。其任务是通过'议'及'问答'来实现的。"钱大群：《〈唐律疏议〉结构及书名辨析》，载《历史研究》2000年第4期，第115页。

[②] 郑显文：《〈唐律疏议〉的律注研究》，载《出土文献与法律史研究》（第四辑），上海人民出版社2015年版，第196页。

由此可见,"杀"与"死"在律条内的分布亦高度重合,即在"律""注""疏"各部分出现的比例基本一致。值得注意的是:《唐律疏议》中"杀"与"死"出现在律文部分的比例分别达到20%、19%,这个比例不仅高于平均值,[①] 也远远高于律内绝大多数具有典型性的专门术语。[②] 两者在律文中的分布皆达到了较高的比例,可见其分布呈现的重合并非偶然。

《唐律疏议》中"杀"与"死"的分布呈现明显重合,其中隐含的是法律规范中两个独立术语之间的内在关系。这种关系并非虚构或偶然的原因在于:我们在《唐律疏议》中并未见到"杀死""死杀"或其他两者连用的固定表述。若律内大量存在这种固定的表述形式,则"杀"与"死"之间的高度重合可能不具有明显的探讨价值;或者说,即使具有一定的探讨价值,也应当在统计其分布数据时剔除连用的固定表述形式。因此,我们明确了唐律中"杀"与"死"存在密切的关系。至于存在何种关系及其渊源与表现,则需要结合各自具体的表述形式,以及典型的含义与用法作进一步探讨。

二、作为立法语言的含义与用法

"杀"与"死"作为立法语言,在法典中具有专门含义,且其用法中多包含着明显的技术因素。立法语言根据其来源可以大致分为两类:一类是法律规范中的专门术语,其在日常生活中较少出现,如"余条准

[①] 关于《唐律疏议》律文与"律注""律疏"各部分及其中典型术语分布平均值的相关数据可参见本书第一章的统计。

[②] 如《唐律疏议》中关于"准此"的表述,绝大多数出现在注、疏中,仅出现在律文中的比例不足总数的4%。

此""不用此律"等;另一类来源于日常生活,但其出现于法律规范中,随着立法语言、立法技术及法典体例的发展,具有了越来越专门的含义,并与日常含义的界限越来越清晰,如"情""理"等。"杀"与"死"显然为后者,古文"杀"与"戮"互训,[①] 主要含义是杀戮行为;"死"即"尽",是"形体与魂魄相离"的状态。[②] 现代汉语中的主要含义与之相同,"杀"即"使人或动物丧失生命";"死"即"(生物)失去生命"。[③] "杀"与"死"的通常含义将其关系表达得非常清晰:"杀"是行为、"死"是行为结果,"杀死"这一通俗、固定表述即此种关系的直接表达。但这并不足以解释《唐律疏议》中"杀"与"死"在篇目、律条中分布呈现高度重合的原因。必须将律内"杀"与"死"的含义、用法做系统分析,以之作为探讨两者关系的基础。

表5.2 《唐律疏议》中"杀""死"的含义及其分布详表

出现篇目	杀			死		
	使人(牲畜)丧失生命	剥夺生命的刑罚	消减	剥夺生命的刑罚	人(牲畜)失去生命	人(牲畜)的死亡状态
《名例》	132(1)	7	1	127	2	31
《卫禁》	10	0	0	9	0	0
《职制》	0(1)	4	1	8	0(3)	1
《户婚》	5	0	0	14	0	1

---

① "殺,戮也。戈部曰:戮,殺也。从殳杀声。铉等曰:《说文》无杀字,相传音察。按张参曰:杀,古殺字。张说似近是。"[汉]许慎撰、[清]段玉裁注:《说文解字注》,三篇下"殺部",上海古籍出版社1981年影印版,第120页下。

② "死,澌也,水部曰:澌,水索也。《方言》:澌,索也,尽也。是澌为凡尽之称,人尽曰死。死、澌异部叠韵。人所离也。形体与魂魄相离,故其字从歺人。"[汉]许慎撰、[清]段玉裁注:《说文解字注》,四篇下"死部",上海古籍出版社1981年影印版,第164页上。

③ 中国社会科学院语言研究所词典编辑室编:《现代汉语词典》(第7版),商务印书馆2018年版,第1130、1238页。

续表

出现篇目	杀			死		
	使人（牲畜）丧失生命	剥夺生命的刑罚	消减	剥夺生命的刑罚	人（牲畜）失去生命	人（牲畜）的死亡状态
《厩库》	14（62）	0	0	0	2（12）	（13）
《擅兴》	5	0	0	6	0	0
《贼盗》	298（5）	0	0	46	25	12
《斗讼》	254（4）	0	1	56	101	1
《诈伪》	13（1）	0	0	6	10	22
《杂律》	103（16）	0	0	5	9	15
《捕亡》	43	0	0	15	0	22
《断狱》	73	2	0	62	28	10
总计	950（90）	13	3	354	177（15）	115（13）
比例	90%（8.5%）	1%	0.5%	53%	26%（2%）	17%（2%）

（一）"杀"的含义与用法

"杀"表达"使人或动物丧失生命"是其作为日常用语的主要含义，唐律中亦见此含义，但专门用作描述具体犯罪行为。而各种描述是为了有针对性地量刑，即将各种描述内容与具体刑种、刑等一一对应。律内此种用法绝大多数特指"杀人"，出现950次，占总数的90%。唐律中"杀人"犯罪行为的类型化程度非常高，针对具体犯罪行为的固定表述亦为律内大量相似行为定罪量刑的"比附"对象。如《杂律》"医合药不如方"条（395）："诸医为人合药及题疏、针刺，……故不如本方，杀伤人者，以故杀伤论。"因此，律内特指"杀人"之"杀"表述形式极为固定，即宋元之后大量律学著作中概括的"六杀"或"七杀"之具体类型。[1]如律内

---

[1] 关于"六杀"与"七杀"的性质、具体类型及关系，可参见刘晓林：《立法语言抑或学

出现"谋杀"80次、"故杀"128次、"斗杀"103次、"戏杀"11次、"误杀"33次、"过失杀"55次，另有"斗殴杀""殴杀伤"等固定表述多次出现。亦有部分"杀"指"杀牲畜"，具体表述出现90次，仅占总数的8.5%。相关表述集中于《厩库》，就表述形式来看，有些表意非常明确，如"杀马牛""杀畜产"等，有些则需结合律文与"律注""律疏"的解释作进一步判断。如《厩库》"故杀官私马牛"条（203）："其误杀伤者，不坐，但偿其减价。"其中"误杀伤"并未指明行为对象，须结合"律疏"中的解释："非系放畜产之所而误伤杀，或欲杀猛兽而杀伤畜产者，不坐，但偿其减价。"

"杀"作"死刑"亦见于唐律，此种用法于传世文献中非常普遍。如《左传·昭公十四年》引逸书《夏书》："昏、墨、贼，杀。"[①]又《周礼·秋官·司刑》："杀罪五百。"[②]唐律中"杀"作"死刑"出现13次，仅占总数的1%，相关内容涉及5条律文。具体表述形式如"刑杀""杀罚""禁杀"等，其含义虽指刑罚，但多为一般意义上的描述，且与针对具体犯罪行为的死刑适用无直接关系。

"杀"作"消减"在唐律中特指服制与亲缘关系的消减，其用法显然源自经典文献。[③]律内此种用法出现3次，仅占总数的0.5%，相关内容涉及3条律文。表述形式包括"尊卑降杀""情有降杀""恩情转杀"。这些表述出现于律内并非对具体行为的描述，如《职制》"匿父母及夫等丧"条（120）"问答"："准斯礼制，轻重有殊，闻丧虽同，情有降杀。"其

理解释？——注释律学中的"六杀"与"七杀"》，载《清华法学》2018年第6期。

① ［周］左丘明传、［晋］杜预注、［唐］孔颖达正义：《春秋左传正义》卷第四十七，北京大学出版社1999年版，第1338页。

② ［汉］郑玄注、［唐］贾公彦疏：《周礼注疏》卷第三十六《司刑》，北京大学出版社1999年版，第944页。

③ 如《礼记·丧服》："亲亲以三为五，以五为九。上杀，下杀，旁杀，而亲毕矣。"郑玄注曰："杀，谓亲益疏者，服之则轻。"［汉］郑玄注、［唐］孔颖达疏：《礼记正义》卷三十二《丧服小记》，北京大学出版社1999年版，第960页。

中"准斯礼制"指的是前文所引《礼记·间传》："斩衰之哭，往而不返。齐衰之哭，若往而返……"而之后的内容包括"情有降杀"显然是对之进一步的解释与说明。

（二）"死"的含义与用法

"死"作"剥夺生命的刑罚"是其在唐律中的主要用法，出现354次，占总数的53%。"死罪"是此用法最主要的表述形式，出现110次。另有"死刑"及相关表述形式出现19次。就出现频次来看，"死罪"较之"死刑"适用更加广泛，但律内仍有两者不加辨别的表述。如《名例》"称日年及众谋"条（55）"问答"："或有状貌成人而作死罪，籍年七岁，不得即科；或籍年十六以上而犯死刑，验其形貌，不过七岁。""作死罪"与"犯死刑"显然表达了相同的含义。立法者在具体表述形式上的区别使用，可能是为了追求对仗工整，未必有表意方面的实质区别。

"死"特指犯罪结果，尤其是殴打、杀伤等行为所导致的行为对象死亡之结果。此种用法出现192次，占总数的28%。"致死"是此种用法最典型的表述形式，出现92次。也就是说，唐律中"死"表达行为结果时，近一半都表述为"致死"及相关形式。另外，律内常见"至死"与之共同使用，①如《斗讼》"同谋不同谋殴伤人"条（308）："诸同谋共殴伤人……至死者，随所因为重罪。"《疏》议曰："'至死'，谓被殴人致死。"律内也有少数"死"指官私畜产死亡，其表述形式与致人死亡完全一致，如《厩库》"故杀官私马牛"条（203）："诸故杀官私马牛……（见血踠跌即为伤。若伤重五日内致死者，从杀罪。）"但此种用法不多，仅出现15

---

① 《唐律疏议》中"至死"表达"致人死亡"出现29次，但需要注意的是，律典中另有69次"至死"表达的含义是死刑适用，律内两类"至死"除了表述形式一致，作为立法语言所包含的功能与技术性因素完全不同。唐律中作为死刑适用的"至死"之含义、用法及立法旨趣可参见本书第四章相关探讨。

次,相关内容涉及 6 条律文。

"死"作通常的"死亡状态",表达的是"生老病死"等一般意义上的"自死""身死"等,此种"死亡状态"的表意与定罪量刑无直接关系。① 如《名例》"犯罪共亡捕首"条(38)"律疏"中将"罪人自死"解释为:"罪人非被刑戮而自死者"。又《断狱》"官司出入人罪"条(487) "律疏"中将"囚自死"解释为:"但使囚死,不问死由。"律内此种用法出现 128 次,占总数的 19%。其中多见对于《礼记》《仪礼》以及唐令、唐式条文的直接引述,如《职制》"匿父母及夫等丧"条(120)"问答"引《仪礼·丧服》:"古者有死于宫中者,即三月为之不举乐。"又《杂律》"从征从行身死不送还乡"条(407)"律疏"中引《军防令》与《兵部式》中"身死行军""从行身死"相关内容。②

三、"杀"与"死"重合表现的罪刑关系

《唐律疏议》中作为立法语言的"杀"与"死"在篇目与律条的分布呈现重合,进一步要探讨的问题是:将其分布特征结合专门的含义与用法,表现两者之间的何种关系?"中国古代刑律的核心问题是罪刑关系问题,即对不同的行为给予相应的刑罚。"③ 我们对于唐律中"杀"与"死"的探讨,尤其是对两者之间关系的探讨,只有置于此基础之上才有意义。

---

① 当然,特定主体"死亡状态"的出现也会引起相应罪刑关系的变化,如尊长死亡对卑幼服制的影响、逃犯死亡对于抓捕人员及监临官具体处罚的影响等。如《捕亡》"将吏捕罪人逗留不行"条(451):"若罪人已死及自首各尽条,亦从免法。"《疏》议曰:"'若罪人已死',谓自死及被他人杀,若能归首,十人俱尽条,亦从免法。""诈死",即伪装"死亡状态"亦会产生特定处罚,如《名例》"略和诱人等赦后故蔽匿"条(35):"若诈死,私有禁物。"《疏》议曰: "诈死者,或本心避罪,或规免赋役,或因犯逃亡而遂诈死之类。"
② 另有《名例》"死刑二"条(5)、《名例》"妇人有官品邑号"条(12)、《斗讼》"戏杀伤人"条(338)"律疏"引述了《礼记·檀弓上》《礼记·杂记》的相关表述。
③ 刘晓林:《唐律误杀考》,载《法学研究》2012 年第 5 期,第 208 页。

"杀"与"死"的含义与用法前文已做梳理,在此基础之上,对我们探讨两者关系具有直接意义的内容是"杀"作为犯罪行为尤其是作为杀人行为的用法,以及"死"作为刑罚和作为行为结果的用法。①

(一)作为犯罪行为的"杀"与作为刑罚的"死"之间的关系

犯罪行为与刑罚之间的关系,在定罪量刑的过程中,表现为单向性。"杀"与"死"之间的关系表现为"杀人→死刑",②或称之为"杀人者死"。此种关系在唐律中确实有所表现,如《名例》"笞刑五"条(1)《疏》议曰:"然杀人者死,伤人者刑,百王之所同,其所由来尚矣。"但其内容显然是对经典文献的引述,而非针对具体犯罪行为的量刑。③"杀人→死刑"的具体关系也并非唐律条文中针对杀人行为定罪量刑的主要表现。原因包括两方面:

首先,唐律中针对具体犯罪行为的死刑适用,皆须指向具体刑等,针对杀人行为的量刑亦如之。即条文中所出现的死刑适用皆会表述为"绞"或"斩",不会表述为"死"。如《斗讼》"斗殴杀人"条(306):"诸斗殴杀人者,绞。以刃及故杀人者,斩。"若概括地称"死刑"或"死罪"而未指明具体刑等,则其直接的定罪量刑意义只能表现于死刑减等。④

其次,并非所有的杀人行为都处以死刑。以常人之间杀伤行为的量

---

① 至于"杀"与"死"其他的含义与用法,如"杀"作"消减"和"死刑",以及"死"作一般意义"死亡状态"的描述,一方面是因为不具备直接的定罪量刑意义;另一方面则是其出现较少。故此处不再进一步探讨。

② 其顺序不能改变,即不可能出现"刑罚→犯罪行为"的关系,因为针对具体犯罪行为定罪量刑的过程中,犯罪行为与相应刑罚之间的逻辑顺序是显而易见的。

③ 此句语出《荀子·正论》,参见[清]王先谦:《荀子集解》卷第十二,沈啸寰、王星贤点校,中华书局1988年版,第328页。另外,墨、道、杂家对于"杀人者死,伤人者刑"皆有述及,"杀人者死"更是汉高祖"约法三章"的主要内容。

④ 按《名例》"称加减"条(56):"惟二死、三流,各同为一减。""死刑"减等时并不区分绞与斩。

刑为例,"戏杀"法定最高刑为徒三年,"过失杀"在量刑方面"以铜赎死"而不科"真刑"。[①] 若将亲属之间的杀伤亦算在内,则尊长杀伤卑幼大多不处死刑,如故杀子孙之妇流二千里、过失杀子孙之妇勿论等。[②]

因此,唐律中的"杀人者死"并非针对具体杀人行为定罪量刑的直接表现,而"杀"与"死"的重合亦未在具体条文中表现为"杀人→死刑"。

(二)作为犯罪行为的"杀"与作为行为结果的"死"之间的关系

犯罪行为与结果之间的关系,在针对"杀人"行为定罪量刑的过程中可能有两种具体表现,"杀人→行为对象死亡"与"行为对象死亡→杀人"。但结合唐律中"杀"与"死"相关表述及其含义,我们看到前者极少出现。原因在于:作为犯罪行为的"杀"表意包含着行为对象的"死",即"杀人行为=行为对象死亡",只有行为对象"死亡"的结果出现才是"杀人"。如《斗讼》"斗殴杀人"条(306):"诸斗殴杀人者,绞。以刃及故杀人者,斩。"表达的含义是:斗殴过程中杀死斗殴对象的处以绞刑,以兵刃与他人斗殴导致对方死亡或者故意杀死他人的处以斩刑。若行为对象未"死",则不属于"杀",亦不适用此条。而是根据行为对象的伤害程度,分别处罚或不予处罚。又《擅兴》"功力采取不任用"条(244):"若有所造作及有所毁坏,备虑不谨,而误杀人者,徒一年半。"《疏》议曰:"律既但称'杀人',即明伤者无罪。"唐律关于"杀人罪"具体类型的表述中唯一例外的是"谋杀",《贼盗》"谋杀人"条(256):"诸谋杀人者,徒三年;已伤者,绞;已杀者,斩。""谋杀"的含义是谋划杀人,

---

① 戴炎辉:《唐律通论》,戴东雄、黄源盛校订,第183页。
② 参见《斗讼》"妻妾殴詈夫父母"条(330)、"戏杀伤人"条(338)、"过失杀伤人"条(339)中的相关内容。

或通俗地称为"想杀人",至于行为是否实施、目的是否实现,并不影响定罪,仅是量刑的区分因素。因此,"谋杀"单独强调了行为对象的"死亡",这是特殊情况。① 尤其值得注意的是律文中对"谋杀"行为对象"死亡"的表述形式:"谋而已杀",并非"已死"或"死"。这与唐律中作为犯罪行为的"杀"所表达的含义其实是一致的。

《唐律疏议》中"杀"与"死"的重合主要表现为"行为对象死亡→杀人犯罪",即律内大量存在的行为对象"死亡"比附"杀人"定罪量刑的内容。如《贼盗》"以毒药药人"条(263):"脯肉有毒……即人自食致死者,从过失杀人法。"又《诈伪》"诈陷人至死伤"条(385):"诸诈陷人至死及伤者,以斗杀伤论。""自食致死"自然不是杀人,"诈陷人"亦非"杀人",最显著的差异在于行为人的主观心态。但"从过失杀人法""以斗杀伤论"等比附方式显然是将行为对象的"死亡"指向了"杀人",而比附的前提或基础是比附者与比附对象之间的相似性。以下表5.3将典型内容稍作梳理。

表5.3　行为对象"死亡"比附"杀人"定罪量刑简表

行为	比附方式	本条
畜产杀伤人,辜内死者	减斗杀一等	《厩库》"畜产抵踢啮人"条(207)
故相恐迫,使人坠陷而致死伤者	依故杀伤法	《贼盗》"以物置人耳鼻孔窍中"条(261)
因斗,恐迫而致死伤者	依斗杀伤法	
因戏恐迫,使人畏惧致死伤者	以戏杀伤论	
人自食致死者	从过失杀人法	《贼盗》"以毒药药人"条(263)
有害心故与尊长食,欲令死者	准谋杀条论	
有害心故与卑贱致死	依故杀法	

---

① 典型的"谋杀"与"谋反""谋大逆""谋叛"一致,并不要求实施具体的犯罪行为,定罪量刑的决定性因素仅是"谋计",即"想法",与其说是"谋杀"特殊,不如说是"谋"特殊。

续表

行为	比附方式	本条
有所憎恶而造厌魅及咒诅，以故致死者	各依本杀法	《贼盗》"憎恶造厌魅"条（264）
人以兵刃逼己，因用兵刃拒而致死	依斗法	《斗讼》"斗殴杀人"条（306）
殴人头伤，风从头疮而入，因风致死	依杀人论	《斗讼》"保辜"条（307）
监临官唤无罪百姓，以杖依法决罚致死	得杀人法	《斗讼》"威力制缚人"条（309）
斗殴僵仆而致死伤旁人者	以戏杀伤论	《斗讼》"斗殴误杀伤傍人"条（336）
甲共子乙同谋殴丙，乙误中甲父而致死	合从过失	
受雇请为人伤残，以故致死者	减斗杀罪一等	《诈伪》"诈疾病及故伤残"条（381）
为祖父母、父母遭之伤残，因致死	同过失之法	
诈、诳人而致死伤者	以斗杀伤论	《诈伪》"诈陷人至死伤"条（385）
机枪、坑阱之处立标识，而人误犯致死伤	减斗杀伤罪二等	《杂律》"施机枪作坑阱"条（394）
在市及人众中故相惊动，惊人致死	减故杀伤一等	《杂律》"在市人众中惊动扰乱"条（423）
不修堤防及修而失时，而致死伤	减斗杀伤罪三等	《杂律》"失时不修堤防"条（424）
监临官因公自以杖捶人致死及恐迫人致死	各从过失杀人法	《断狱》"监临自以杖捶人"条（483）

表5.3中所列举的内容是《唐律疏议》中"杀"与"死"重合所表现的罪刑关系中的主要内容。需要说明的是：上表汇总的标准是条文中出现"以戏杀伤论""依斗法"或"减故杀伤一等"之类的表述。律内仍有大量针对行为对象"死亡"的直接量刑，但其中表现出的罪刑关系与比附"杀人"一致，即"无比附之名而有比附之实"。如《斗讼》"妻殴詈

夫"条(326)《疏》议曰:"'死者,各斩',谓媵及妾犯夫及妻,若妾犯媵,殴杀者,各斩。"其中并未出现"以……论""准……论"等比附形式,但"律疏"中将"死者"直接解释为"殴杀",即媵、妾殴夫或妻致其"死亡"就是"殴杀"。甚至还有未出现"杀人"的表述,但内容仍是比照杀人定罪量刑的情况。如《斗讼》"同谋不同谋殴伤人"条(308):"诸同谋共殴伤人……至死者,随所因为重罪。"《疏》议曰:"'至死',谓被殴人致死。'随所因为重罪'……重罪者偿死。"共殴人导致行为对象死亡,以直接导致死亡结果出现之人为"重罪";若无法辨别数个行为人中直接致命之人,则以最后下手之人为"重罪";若"乱殴"即无法分辨直接致命之人与下手先后,则以首先提出犯罪意图之人与先下手之人为"重罪"。"重罪者偿死"即按照"斗殴杀人"处以死刑。① 但仅从表述形式上,我们并未看出"致死"按照"杀人"定罪量刑的直接关系。类似内容尚有很多,由于其表述形式上很难统一标准,故未将其进一步统计与汇总。若将其纳入统计,数量极大,从中可以清晰地看出"死"与"杀"的重合。

四、"死"比附"杀"定罪量刑的逻辑及其渊源

唐律中行为对象"死亡"比附"杀人"定罪量刑的内容在律内各篇分布较广,这些内容是"杀"与"死"重合在罪刑关系视野下的主要表现。既然我们探讨的中心是"罪刑关系",最为核心的问题就是行为对象"死亡"比附"杀人"定罪量刑的基本逻辑,以及这种逻辑所表现的"杀"与"死"相互关系的渊源。

---

① 关于"重罪者偿死"的解释亦可参见刘俊文:《唐律疏议笺解》(下),中华书局1996年版,第1488页注释〔四〕;钱大群:《唐律疏义新注》,南京师范大学出版社2007年版,第673页注释⑤。

（一）定罪量刑的逻辑

唐律中"杀"与"死"重合表现的罪刑关系，尤其是行为对象"死亡"比附"杀人"定罪量刑的内容蕴含着这样的逻辑："杀"就是"死"，"死"不是"杀"。就前者来说，唐律中作为犯罪行为的"杀"包含着行为对象"死"，若行为对象没有"死亡"，则不以"杀人"定罪量刑。就后者来说，行为对象"死亡"的结果并不意味着犯罪行为一定按照"杀人罪"定罪量刑，尤其是立法明确表述为"死"的时候，必然不是"杀人"。这说明致人"死亡"的行为逐渐具有了独立的定罪量刑意义，律内出现的大量关于致人"死亡"的表述即其独立性的直接表现。虽然唐律中"死"不是"杀"，但"死"仍与"杀"存在着密切的联系，即律内列举的大量斗殴、伤害或其他危险行为致人"死亡"比附相应的"杀人"类型定罪量刑。

（二）相互关系的渊源

"杀"与"死"在律文中的分布明显高于平均值，结合律文与"律注""律疏"各自内容与特质可以推测：《唐律疏议》中的"杀"与"死"及其关系，包括相关技术性因素，应当在很大程度上沿袭了前代刑律的内容。因此，针对唐代之前刑律中的"杀"与"死"稍作梳理，就会比较清晰地看出其渊源与发展方向。唐代之前刑律全本不存，较为直接的素材是简牍文献中所见大量秦汉律令。以睡虎地秦简《法律答问》与张家山汉简《二年律令》为中心，通过对其中出现的"杀"与"死"做简要梳理，[①]我们看到了两者之间关系大致的发展、演变脉络。

---

① 秦汉简牍分布、涉及内容都非常广泛，近些年陆续整理、出版的内容非常多，但其中涉及秦汉律令的内容较为集中。由于本文旨在探讨唐律中的"杀"与"死"及其渊源，故此处仅以秦简《法律答问》与汉简《二年律令》为中心稍作梳理。另外，笔者参照了《岳麓秦

表达行为结果是唐律中"死"的主要含义与用法，"因而致死""至死""殴……死"等是常见表述形式。但简牍秦汉律令中"死"未有此种用法，更未见相关表述形式。作为"杀人"行为的结果，行为对象"死亡"的含义由表达犯罪行为的"杀"所包含；作为斗殴、伤害或其他危险行为导致行为对象"死亡"的结果，秦汉律中未有表述。

关于前者，比较容易理解，因为"杀人"行为包含行为对象"死亡"的表意方式于唐律中常见，而唐律中"杀"的此种含义与用法显然是沿袭秦汉律而来。如睡虎地秦简《法律答问》："……欲贼杀主，未杀而得，为牧（谋）。(七五)"张家山汉简《二年律令·贼律》："贼杀人，及与谋者，皆弃市。未杀，黥为城旦舂。(二三)""贼杀"的含义是犯罪既遂即行为对象死亡，"未杀"作为行为对象未死亡的表述形式也与唐律中"谋而已杀"的表述契合。

关于后者，是我们探讨的关键。秦汉律中关于造成行为对象各种"伤害"结果的定罪量刑内容比较常见，① 但未有造成行为对象"死亡"的表述。因为一旦导致行为对象"死亡"即属于"杀人"，按照"杀人"定罪量刑即可，立法不必有所表述。作为行为结果的"死"逐渐具有独立的定罪量刑地位，是刑事立法与刑法理论发展到一定阶段的产物。汉律

简》《龙岗秦简》《肩水金关汉简》的相关内容，其中"杀""死"的含义、用法与前述内容一致。根据笔者梳理，《法律答问》中"杀"出现 37 次、"死"出现 9 次；《二年律令》中"杀"出现 47 次、"死"出现 52 次。"杀"绝大多数表达"使人（牲畜）丧失生命"，典型表述形式皆为针对具体"杀人"行为类型的描述，如"谋杀""贼杀""擅杀"等，亦有"杀马牛""杀伤畜产"等内容。仅有极个别表达"处死"的含义，如《法律答问》中的"定杀"表达了传染病人犯罪或犯罪后患传染病的处罚方式。"死"表达一般意义上的"死亡状态"或"刑罚"，典型表述形式如"身死""病死"以及"赎死""死罪"等。

① 如睡虎地秦简《法律答问》："斗以箴（针）、鈹、锥，若箴（针）、鈹、锥伤人，各可（何）论？斗，当赀二甲；贼，当黥为城旦。(八六)"张家山汉简《二年律令·贼律》："斗以刃及金铁锐、锤、椎伤人，皆完为城旦舂。其非用此物而眇人，折枳、齿、指，胅体，断胅（决）鼻、耳者，(二七)耐。……(二八)"

中的"脯肉毒杀"演变为唐律中的"自食致死",是其发展演变的直接表现。张家山汉简《二年律令·贼律》:"诸食脯肉,脯肉毒杀、伤、病人者,亟尽孰(熟)燔其余。其县官脯肉也,亦燔之。当燔弗燔,及吏主者,皆坐脯肉臧(赃),与盗同法。(二〇)""脯肉毒杀、伤、病人"表达的应该是程度由重至轻的三种危害结果,结合整支简的内容,若脯肉造成食用者死亡、重伤或者轻伤,应当马上将剩余脯肉销毁,官私皆不准再出售;不立即销毁者,将根据脯肉的价值予以处罚。其中"脯肉毒杀"表达含义的是"食用有毒脯肉导致死亡"的结果。《唐律疏议·贼盗》"以毒药药人"条(263):"脯肉有毒,曾经病人,有余者速焚之,……即人自食致死者,从过失杀人法。"《疏》议曰:"'即人自食致死者',谓有余,不速焚之,虽不与人,其人自食,因即致死者,从过失杀人法,征铜入死家。"可见,在基本含义未变的基础上,汉律中的"毒杀"演变为唐律中的"致死",其所表达的含义显然更多地考虑到"不速焚之人"对于他人"死亡"之结果的主观心态,即"不意误犯"或"耳目所不及,思虑所不到"。[①]"因即致死……从过失杀人法"是作为行为结果的"死"逐渐具有独立的定罪量刑地位的直接表现,其中蕴含的也是行为人的主观心态对于定罪量刑的影响逐渐强化的过程。

将唐律中行为对象"死亡"比附"杀人"定罪量刑的渊源与发展演变方向稍作总结:秦汉律中,"杀"就是"死","死"就是"杀";唐律中,"杀"就是"死","死"不是"杀",当然,两者之间仍存在密切关系,但这种关系主要表现为"死"比附"杀"定罪量刑。这种发展与演变的趋势直接表现为:律内大量致人"死亡"的行为逐渐具有了独立的定罪量

---

① 张斐注《晋律》谓:"不意误犯谓之过失。"[唐]房玄龄等:《晋书》卷三十《刑法志》,中华书局1974年版,第928页。《名例》"应议请减(赎章)"条(11)"律疏"与《斗讼》"过失杀伤人"条(339)"律注"皆谓"过失"为:"耳目所不及,思虑所不到。"

刑意义。① 其背后蕴含的是行为人的主观心态对于定罪量刑的影响逐渐强化，行为对象"死亡"的结果与行为人的主观心态相结合，共同表现为其不同于"杀人"的独立定罪量刑地位。

五、小结

《唐律疏议》中"杀"与"死"皆为广泛出现的高频词汇，两者在篇目与律条中的分布呈现重合。结合其作为立法语言的专门含义与用法我们清晰地看到，分布的重合主要表现为作为犯罪行为的"杀"与作为行为结果的"死"在定罪量刑过程中所具有的内在关系。唐律中"杀就是死"，即作为犯罪行为的"杀"本身包含了行为对象"死亡"，立法对于"杀人"的列举不会描述行为对象"死亡"；"死并非杀"，致人"死亡"的行为并非"杀人"，但多比附"杀人"定罪量刑。此种关系渊源于秦汉律中的"杀就是死，死就是杀"。致人"死亡"的行为逐渐从"杀人"中分化出来，在刑事法律规范体系中具有了独立表达与相应定罪量刑地位，背后蕴含的是行为人的主观心态对于定罪量刑的影响逐渐增强。

---

① 律内还存在未比附"杀人"定罪量刑的致人"死亡"行为，如《斗讼》"殴制使府主刺史县令"条(312)"殴六品以下官长……死者，斩。"《疏》议曰："因殴致死者，斩。"又《断狱》"决罚不如法"条(482)："诸决罚不如法……以故致死者，徒一年。"这些内容表现着"死"与"杀"的进一步分化，但其与作为犯罪行为的"杀"关系不明显，故未作进一步探讨。

第六章 "略卖""和卖""和同相卖"与"故买"：立法表达与量刑逻辑

"人口买卖"是长期以来引起广泛关注的社会现象，但其并非立法语言。立足于法学研究的视角、基于规范分析的立场，中国古代所谓的"人口买卖"实际上包含着作为立法语言的"略卖""和卖""和同相卖"与"故买"。具体立法语言在法律条文尤其是刑事法律规范中所指的特定犯罪行为及相应量刑无疑是最为直接的问题。针对该现象所引起的广泛关注与探讨，皆是直接或间接由此所引发。中国古代曾将奴婢作为合法的买卖对象，但对奴婢买卖的规制非常严格，买卖良人则被法律严惩。以现存史料为基础，汉律中已有针对"人口买卖"相关行为较为系统的量刑条款。张家山汉简《二年律令·盗律》："略卖人若已略未卖……皆磔。(六六)""智(知)人略卖人而与贾，与同罪。不当卖而私为人卖，卖者皆黥为城旦舂；买者智(知)其请(情)，与同罪。(六七)""略卖人"不论是否出卖皆处死刑，买者与卖者"同罪"，即同处死刑。正史文献中亦多见相关记载，《史记·陈丞相世家》："孝文帝二年，丞相陈平卒，谥为献侯。……子何代侯。二十三年，何坐略人妻，弃市，国除。"[1]陈何因"略人妻"被处以弃市并剥夺侯爵。《后汉书·光武纪》记载了引用"卖人法""略人法"的两则诏书："(五月)甲寅，诏吏人遭饥乱及为青、徐贼所略为奴婢下妻，欲去留者，恣听之。敢拘制不还，以卖人法

---

[1] [汉]司马迁：《史记》卷五十六《陈丞相世家》，中华书局1959年版，第2062页。

从事。……冬十二月甲寅，诏益州民自八年以来被略为奴婢者，皆一切免为庶民。或依托为人下妻，欲去者，恣听之；敢拘留者，比青、徐二州以略人法从事。"①南北各朝诸律中，"诱人""掠卖人""和卖人"多处死刑。《册府元龟》载："（南梁）高祖天监三年八月，建康女人任提女坐诱口，当死。"②《魏书·刑罚志》引《魏律》："案《盗律》'掠人、掠卖人、和卖人为奴婢者，死'。"又："案律'卖子有一岁刑；卖五服内亲属，在尊长者死，期亲及妾与子妇流'。"③可见，唐代之前立法对于"人口买卖"多有规制，"买卖"同罚且表现出鲜明的重刑特征，死刑适用非常普遍。限于史料，"人口买卖"于刑事立法中的具体所指、相应量刑及相关条文背后所蕴含的逻辑与立法者的态度等问题未能得到充分挖掘。《唐律疏议》为我们探讨这些问题提供了较为系统且相对完整的素材。现有研究将中国古代"人口买卖"现象结合相应法律变革进行了一些探讨，④但系统分析具体犯罪行为及其法定刑的成果尚不多见。本章从《唐律疏议》中的具体立法语言出发，深入分析立法针对具体犯罪行为所规定的定罪量刑详情，并将身份、等级等贯穿中国古代法始终的因素考虑在内，最终使得我们对于唐律中的"人口买卖"有比较全面的认识。

---

① ［南朝宋］范晔撰、［唐］李贤等注：《后汉书》卷一下《光武帝纪下》，中华书局1965年版，第52、63页。沈家本在《汉律摭遗·盗律》"略人"条中引述了《光武纪》中的记载，其后有一段按语："建武二诏，系一事，而一引卖人律，一引略人律，可见卖人、略人《汉律》本在一条。光武承大乱之后，于良人之略为奴婢者尤为注意，屡颁诏告，盖深有念于贵人之义，故反复申命，不惮烦也。"［清］沈家本：《历代刑法考》（三），邓经元、骈宇骞点校，中华书局1985年版，第1402页。

② ［宋］王钦若等：《宋本册府元龟》卷六一五《刑法部议谳二》，中华书局1989年版，第1925页下。

③ ［北齐］魏收：《魏书》卷第一百一十一《刑罚志》，中华书局1974年版，第2880、2881页。

④ 代表性成果如黄源盛：《晚清民国禁革人口买卖再探》，载《法治现代化研究》2017年第2期；李启成：《清末民初刑法变革之历史考察——以人口买卖为中心的分析》，载《北大法律评论》2011年第1期。

一、"人口买卖"的立法表达

唐律中关于"人口买卖"具体犯罪行为的列举及其相应量刑条款集中于《贼盗》一篇，相关条文构成了系统的量刑整体。① 以具体犯罪行为来观察，"人口买卖"包括"贩卖"与"买受"。基于唐律特定立法语言的表述，"贩卖"行为包括"略卖""和诱卖""和同相卖"，分类依据是被卖者的主观意志。"买受"指的是"知略、和诱、和同相卖等情而故买"或简称为"知情故买"，立法根据其所"知"内容亦有区别表述。汉代以后，礼的精神与观念贯穿法律规范始终，尊卑有序、良贱有别的等级与身份观念支撑着整个规范体系。唐律中关于"人口买卖"的规定亦极为鲜明地体现着等级与身份，这也使得立法针对具体犯罪行为及其相应量刑条款的表述呈现出极为复杂的特征。以下结合唐律典型立法语言的含义、用法及其发展、演变，将"人口买卖"所指之具体犯罪行为稍作分析。

（一）"贩卖"人口

1. 略、略卖

"略"常与"强""劫"互训，又与"掠"通。② 西汉扬雄《方言》

---

① 具体包括："略人略卖人"条(292)、"略和诱奴婢"条(293)、"略卖期亲以下卑幼"条(294)、"知略和诱和同相卖而买"条(295)。基于传统刑律客观具体、一事一例的立法体例，4条律文所做的集中列举并非代表4个"罪名"或行为，律条条标亦非立法者针对各条律文的概括，而是后世整理者以律条句首短语为准所作之标识。"集中列举"表达的含义是：律内亦有其他条文对于"人口买卖"具体犯罪行为的定罪量刑，尤其是针对特殊情节的定罪量刑产生影响。如《名例》"共犯罪本罪别"条(43)："即强盗及奸，略人为奴婢……亦无首从。"《疏》议曰："……略人为奴婢者，理与强盗义同。"据此，数人共同略良人为奴婢，皆绞。不区分首从，亦不适用从坐减一等之通例。

② 《左传·昭公十四年》："己恶而掠美为昏。"注："掠，取也。"［周］左丘明传、［晋］

载:"略,强取也。"① 汉律中可见"劫略"的固定表述,② 可见刑律中的"略""强""劫"皆包含着以"威力"为手段,皆可作"威力强取"。③《贼盗》"略人略卖人"条(292)"律注":"不和为略。"《疏》议曰:"略人者,谓设方略而取之。略卖人者,或为经略而卖之。……不共和同,即是被略。"从"律注"与"律疏"的解释中可以看出"略"强调的是"不和",即违背他人意志。从"略"作为立法语言在律令体系中的演进来看,其表意还包含着明显的暴力、胁迫因素,使用药物、麻醉等手段亦是。④"略人"即以暴力、胁迫等手段控制他人,"略卖人"即以暴力、胁迫等手段控制他人而出卖,两者的区别在于是否以出卖为目的,但是否具有出卖目的并不影响量刑,如《贼盗》"略人略卖人"条(292)《疏》议曰:"略人、略卖人为奴婢者,并绞。"以暴力、胁迫等手段控制良人作为奴婢,或者以暴力、胁迫等手段控制良人作为奴婢卖给他人同样被处以绞刑。

2. 和诱、和诱卖

"和"与"略""强"相对,⑤ 与"同"互训,唐律中常见"和同"之固定表述。如《杂律》"和奸无妇女罪名"条(415)《疏》议曰:"'和奸',谓彼此和同者。"《贼盗》"略人略卖人"条(292)《疏》议曰:"'和诱',

---

杜预注、[唐]孔颖达正义:《春秋左传正义》卷第四十七,北京大学出版社1999年版,第1338页。《左传·昭公二十年》:"输掠其聚。"注:"掠,夺取也。"[周]左丘明传、[晋]杜预注、[唐]孔颖达正义:《春秋左传正义》卷第四十九,第1398页。王力谓:"掠"是"略"的分别字,以别于"经略""简略"之"略"。王力:《同源字典》,中华书局2014年版,第294页。

① [汉]扬雄撰、[晋]郭璞注:《方言》,中华书局2016年版,第28页。
② 《魏律序略》:"(汉律)《盗律》有劫略、恐猲、和卖人……"[唐]房玄龄等:《晋书》卷三十《刑法志》,中华书局1974年版,第924页。
③ [元]徐元瑞等:《吏学指南(外三种)》,杨讷点校,第60页。
④ "略"与"强"通,"假如恐喝诈欺,及以威若力,或与人药酒,使其狂乱……"亦可作"略"之理解。[元]徐元瑞等:《吏学指南(外三种)》,杨讷点校,第57页。
⑤ 《贼盗》"略人略卖人"条(292)"律注":"不和为略。"徐元瑞谓:"不和谓之强。"徐元瑞等:《吏学指南(外三种)》,杨讷点校,第57页。唐律中亦常见"和"与"强"相对的用法,如《杂律》"凡奸"条(410)中的"和奸"与"强奸"。

谓和同相诱。"和诱"在"和同"的基础上，进一步表达了更加丰富的含义。"和同"侧重表达的是行为人没有使用"攻恶"等手段，没有"恐喝诈欺，及以威若力，或与人药酒，使其狂乱……"①"诱"侧重表达的是行为对象并未反抗、与行为人"和同"，但此种"和同"违背了行为对象的本意。"和诱"即以欺骗、诱骗等手段控制他人，"和诱卖"即以欺骗、诱骗等手段控制他人而出卖。《贼盗》"略人略卖人"条(292)："和诱者，各减一等。"即"和诱"减"略"一等、"和诱卖"减"略卖"一等，是否具有出卖目的亦不影响量刑。

3. 和同相卖

"和同相卖"与"略卖""和诱卖"差异明显，"略卖""和诱卖"虽然手段不同，但相同之处在于违背被卖者的本意；"和同相卖"则是经被卖者同意，出卖人将其卖出，甚至是出卖人与被卖者形成"共谋"。《贼盗》"略人略卖人"条(292)《疏》议曰："'若和同相卖'，谓元谋两和，相卖为奴婢者。""元谋"即被卖者与出卖人自始至终对于"人口买卖"有共同的认识，并形成了共同的意思。被卖者与出卖人主观方面的具体内容与律内"谋"的表意一致，并非"元本不共同情"，而是"本情和同，共作谋计"。②因此，"和同相卖"除了处罚出卖人，亦处罚被卖者且处罚相同，即"卖人及被卖人，罪无首从"。这也表达了立法者对于"和同相卖"的态度。

就行为本身及其专门术语所表达的含义来看，唐律中关于"贩卖"人口的行为相对清晰。若将行为人与行为对象之间的等级、身份关系考

---

① ［元］徐元瑞等：《吏学指南（外三种）》，杨讷点校，第57页。
② 《贼盗》"谋叛"条(251)"律疏"中对于"谋叛""协同谋计""被驱率"进行了解释："谋叛者，谓欲背国投伪，始谋未行事发者，首处绞，从者流。已上道者，不限首从，皆斩。注云'谓协同谋计乃坐'，协者和也，谓本情和同，共作谋计，此等各依谋叛之法。'被驱率者非'，谓元本不共同情，临时而被驱率者，不坐。"以此为参照，"和同相卖"中出卖人与被卖者之间为"协同谋计"而非"被驱率"。

虑在内,"贩卖"行为就显得较为复杂。略卖、和诱卖、和同相卖等行为具有不同的对象,而立法所表述的行为与对象之间的规律并不明显。如关于"略卖"的表述,《贼盗》"略人略卖人"条(292)规定了略卖良人、略卖部曲之量刑条款,《贼盗》"略卖期亲以下卑幼"条(294)规定了略卖亲属之处罚,律内未见略卖奴婢之规定。因此,表 6.1 以立法直接表述为依据,将"贩卖"对象稍作梳理,以便分析量刑详情。

表 6.1 《唐律疏议》中"贩卖"之行为对象简表①

行为	对象				
	良人			部曲	奴婢
	无身份关系	亲属			
		期亲以下卑幼	余亲		
略	●	○	○	●	●
略卖	●	●	●	●	○
和诱	●	○	○	●	●
和诱卖	●	●	●	●	○
和同相卖	●	○	○	●	○

(二)知情故买

基于"人口买卖"的特殊性,似乎不存在买受者毫不知情的可能性。因此,"知情故买"之"知情"并非概括地指买受人知悉"人口买卖"之情,而是表达着非常具体的含义。即明知略卖、和诱卖、和同相卖之情,亦知悉其中包含着的相应等级、身份关系。"知情"是买受行为应予处罚之前提,也是"故买"之"故"的主要内容。"情"指的是本情、真情、实

---

① ●表示立法列举了针对此类行为的量刑条款,○表示条文中未出现针对此类行为的量刑条款。如略亲属两栏皆为○,即律内未列举针对相关行为的处罚。

情,"知情"之表述形式又是唐律中的"情"作此含义时最主要的用法。[①]值得注意的是,立法对于"知情"并无时间方面的限定。《贼盗》"知略和诱和同相卖而买"条(295)"律注":"展转知情而买,各与初买者同。虽买时不知,买后知而不言者,亦以知情论。"首先,被卖者被转卖多次,各阶段的买受人"知情"皆予处罚;其次,买时不知而买后知情,若知情后不告发,仍予处罚。"律疏"中通过举例进行了较为详细的解释:"注云'展转知情而买',假有甲知他人祖父卖子孙而买,复与乙,乙又卖与丙,展转皆知卖子孙之情而买者,'各与初买者同',谓甲、乙、丙俱合徒二年。若初买之时,不知略、和诱、和同相卖之情,买得之后访知,即须首告。不首告者,亦以知情论,各同初买之罪。"

二、等级、身份及其量刑

唐律立法旨在详尽描述犯罪行为及其情节,并在此基础上通过各种技术手段实现具体行为与相应刑等、刑种之间的一一对应。此种对应关系的复杂之处在于,行为人、行为对象本身及其相互之间存在多样化的等级与身份关系。"唐律的全部律条都渗透了礼的精神",最为直接的表现就是贯穿于条文始终且支撑整个规范体系的尊卑有序、良贱有别。[②]概括地说,唐律中"人口买卖"的量刑受到两方面因素的影响:首先,出卖人、买受人的等级、身份等因素直接决定着"人口买卖"具体犯罪行为的量刑;其次,由于"人口买卖"特殊性,除了出卖人与买受人之外,

---

① 参见刘晓林:《〈唐律疏议〉中的"情"考辨》,载《上海师范大学学报(哲学社会科学版)》2017年第1期。

② 刘俊文谓:"礼"的精神反映到唐律,集中表现为"等级制"和"家族制","二者犹如两根巨大的支柱,贯穿于唐律的始终,支撑着唐律的整个法律体系。"参见刘俊文:《唐律疏议笺解》(上册),"序论"第36页。

被卖者与出卖人、买受人之间也必然存在身份、等级关系，这些因素对出卖人、买受人的量刑也产生直接影响。对此稍作解释：仅就行为本身来看，"贩卖人口"包括略卖（略）、和诱卖（和诱）、和同相卖，若将出卖人、被卖者的身份考虑在内，就呈现较为复杂的关系，如略卖良人与略卖部曲、奴婢自然不同；若将出卖人对被卖者在处置方面所包含的等级、身份因素考虑在内，就更为复杂，如略良人卖为奴婢与略良人卖为部曲自然不同。"买受人口"的评价更为复杂，在"贩卖人口"的基础之上，买受人买入被卖者的处置方式亦受到等级、身份关系的影响，如出卖人略良人卖为奴婢，但买受人以奴婢买入之后将其作为妻妾，这与买作奴婢的量刑显然应有不同。由此来看，唐律针对"人口买卖"具体犯罪行为量刑的复杂性可见一斑。

需要注意的是，基于唐律客观具体、一事一例的立法体例，立法之表述不可能针对具体犯罪行为的情节、形态等细节——列举相应的法定刑，而是有所侧重地针对一些犯罪行为规定了基本刑，与之相关的行为多比附基本刑或在其基础上加、减若干等量刑。基本刑之设置除了表现出立法者基于技术方面的考虑之外，还表现着针对特定行为的量刑条款在规范体系中的地位。①

（一）"贩卖人口"的基本刑

唐律中关于"贩卖人口"的基本刑集中规定于《贼盗》"略人略卖人"条（292）："诸略人、略卖人为奴婢者，绞；为部曲者，流三千里；为妻妾子孙者，徒三年。和诱者，各减一等。若和同相卖为奴婢者，皆流

---

① 律内体系化程度非常高的"七杀""六赃"皆如此，如立法者针对"戏杀""误杀""过失杀"极少直接列举法定刑，具体量刑大多比附"斗杀"，亦有部分比附"故杀"。由此可见"斗杀"在"七杀"中乃至在唐律中的地位。参见刘晓林：《唐律"斗杀"考》，载《当代法学》2012年第2期。

二千里;卖未售者,减一等。"本条主要规定的是"贩卖"良人的相关行为及处罚,总体来看,立法规定了两个决定量刑的因素,一是行为人实施的"贩卖"行为;二是行为对象即被卖者的出卖身份。

"贩卖人口"所指之具体犯罪行为包括三类,即略与略卖、和诱与和诱卖、和同相卖。律内其他条文中关于卖部曲、奴婢及亲属的量刑也都大致作此分类。行为本身直接决定量刑:略与略卖包含着暴力、胁迫等因素,量刑最重;和诱、和诱卖不以暴力为手段,量刑较略、略卖为轻;和同相卖与前两者不同,出卖人与被卖者"元谋两和",即经被卖者同意而将其出卖,量刑最轻。需要注意的是,略与和诱并非以"出卖"为目的,或者说:略与和诱是行为人以暴力、胁迫或欺骗等手段控制他人,并将其作为奴婢、部曲或妻妾、子孙。立法从列举犯罪行为的角度,将略人、略卖人分别表述,并称"和诱者,各减一等",其中包含了两方面含义:一方面,略人、略卖人属于不同的行为,但同样处以绞刑。《疏》议曰:"略人、略卖人为奴婢者,并绞。""并"所表达的含义为"情无轻重",[①]即略人、略卖人虽属不同行为,但须同样处罚。另一方面,"和诱者"亦包括和诱、和诱卖两种不同行为,"各减一等"即各自比照略、略卖减一等量刑。也就是说,虽然和诱、和诱卖量刑相同,但严格遵循和诱减略一等量刑、和诱卖减略卖一等量刑的逻辑。"各"作为传统律典中重要的技术性语言,[②]将略与略卖、和诱与和诱卖之间基于行为的差异表现得十分突出,即"各主其事""同科此罪"。[③]

---

① [元]徐元瑞等:《吏学指南(外三种)》,杨讷点校,第58页。
② "各"为律典"八例"之一,以、准、皆、各、其、及、即、若八字,各为分注,冠于律首,标曰八字之义,相传谓之律母。这些都是律之关键词,对于领会律文至关重要。参见[清]王明德:《读律佩觽》卷之一,何勤华等点校,第3—5页。
③ [元]徐元瑞等:《吏学指南(外三种)》,杨讷点校,第54—55页。《唐律疏议》中"各"的用法亦极为固定,律内多有专门注释。如《卫禁》"人兵度关妄随度"条(86)《疏》议曰:"'知情者各依故纵法',称'各'者,将领主司及关司俱得度人之罪。"

将良人卖为奴婢,严重侵害了被卖者的人身权益,并严重损害了国家、社会秩序,量刑最重;将良人卖为部曲,量刑较之卖为奴婢为轻;将良人卖为他人妻妾、子孙,量刑最轻。将"贩卖"所包含的不同行为与被卖者的出卖身份综合考虑,"贩卖"良人行为的详细量刑见下表 6.2:

表 6.2 《唐律疏议》中卖良人罪刑对照表

行为	出卖身份		
	为奴婢	为部曲	为妻妾、子孙
略、略卖	绞	流三千里	徒三年
和诱、和诱卖	流三千里	徒三年	徒二年半
和同相卖	皆流二千里	皆徒三年	皆徒二年半

上表所列的行为皆为完成形态,即犯罪结果出现,犯罪既遂。如略人为奴婢是说通过暴力、胁迫等手段,对他人已形成了实际控制,将其作为奴婢;略卖人是说通过暴力、胁迫等手段,将他人作为奴婢出卖并交付给买受人,而买受人亦支付了对价,这两种情况处以绞刑。律文还规定了行为未成、略卖未遂的量刑条款:"卖未售者,减一等。"此为适用于本篇之通例,"未售,买卖已成而未付价(亦即未将人交付)之谓"。① 至于"卖未售"的具体量刑,在已作列举之基本刑上减一等即可,不必再逐一规定。如《贼盗》"略人略卖人"条(292)"律疏"中所举之例:"和同相卖,未售事发,各徒三年。"即出卖人与被卖者两相和同,拟将被卖者卖与他人做奴婢,未成即被查获,出卖人与被卖者在流二千里的基础上减一等,各处以徒三年。同理,拟将良人略卖为部曲未成即被查获,出卖人在流三千里的基础上减一等,处以徒三年;拟将良人和诱卖为部曲未成即被查获,出卖人在徒三年的基础上减一等,处以徒二年半。

---

① 戴炎辉:《唐律各论》(下),成文出版社 1988 年版,第 430 页。

(二)"贩卖"部曲与略、和诱奴婢的量刑

就等级与身份而言,部曲与良人接近,而奴婢与良人的身份存在本质上的差别。由于政治、经济、习俗等多方面的原因,"中国历史上的人口买卖在一定程度上是政府允许的经济活动,奴婢买卖长期受到法律的保护与限制"。[1]立法并未一概禁止买卖奴婢,只有违反法律规定的奴婢买卖才会受到处罚。因此,唐律中未见略卖、和诱卖奴婢之处罚,只针对略奴婢、和诱奴婢规定了量刑条款。

"贩卖"部曲之量刑逻辑与"贩卖"良人相同,具体行为包括略与略卖、和诱与和诱卖、和同相卖三类,他人部曲亦可被卖为奴婢、部曲、妻妾子孙。因此,"贩卖"部曲的具体量刑只需在"贩卖"良人的基础之上减等即可。《贼盗》"略人略卖人"条(292):"略、和诱及和同相卖他人部曲者,各减良人一等。""律疏"中作了详细解释:"谓略他人部曲为奴婢者,流三千里;略部曲还为部曲者,合徒三年;略为妻妾子孙,徒二年半。和诱者各减一等:和诱部曲为奴婢,徒三年;还为部曲,徒二年半;为妻妾子孙,徒二年。若共他人部曲和同相卖为奴婢,减流一等,徒三年;为部曲者,徒二年半。故云'各减良人一等'。"

奴婢兼具"物"与"人"之法律属性,论其"物"之属性,《户婚》"杂户官户与良人为婚"条(192)《疏》议曰:"奴婢既同资财,即合由主处分。"律内另有"律比畜产""身系于主"[2]等表述。因此,唐律将略、和诱奴婢之犯罪行为比之于"盗",突出了其"物"的属性。《贼盗》"略和诱奴婢"条(293):"诸略奴婢者,以强盗论;和诱者,以窃盗论。各

---

[1] 毛蕾、陈明光:《中国古代的"人牙子"与人口买卖》,载《中国经济史研究》2000年第1期。

[2] 按《名例》"官户部曲官私奴婢有犯"条(47)《疏》议曰:"奴婢贱人,律比畜产。"《贼盗》"亲属为人杀私和"条(260)"问答":"奴婢、部曲,身系于主。"

罪止流三千里。""赃罪"之量刑核心在于"计赃",而略、和诱奴婢分别以强盗论、以窃盗论,更加凸显了其作为"资财"的法律属性。

(三)卖亲属为奴婢的量刑

唐律仅规定了尊亲属将卑幼卖为奴婢之量刑条款,未涉及卖卑幼为部曲、他人妻妾之处罚。如此设计之根源在于"礼"的精神与原则,尊长拥有针对卑幼的处分、教令与决罚等法定权力,如《斗讼》"殴詈祖父母父母"条(329)规定:子孙违犯教令,而祖父母、父母"过失杀者,各勿论"。《疏》议曰:"即有违犯教令,依法决罚,邂逅致死者,亦无罪。"故而,尊长将卑幼卖为部曲或他人妻妾子孙等行为不必在"正刑定罪"[①]之律中有所直接体现。《贼盗》"略卖期亲以下卑幼"条(294):"诸略卖期亲以下卑幼为奴婢者,并同斗殴杀法;(无服之卑幼亦同。)即和卖者,各减一等。其卖余亲者,各从凡人和略法。"就出卖对象来说,包括"期亲以下卑幼"与"余亲"两类,"无服之卑幼"同于期亲以下卑幼。前者"同斗殴杀法",后者"从凡人和略法"。此种量刑方式一方面将服制在"亲属相犯"量刑中的直接影响予以表现,另一方面又体现了前述基本刑即"凡人和略法"之重要意义。本条"律疏"中举例说明了个别贩卖行为之量刑,如略卖弟妹徒三年、略卖妾徒三年、略卖子孙徒一年半,和卖弟妹徒二年半、和卖妾徒二年半、和卖子孙徒一年。由于尊长卖卑幼为奴婢之量刑"并同斗殴杀法",故其遵循尊长犯卑幼,服制越近、处罚越轻之原则。

(四)"知情故买"的量刑

"知情"表达的含义是对"贩卖"行为、被卖者的身份皆有所认识。

---

① 《唐六典》"刑部郎中员外郎"条载:"凡律以正刑定罪。"[唐]李林甫等:《唐六典》卷第六,陈仲夫点校,第185页。

第六章 "略卖""和卖""和同相卖"与"故买":立法表达与量刑逻辑

"故买"与"贩卖"就行为而言具有密切的关系,"买"自然难以脱离"卖"而独立存在,这种密切的关系也充分体现在具体量刑条款中。《贼盗》"知略和诱和同相卖而买"条(295):"诸知略、和诱、和同相卖及略、和诱部曲奴婢而买之者,各减卖者罪一等。知祖父母、父母卖子孙及卖子孙之妾,若己妾而买者,各加卖者罪一等。"可见唐律针对"知情故买"的量刑分为两类,分类依据仍贯穿着明显的等级、身份关系:明知他人略、和诱、和同相卖与其无身份关系之良人,以及明知略、和诱他人部曲、奴婢而买,此类"故买"之行为"各减卖者罪一等";明知他人卖自己的子、孙、子孙之妾,或者他人卖己妾而买者,"各加卖者罪一等"。同时,《贼盗》"略卖期亲以下卑幼"条(294)中规定"卖余亲者,各从凡人和略法"。同理,买"余亲"者,亦"各减卖者罪一等"。立法仅对两类行为的量刑原则作了规定,并未针对具体"买受"行为列举相应的刑等、刑种。原因在于"买受"行为存在量刑方面的不确定性,"惟买者之刑,非以具体情形卖者应得之刑为准而减一等,乃抽象的依略、卖人之刑(将充为奴婢、部曲、妻妾子孙而刑异)"。① 如明知出卖者略良人卖为奴婢,买受者按照奴婢支付价款买入并仍将其作为奴婢,依前述基本刑,略卖良人为奴婢处以绞刑,又据本条"各减卖者罪一等",买受者应处流三千里;若买受者按照奴婢支付价款买入,但将其作为部曲或妻妾子孙,则须在基本刑之基础之上减三等,即明知他人略良人卖为奴婢而买为奴婢减绞一等,明知他人略良人卖为奴婢而买为部曲减绞二等,明知他人略良人卖为奴婢而买为妻妾子孙减绞三等,则买为妻妾子孙应处徒二千里。而明知祖父母、父母卖子孙、子孙之妾、己妾而故买的,具体量刑仍受到买受之后如何处置的影响,这些内容显然无法一一列举,因此,立法仅根据"知情"内容尤其是身份、等级等因素区别规定了量刑原则。

---

① 戴炎辉:《唐律各论》(下),第437页。

至于为何明知卖良人以及明知卖他人部曲、奴婢而买,买者减卖者一等,而明知祖父母、父母卖子孙及子孙之妾而买,买者加卖者一等?大致有两方面原因:首先是技术方面,略、和诱、和同相卖良人为奴婢等基本刑已较重,且出现了死刑适用,故买者减一等;而卖子孙、子孙之妾量刑极轻,如略卖子孙为奴婢仅徒一年半,故买者加一等。其次是观念方面,未体现血缘、服制等关系时,买者减卖者一等更加符合"卖买行为"发起之逻辑;① 而明知祖父母、父母卖子孙等行为,就卖者来看,其本身就对被卖者具有教令权,即使杀伤子孙量刑亦极轻,就买者来看,却不应破坏原有之亲缘与伦理关系,故而加卖者一等量刑。

三、死刑适用及其焦点

唐律针对略、略卖良人为奴婢设置了死刑,此为律文之直接表述。《贼盗》"略人略卖人"条(292):"诸略人、略卖人为奴婢者,绞。"行为人实施了最严重的行为、产生了最严重的后果,因而适用死刑。其他"人口买卖"的具体犯罪行为在刑种、刑等的适用方面分布较为平均,基本上覆盖了从流刑至杖刑的具体刑等,这也符合唐律"死刑限制"的技术策略。由此来看,死刑适用的意图非常清晰。需要注意的是:"律注"与"律疏"中补充了适用死刑的具体情况,通过立法解释的方式扩大了律文中针对"贩卖人口"具体犯罪行为所列举的死刑适用范围。②

---

① 唐代律令中皆称"卖买"而不称"买卖",如《职制》"贷所监临财物"条(142):"若卖买有剩利者,计利,以乞取监临财物论。"又《户婚》"妄认盗卖公私田"条(166)"律疏"中引唐令《田令》:"田无文牒,辄卖买者,财没不追,苗子及买地之财并入地主。"

② 《唐律疏议》中"律注"是对律文的解释,"律疏"是对"律注"与律文的进一步阐释,"律注"与"律疏"的内容皆为官方解释,并与律文合编,赋予其法律效力。因此,"律注"与"律疏"针对具体犯罪行为罪与非罪、此罪与彼罪、定罪与量刑等方面的解释皆属立法解释。此种解释方式适用对象非常广泛,如针对官吏言论犯罪的规定,很多内容都出现在"律疏"中。相关内容可参见王立民:《论唐律规定的官吏言论犯罪》,载《当代法学》2021 年第 3 期。

（一）"贩卖"十岁以下之人，不论和、略皆处死刑

《贼盗》"略人略卖人"条（292）"律注"对"略"的含义作了补充说明："不和为略。十岁以下，虽和，亦同略法。"《疏》议曰："注云'不和为略。十岁以下，虽和，亦同略法'，为奴婢者，不共和同，即是被略；十岁以下，未有所知，易为诳诱，虽共安和，亦同略法。略人、略卖人为奴婢者，并绞。""不和"即违背他人意志，其中包含着明显的暴力、胁迫因素。形式上，立法者扩大了略人、略卖人的范围。虽然"略"之判断标准为通过暴力、胁迫等手段违背他人意志，但十岁以下之人"未有所知，易为诳诱"，即不具备完全行为能力，亦难以辨认、控制自己的行为，针对其实施的"贩卖"行为皆属于略或略卖。就量刑而论，略、略卖良人为奴婢处以绞刑，若"贩卖"十岁以下之人，则不再区分和与略，只要是将其作为奴婢或卖为奴婢，皆处以绞刑。同时，"虽共安和，亦同略法"也排除了与未成年人和同相卖的情况。

（二）"贩卖"过程中造成他人伤害，不论是否卖成皆处死刑

略与略卖包含着明显的暴力、胁迫因素，其行为过程自然易于造成伤亡。《贼盗》"略人略卖人"条（292）"律注"对略、略卖良人的量刑条款作了补充说明："因而杀伤人者，同强盗法。"《疏》议曰："注云'因而杀伤人者，同强盗法'，谓因略人拒斗，或杀若伤，同强盗法。既同强盗之法，因略杀伤傍人，亦同。因略伤人，虽略人不得，亦合绞罪。""同强盗法"落脚点在于具体量刑，并不关注"略人、略卖人"是否向"强盗"转化，其指向新的量刑条款即《贼盗》"强盗"条（281）："诸强盗……伤人者，绞；杀人者，斩。（杀伤奴婢亦同。虽非财主，但因盗杀伤，皆是。）其持杖者，虽不得财，流三千里；五匹，绞；伤人者，斩。""因而杀伤人者，同强盗法"所表达的含义是：只要造成他人伤害，即科处绞刑，因为

造成他人死亡也同样处以绞刑而非斩刑。① 而"因略致伤"的适用范围是非常宽泛的：首先，唐律对于"伤"的认定标准非常低。律内常见之认定标准如："见血为伤""伤无大小之限""虽不见血，骨节差跌亦即为伤"。② 也就是说，略人、略卖人过程中造成他人出血、跌伤即为"伤"，行为人即应处以绞刑。而此种伤害结果，一般的暴力、胁迫过程中是非常容易出现的。其次，"伤"的对象不限于被卖者，亦不限于良人。《贼盗》"强盗"条(281)《疏》议曰："谓因盗而杀、伤人者。注云'杀伤奴婢亦同'，诸条奴婢多悉不同良人，于此，杀伤奴婢亦同良人之坐。'虽非财主，但因盗杀伤皆是'，无问良贱，皆如财主之法。盗人若持杖，虽不得财，犹流三千里；赃满五匹，合绞。持杖者虽不得财，伤人者斩，罪无首从。"此亦适用于因略杀伤，若伤及旁人，不论良贱皆处绞刑。最后，只要他人"伤"之结果出现，即科以绞刑，不论略或略卖行为是否完成、是否成功。《贼盗》"略人略卖人"条(292)《疏》议曰："因略伤人，虽略人不得，亦合绞罪。"

四、小结

基于唐律立法的直接表述，"人口买卖"实际上包含了作为立法语言的"略卖""和卖""和同相卖"与"故买"，具体立法语言所指的特定犯罪行为及其相应量刑是本章关注的重点。最后对此稍作总结：首先，

---

① 按《名例》"称反坐罪之等"条(53)："诸称'反坐'及'罪之''坐之''与同罪'者，止坐其罪。(死者，止绞而已。)""同……法"在死刑限制方面当与"与同罪"一致。

② 按《名例》"犯罪未发自首"条(37)《疏》议曰："损，谓损人身体。伤，谓见血为伤。虽部曲、奴婢伤损，亦同良人例。"《斗讼》"斗殴以手足他物伤"条(302)《疏》议曰："注云'见血为伤'，谓因殴而见血者。"《斗讼》"殴詈祖父私母"条(329)《疏》议曰："见血为'伤'，伤无大小之限。"《厩库》"故杀官私马牛"条(203)《疏》议曰："注云'见血跪跌即为伤'，见血，不限伤处多少，但见血即坐；跪跌，谓虽不见血，骨节差跌亦即为伤。"

第六章 "略卖""和卖""和同相卖"与"故买"：立法表达与量刑逻辑　133

是否以出卖为目的不影响"人口买卖"的定罪量刑，就犯罪行为而言，立法针对"略"与"略卖"进行了区分，"略人者，谓设方略而取之。略卖人者，或为经略而卖之"，但两者并无量刑方面的差别。"和诱"与"和诱卖"亦如此。其次，立法针对"知情故买"的入刑门槛极低，即"知情"的范围非常广。虽经多次转卖，转卖后的买受人只要知悉略、和诱、和同相卖等情，皆与初买者同样处罚；买时并不知情，买后任何时候只要知情而未向官府告发"人口买卖"的，亦作为"知情故买"予以处罚。基于"人口买卖"的特殊性，从唐律立法的表述来看，几乎不存在毫不知情而可能不受处罚的买受人。复次，"知情故买"与"出卖"的量刑具有密切关联，买受人根据其所知之"情"的具体内容，在出卖人量刑的基础之上加一等或减一等。此种设计使得立法针对"买卖"双方的量刑既有所区别，又不致过于悬殊。最后，通过立法解释的方式扩大死刑适用范围，既维护了法典结构的系统性与稳定性，又充分表达了立法者的态度。此种方式还使得针对"人口买卖"的死刑适用与唐律立法整体的"死刑限制"策略保持了技术上的一致。

第七章 "无罪":立法的评价

"罪与非罪"是刑事立法的核心问题,也是刑事司法追求公正的前提与基础,古今中西皆如是。现代刑事法律规范评价行为的基本逻辑是:罪与非罪→此罪与彼罪→具体量刑。某行为只有根据刑事法律规范被评价为"罪",即属于犯罪行为,才能进一步认定属于何种犯罪行为,即属于"此罪"还是"彼罪",并在相应的法定刑罚幅度内量刑。同时,"罪与非罪"的界限与标准还蕴含着特定价值追求,如刑事立法的"谦抑性"。古今中西刑事立法对于"非罪"皆有表达,结合刑事司法的具体情况,现代刑法中的"非罪"包括实质的无罪与评价的无罪,前者为不该当刑法规定的构成要件而根本不可能构成犯罪,后者为不具备违法性或有责性而不作为犯罪处理。[1] 即使行为具备违法性与有责性,也存在"不认为是犯罪"或虽属犯罪但"不予追究""免予刑事处罚"的情况。[2] 总体来看,现代刑法对于行为评价的层次清晰,其理论基础是成熟完备的

---

[1] 刘艳红谓:"我国刑事司法实践积累了大量的无罪判决案件,这些案件大致可以分为两类:一类是本来意义上的无罪,或者说,是由于不该当刑法规定的构成要件而根本不可能构成犯罪的案件;另一类是评价意义上的无罪,即由于不具备实质当罚性(违法性)或不具有非难可能性(有责性)而不作为犯罪处理的案件。"刘艳红:《形式入罪实质出罪:无罪判决样本的刑事出罪机制研究》,载《政治与法律》2020年第8期,第123页。

[2] 现行刑法中"不认为是犯罪"的情况如第13条:"……以及其他危害社会的行为,依照法律应当受刑罚处罚的,都是犯罪,但是情节显著轻微危害不大的,不认为是犯罪。""不予追究"的情况如第7条:"中华人民共和国公民在中华人民共和国领域外犯本法规定之罪的,适用本法,但是按本法规定的最高刑为三年以下有期徒刑的,可以不予追究。""免予刑事处罚"的情况如第37条:"对于犯罪情节轻微不需要判处刑罚的,可以免予刑事处罚,……"

犯罪构成体系。中国古代的刑事立法及其理论亦甚发达，尤其是唐律所代表的进步之刑法思想，不但远远领先于同期东西方各国，与现代刑法理论相比，仍不乏进步之处。[①] 此处重申唐律立法于原理及思想等方面的优势，意图在于表达此种困惑：如此发达之刑事立法若对"非罪"未有系统表达，似乎与常识不符。以现代刑法中"非罪"的表达、含义与判断标准为参照，我们并未见到唐律中出现针对"非罪"的集中、系统且层次分明的表达，但特别引起我们注意的是唐律中大量出现的"无罪"及相关表述。

《户婚》"许嫁女辄悔"条（175）："诸许嫁女，已报婚书及有私约，而辄悔者，杖六十。男家自悔者，不坐，不追娉财。"《疏》议曰："……若男家自悔者，无罪，娉财不追。"

《斗讼》"主殴部曲死"条（322）："诸主殴部曲至死者，徒一年。故杀者，加一等。其有愆犯，决罚致死及过失杀者，各勿论。"《疏》议曰："……其有愆犯，而因决罚致死及过失杀之者，并无罪。"

《贼盗》"殴伤妻妾"条（325）《疏》议曰："殴妾，非折伤无罪；折伤以上，减妻罪二等，即是减凡人四等。"

对此我们有几点初步认识：首先，仅就以上条文来看，唐律中的"无罪"在形式上表达着与现代刑法理论中的"非罪"相似的含义，并作为法律评价结果出现在条文中；其次，条文中"无罪"的评价对象颇有困惑，因为现代刑法理论中的"罪与非罪"是针对行为而言，但条文中"……者，无罪"似乎是针对行为人而言；复次，条文中的"不坐""勿论"在一定程度上也表达着"非罪"的含义，更加引起我们注意的是"律疏"中以"无罪"对之进行解释的内容，与之相关的问题则是唐律中的"无罪"

---

① 中外学者对此已有共识，参见蔡墩铭：《唐律与近世刑事立法之比较研究》，汉苑出版社1976年版，第2—3页；仁井田陞『補訂中國法制史研究・刑法』（東京大學出版會，1991年）172頁。

似乎皆出现于"律疏";最后,以"无罪"解释"不坐""勿论"的过程蕴含着何种意图与追求,而意图的表达与追求的实现显然取决于"无罪"本身的含义及其作为立法语言的解释力,这又与中国古代成文法传统与制定法体系的沿袭发展密切相关。目前中外学者针对唐律及中国古代刑律中"罪"的观念进行了比较充分的探讨;基于现代刑法中的"出罪条款"及相关理论,对古代刑律中的"不坐"等表述也有一些分析;立足于史料辨析与语义分析,对古代刑律中"勿论""无罪"等内容也进行了一些溯源与解释。① 但专门探讨律典中"无罪"的表述形式、渊源、表意及其限度的成果尚不多见。本章以唐律中"无罪"的分布切入,通过梳理其含义与用法的沿袭脉络描述其表意特征,在此基础之上力争揭示《唐律疏议》尤其是"律疏"中"无罪"表达的立法意图及其理论旨趣,并对其在传统刑律的语境中无法超越的表意与解释限度稍作总结。

一、分布与表意

(一)律典中的分布及表述形式

《唐律疏议》中典型的"无罪"是作为特定行为人及其行为的法律评价结果而出现的,立法者一般以"无罪"表达针对特定行为人及其行为的态度。如《名例》"犯流应配"条(24)"问答"中说:"犯'七出'者,

---

① 参见甘怀真:《〈唐律〉"罪"的观念》,载中南财经政法大学法律文化研究院编:《中西法律传统》(第六卷),北京大学出版社 2008 年版,第 79—94 页;〔日〕宫宅洁:《中国古代"罪"的概念——污秽、净化、分界》,载柳立言主编:《史料与法史学》,台湾"中研院"历史语言研究所 2016 年出版发行,第 69—101 页;李勤通:《中国法律中罪观念的变迁及其对唐代刑法实践的影响》,载《法制与社会发展》2019 年第 3 期;刘陈皓:《〈大明律〉中"不坐"条款研究——以当代刑法学为视角》,载《学术前沿》2019 年 11 月上;闫晓君:《唐律"格杀勿论"渊流考》,载《现代法学》2009 年第 4 期;宋磊:《"夫为寄豭,杀之无罪"是严惩奸罪的法令吗》,载里赞主编:《法律史评论》(2013 年卷),法律出版社 2014 年版,第 120—126 页。

夫若不放，于夫无罪。"唐律保护合法夫妻关系，既不能违法缔结亦不能违法解除；若出现强制解除婚姻关系的法定事由则必须解除，否则亦予处罚。妻犯"七出"则夫可以依法解除婚姻关系，但"七出"是否为强制解除婚姻关系的法定事由，律文中并未说明。"问答"叙述了夫不放犯"七出"之妻的行为，并强调其评价结果"无罪"，表达了立法者明确的态度。《唐律疏议》中针对行为人及其行为做出评价的"无罪"共出现56次，相关内容涉及除《斗讼》《诈伪》之外的各篇共计50条律文。[①] 从律条结构来看，所有内容皆出现于"律疏"，表达了立法者或注律者通过相关叙述与评价补充与完善律文内容的"二次立法"意图。律典中作为评价结果的"无罪"表述形式稳定，但仍有个别在其基本含义与用法的基础之上稍有变通的表述。如《名例》"公事失错自觉举"条（41）"律疏"中出现1次"无罪责"，《疏》议曰："……唯是公坐，情无私曲，检、勾之官虽举，彼此并无罪责。"内容仍是立法针对行为人及其行为的评价，检、勾官纠举处断失错之公罪，检、勾官与连署官皆"无罪责"，其含义、用法与"无罪"一致。另有3处否定的表述形式，即"不可无罪""不合

---

① 针对《唐律疏议》中出现的"无罪"进行检索的过程需要稍作说明：

首先，依据"无罪"为检索项对《唐律疏议》文本进行检索，会显示包括"无罪名"与"无罪止"的检索结果，两者共出现25次，这需要从检索结果中剔除。从表述形式来看，"罪名"与"罪止"是律内包含着立法者特定意图以及相应立法技术的专门术语。从含义来看，"罪名"是立法针对具体行为以及处罚内容所作的列举，"无罪名"即条文中未有此种列举；"罪止"是立法针对具体行为所设之量刑上限，"无罪止"即未规定量刑上限。因此，《唐律疏议》中的"无罪名""无罪止"与"无罪"是不同的表述形式。

其次，按照字面检索，律内"无罪"出现68次，其中少数内容并非立法针对行为人及其行为的评价结果，而多是对行为对象的描述。如《斗讼》"主杀有罪奴婢"条（321）《疏》议曰："'无罪杀者'，谓全无罪失而故杀者，徒一年。""无罪杀者"即奴婢"无罪"而主人故意将其杀死，显然"无罪"是针对行为对象的描述。另外，"律疏"中将其解释为"全无罪失"亦将其差异表达的比较明显。律内此类"无罪"出现12次，相关内容涉及6条律文。具体包括：《名例》"彼此俱罪之赃"条（32）、《名例》"共犯罪有逃亡"条（44）、《斗讼》"主杀有罪奴婢"条（321）、《斗讼》"妻妾殴詈夫父母"条（330）、《捕亡》"被囚禁拒捍走"条（465）、《断狱》"监临自以杖捶人"条（483）。

无罪""不得无罪",涉及《职制》中的2条律文,皆出现于"问答"。① "无罪"所表达的仍是针对行为人及其特定行为的评价,从形式上来看,否定"无罪"是通过双重否定来强调行为人及其行为之"罪"。从内容上来看,对"匿不举哀""居丧作乐"之惩罚兼具礼法层面以及官吏履职之行政制度层面的意义,② 对官吏利用职务获利之惩罚则与整肃吏治直接相关,皆为唐律立法规制的重点,就此来看,"不可无罪""不合无罪""不得无罪"等表述形式之意图极为明显。

(二)含义及用法

根据初步的检索、统计与梳理,我们看到作为立法语言的"无罪"最为典型的用法是针对特定行为人及其行为作出法律评价,此种评价表达着特定的立法意图。那么,进一步探讨的问题则是此种评价的对象以及评价的内容,即"无罪"之评价是立法针对行为人还是其实施的行为?"无罪"之评价又包含了什么内容?

1. "无罪"的评价对象

唐律立法的叙事方式是针对特定行为主体如何处罚予以描述,③ 如《户婚》"娶逃亡妇女"条(185):"诸娶逃亡妇女为妻妾,知情者与同罪,至死者减一等。离之。""诸……者"的表述形式凸显了古今刑事立法

---

① 具体包括:《职制》"匿父母及夫等丧"条(120)"问答":"期亲以上,不即举哀,后虽举讫,不可无罪。""……身服期功,心忘宁戚,或遣人作乐,或自奏管弦,既玷大猷,须加惩诫,律虽无文,不合无罪。"《职制》"贷所监临财物"条(142)"问答":"所为市者,虽不入己,既有剩利,或强卖买,不得无罪。"

② 参见钱大群:《唐律疏义新注》,南京师范大学出版社2007年版,第342页注释①。

③ 当然,律内个别条文的叙事方式与之不同,最为明显的是《名例》前五条针对笞、杖、徒、流、死之具体刑种与刑等的规定;其他条文皆以行为人具体行为的描述与相应刑罚制裁为基本模式,即使是《名例》中其他"通则"或"原则"的规定,也是通过对具体行为人及其行为的列举来实现。如《名例》"八议者(议章)"条(8):"诸八议者,犯死罪,皆条所坐及应议之状,先奏请议,议定奏裁;流罪以下,减一等。其犯十恶者,不用此律。"

的叙事差异。"诸"作全量极性副词使用，相当于凡是、一切、任何。其位于句首起领话题，具有话语标记和突出焦点的作用，并显示了立法者的叙述视角与立场，[1]即法典及其代表的立法者与皇权的权威性、至上性。[2]"者"表达的含义是行为主体，"诸……者"即"凡是实施某行为的人"，其位于唐律条文句首，表达的是：凡是实施某行为的人，都应当受到相应处罚，隐含毫无例外之意。关于处罚方式的列举皆具体到刑种、刑等以及适用细节。具体来说，律文中所列举的行为主体是娶逃亡妇女为妻妾的男性；列举的具体行为是"知妇女逃亡之情仍娶为妻妾"；制裁方式是"与同罪"，即逃亡妇女所犯之罪。除此之外，为了清晰、准确地适用法律，条文还对一些具体内容有所表述，如刑罚适用的限制条款，即"至死者减一等"，意图在于限制死刑适用；并附有强制解除婚姻关系的条款，即"离之"。律文表述的内容非常清晰，但客观具体的列举总会出现明显的不足。律文明确列举了"知情娶逃亡妇女为妻妾者"如何处罚，但针对"不知情娶逃亡妇女为妻妾者"如何评价显然与之同样重要，"律疏"在解释前者法律适用详情的基础之上有详细的说明，《疏》议曰："妇女犯罪逃亡，有人娶为妻妾，若知其逃亡而娶，流罪以下，并与同科；唯妇人本犯死罪而娶者，流三千里。……其不知情而娶，准律无罪。"也就是说，唐律的评价对象是特定主体，具体来说即实施了特定行为的主体，[3]作为立法语言，"无罪"的评价对象自然与之一致。这与

---

[1]　参见易花萍：《立法话语的叙事性构建与解读——兼析叙事学视域下立法语言的规范思路》，载陈金钊、谢晖主编：《法律方法》(第18卷)，山东人民出版社2015年版，第259—260页。

[2]　现代立法中"凡是""一切""任何"等表述出现较少，以现行刑法为例，仅在总则中有个别表述。如第4条："对任何人犯罪，在适用法律上一律平等。不允许任何人有超越法律的特权。"第64条："犯罪分子违法所得的一切财物，应当予以追缴或者责令退赔。"亦不见位于句首起领话题的固定用法。

[3]　后世刑律依然沿袭此种叙事方式，如《宋刑统》对于罪状的描述体例与唐律完全一致，《斗讼律》"斗殴故殴故杀"条："诸斗殴人者，笞四十。"《大清律例》亦如之，仅是位于

现代刑事立法针对犯罪行为进行的评价不同,[①]唐律中的"无罪"是针对"……者"的评价,即实施了特定行为的人"无罪"。虽然律内所有的"无罪"都出现于"律疏"中,与律文句首"诸……者"的叙述方式稍有不同,但结合具体表述形式,其评价针对的是行为人则是显而易见的,如"于夫无罪""卑幼无罪""越过者无罪"等。[②]

2."无罪"的评价内容

从表述形式来看,"无罪"的表意基础在于"罪",与"有罪"相对。那么,具体评价内容自然是以"罪"的含义与用法为基础而展开的。唐律中的"罪"观念较为抽象,且具有先验性,律内对之表达并非以"罪"的相关表述形式展开。[③]"无罪"的表述非常具体,其含义建立在律内与"罪"相关的大量直接表述的基础之上,《唐律疏议》中"罪"共出现2670次,数量极大,对其具体表述形式难以作详尽统计。但仔细阅读唐律条文,我们发现相关表述似有规律可循。其中出现了很多较为典型的表述形式,如"加罪"出现37次、"减罪"出现89次。结合具体律条,

---

句首的极性副词稍有不同,《刑律·斗殴上》:"凡斗殴(与人相争)以手足殴人不成伤者,笞二十。"

[①] 现代刑事立法对于罪状的描述采取"……的"之形式,表意侧重描述行为,之后规定相应的量刑幅度。如第234条:"故意伤害他人身体的,处三年以下有期徒刑、拘役或者管制。"即故意伤害他人身体之行为如何定罪量刑。同样,现代刑法中的"不是犯罪""不认为是犯罪""不予追究""免予刑事处罚"等评价针对的也是具体行为,即某行为是否构成犯罪、是否予以刑罚处罚。

[②] 传统刑律若干原则的形成及其发展乃是基于"身份"展开,如"准五服以制罪"显然是针对行为人而言,在此背景之下,表达的是行为人与行为对象之间的身份关系,尤其是服制亲疏对于"定罪量刑"的影响。唐律叙事与评价侧重行为人则是题中应有之义,亦为必然。

[③] 如甘怀真认为:"唐律的'罪'的观念出自'气化宇宙观'。基于这套宇宙观,宇宙的形成是依气的演化而自然形成了一定的结构与规范,每个人都在此结构中被分配到固定的位置,而必须遵守其规范。政治(包括法制在内)的目的,即依据自然的法则订定诸人间的规范。而政治秩序的运作端赖人们能够'安分',即遵守其身份的规范,则能达成理想的秩序。若不能'安分',行为不符合身份的规范,此即唐律中的犯罪。"甘怀真:《〈唐律〉"罪"的观念》,载中南财政法大学法律文化研究院编:《中西法律传统》(第6卷),北京大学出版社2008年版,第87—88页。

得以对相关内容有较为清晰的认识：

《捕亡》"在官无故亡"条(464)："诸在官无故亡者，一日笞五十，三日加一等；过杖一百，五日加一等。边要之官，加一等。"《疏》议曰："……此乃居边为要，亡者加罪一等，谓品官以上，一日杖六十，三日加一等。"

《卫禁》"无着籍入宫殿"条(64)："诸应入宫殿，未着门籍而入；虽有长籍，但当下直而辄入者：各减阑入五等。即宿次未到而辄宿，及籍在东门而从西门入者，又减二等。"《疏》议曰："……假如西门有籍而从东门入，或侧门有籍而从正门入：各又减罪二等，谓减阑入罪七等。"

在职而无故逃亡之官员，根据逃亡时间累加量刑，若是边州地区无故逃亡的在职官员，需"加罪一等"；出入宫殿需要按规定办理门籍，未办理门籍而入宫殿或者虽有门籍但在不应进入之时而进入之人，应比照阑入"减罪"。首先，"加罪""减罪"的相关表述中并未蕴含是否"构成罪"的抽象理论，而是针对特定行为、情节以及相应刑种与刑等的计算规则，即唐律"五刑二十等"刑罚体系之内的加减规则；其次，律文中仅述"加一等""减二等"，而"律疏"中将其进一步解释为"加罪""减罪"。据此可以推测：唐律中的"罪"所表达的含义主要是具体的刑种与刑等，而此种表意为立法者通过制作"律疏"予以强调。另外，我们确实见到律内出现的大量"罪"与刑种、刑等连用的表述，初步证实了此种推测。如"死罪"出现114次，而表意更加具体的"斩罪"出现5次、"绞罪"出现15次、"流罪"出现70次、"笞罪"出现3次、"杖罪"出现29次、"徒罪"54次。除了"加罪"与"减罪"的规则表述之外，与之表意相同但不规则的形式更多，如"减……罪""加……罪"等，[①] 此类表述形

---

① 具体表述形式更为复杂，包括"各减本罪三等""减所告罪一等""加增罪""减罪人

式数量极大。

唐律中的"罪"可"加"亦可"减",也就是说"罪"可以量化、可以计算;结合"死罪""流罪"等针对具体刑种与刑等的表述,以及律内详细的刑等加减计算标准与规则,"无罪"自然也是"无刑罚"或更加准确地表述为"无具体刑种与刑等的适用"。

二、渊源与特征

唐律中典型的"无罪"是立法针对行为人作出的无具体刑罚适用的评价,结合简牍秦汉律令及相关传世文献的记载,我们对唐律中"无罪"的渊源及其表意方面的若干特征有了较为详细的认识。简牍所见秦汉律令中"无"字出现较少,多见"勿""毋",其中见有"毋罪"与"勿罪"的相关内容。

《为吏之道》:·除害兴利,(五〇贰)兹(慈)爱百姓。(五一贰)毋罪毋(无)罪,【毋(无)罪】可赦。(一叁)

《法律答问》:擅杀子,黥为城旦舂。其子新生而有怪物其身及不全而杀之,勿罪。……(六九)

《为吏之道》中"毋罪毋罪,毋罪可赦"是简牍原文,此处"毋罪"表意未针对具体的行为人及其行为。注释小组将后两个"毋"改为"无",将其意释为:"不要加罪于没有罪的人,没有罪就应当赦免。"①"毋"与"无"通,可作"不要","毋罪"即"毋罪之"或"不要罪之";"毋"亦可作"没有","毋罪"即"没有罪"。段玉裁谓:"其言毋也。古通用

罪"等,如《卫禁》"阑入庙社及山陵兆域门"条(58)《疏》议曰:"若不觉越垣及阑入,各减罪人罪二等。"又《职制》"有所请求"条(135)《疏》议曰:"若身自请求而得枉法者,各加所请求罪一等科之。"律内所见关于"加罪"与"减罪"不规则的表述形式数量极多,在一定程度上可以代表唐律中"罪"的具体含义与用法。

① 睡虎地秦墓竹简整理小组:《睡虎地秦墓竹简》,文物出版社1990年版,第170页。

无。"① 注释小组将后一个"毋"改为"无",更加便于理解其含义。与之相同,《管子·重令》:"令出而留者无罪,则是教民不敬也。令出而不行者毋罪,行之者有罪,是皆教民不听也。"②"令出而留"即"令出而不行","无罪"即"毋罪"。《法律答问》中的"勿罪"针对的是"父母擅杀",即擅杀畸形或肢体残缺的新生子"勿罪"。"勿"亦通"无",《论语·学而》:"主忠信,无友不如己者,过则勿惮改。"正义曰:"'过则勿惮改'者,勿,无也;惮犹难也。"阮校:"案古书'无、毋'多通用。"③那么"勿罪"仍可作"不要罪之"与"没有罪"两种解释,其具体表意需结合体语境再作分析。张家山汉简中未见"勿罪"的表述,仅见"毋罪"。

《奏谳书》:·异时卫法曰:为君、夫人治食不谨,罪死。今宰人大夫说进炙君,炙中有发长三寸……(一六二)……君……怒,劾,史猷(猷)治曰:说毋罪……(一六三)

《奏谳书》:子不听生(一九〇)父教,谁与不听死父教罪重?穀等曰:不听死父教毋罪。有(又)曰:夫生而自嫁,罪谁与夫死而自(一九一)嫁罪重?廷尉穀等曰:夫生而自嫁,及取(娶)者,皆黥为城旦舂。夫死而妻自嫁、取(娶)者毋罪,有(又)曰:欺(一九二)生夫,谁与欺死夫罪重?穀等曰:欺死夫毋论。……(一九三)

《奏谳书》记载了卫国的法律规定:"为君、夫人治食不谨,罪死。"相关规定于唐律中亦得见,《职制》"造御膳有误"条(103):"诸造御膳,误犯食禁者,主食绞。若秽恶之物在饮食中,徒二年;简择不精及进御不时,减二等。不品尝者,杖一百。"根据唐律条文的叙述体例,"罪死"

---

① [汉]许慎撰、[清]段玉裁注:《说文解字注》第十二篇下"毋部",上海古籍出版社1981年版,第626页。
② [清]黎翔凤:《管子校注》卷五《重令》,中华书局2004年版,第284页。
③ [魏]何晏注、[宋]邢昺疏:《论语注疏》卷第一《学而》,北京大学出版社1999年版,第8页。

表达的含义应当与"死罪"或"死刑"相同。具体的事例我们非常熟悉，即晋文公时"宰臣上炙而发绕之"，"发绕之"是出于他人陷害，因此宰人说"毋罪"。另一则记载中通过问答的形式解决了"孰轻孰重"的问题，"不听死父教"与"夫死而妻自嫁、娶者"皆"毋罪"；而根据一九三简的内容，"毋论"回答的也是"孰轻孰重"的问题。因此，"毋罪"同于"勿罪"，亦同于"毋论"，而根据"毋"与"勿"通的用法，简牍秦汉律令中的"勿论"应当也表达了与"毋罪""勿罪"相同的含义。以下将相关内容稍作比较。

《法律答问》：甲盗钱以买丝，寄乙，乙受，弗智（知）盗，乙论可（何）殴（也）？毋论。（一一）

《二年律令·贼律》：□□□而误多少其实，及误脱字，罚金一两。误，其事可行者，勿论。（一七）

《二年律令·贼律》：妻悍而夫殴笞之，非以兵刃也，虽伤之，毋罪。（三二）

从简文叙述体例与具体表达的含义来看，"毋论""勿论""毋罪"三者皆可通用，作为不知他人盗财物之情而接受其财物、文书记录有误但未产生危害结果、非用兵刃殴伤悍妻之行为的法律后果，"不要罪之"与"没有罪"似乎都讲得通。至于三者与唐律"律疏"中的"无罪"之间的渊源关系，尚需结合相关条文再作比较。简牍秦汉律令中多数记载未直接见于唐律，如前述秦律中的"擅杀子"与汉律中的"殴伤悍妻"，但相似内容并不难寻得。

《斗讼》"殴詈祖父母父母"条（329）："若子孙违犯教令，而祖父母、父母……过失杀者，各勿论。"《疏》议曰："'过失杀者，各勿论'，即有违犯教令，依法决罚，邂逅致死者，亦无罪。"

《斗讼》"殴伤妻妾"条（325）："诸殴伤妻者，减凡人二等；死者，以凡人论。殴妾折伤以上，减妻二等。若妻殴伤杀妾，与夫殴伤杀妻同。过失杀者,各勿论。"《疏》议曰:"'过失杀者,各勿论',为无恶心,故得无罪。"

首先,作为父母杀伤子女以及夫杀伤妻的法律后果,与秦汉律中的"勿罪""毋罪"对应的是唐律律文中的"勿论";其次,唐律"律疏"中以"无罪"对律文中的"勿论"进行了解释与说明。就前者来看,《唐律疏议》中"勿"与"勿论"表意皆极为固定,律内"勿"共出现93次,其中84次都作"勿论",另出现"勿原""勿征"各4次,以及引述《晋律》条文出现"勿髡"1次。①《名例》"以赃入罪"条(33):"已费用者,死及配流勿征,若计庸、赁为赃者,亦勿征。""律疏"中将"勿征"释为"不征"。较之秦汉律令中的相关术语,唐律中"勿"的表意非常稳定,具有明显的立法语言的特征。"勿"的含义为"不予""不要","勿征"即"赃物不予征收"或"不要征赃","勿髡"即"不要适用髡刑","勿论"即"不予论处"。以唐律中"勿论"的表意反推秦汉律中的"勿罪""毋罪",可以发现其强调的是否定表意,即"不要论处"或"不要罪之"。②就后者来看,唐律"律疏"中以"无罪"解释"勿论",即"没有刑罚适用",进一步表达的是"不应当有"。结合"律疏"中的解释,子孙违反教令而父母依法决罚,父母无主观恶性偶然导致子女死亡,即"邂逅致死",《断狱》"拷囚不得过三度"条(477)《疏》议曰:"'邂逅',谓不期致死而死。"此类行为在传统刑律的语境之下,不但属于描述意义上的"没有刑罚适用",还属于评价意义上的"不应当有刑罚适用"。

简牍所见秦汉律令中的"毋罪""勿罪""勿论"之间未见清晰的

---

① 实际上唐律条文是将"勿髡""勿钳""勿笞"作并列表述,《名例》"死刑二"条(5)"问答":《晋律》:'应八议以上,皆留官收赎,勿髡、钳、笞也。'"
② "勿"作"不要"的用法自传世文献中亦较常见,如《说苑·尊贤》:"文侯援绥下车,辞大夫曰:'寡人有腰髀之病,愿诸大夫勿罪也'。"[汉]刘向撰、向宗鲁校正:《说苑校证》卷第八《尊贤》,中华书局1987年版,第196页。其中的"勿罪"即"不要怪罪"或"不要罪之"。

界限，条文中亦未表现出立法者自觉予以区分适用的迹象，但其含义、用法与唐律中的"无罪"具有比较明显的关联。限于史料，秦汉律令中的"毋罪""勿罪"与"勿论"如何经由魏晋南北朝而逐渐演化为唐律中的"无罪"、沿袭过程中又产生了哪些变化、相关变化蕴含着立法者何种理论旨趣并不清晰。但我们在《唐律疏议》完整的内容中看到了制作"律疏"的过程中，立法者以"无罪"解释"勿论"、以"无罪"解释"不坐"以及以"不坐"解释"勿论"的内容。这为我们提供了进一步探讨的素材。

三、立法意图及其解释力

《唐律疏议》律文与注、疏之间的关系非常清晰，律文部分明显沿袭前代的轨迹，"律令制下的中国古代法典体系一个重要特征是律文的内容变动不大"。[①]"律注"与"律疏"是对律文的解释，其中较为典型的表述形式多形成于唐代集中注律的过程中；内容方面既包括针对律意、原理以及贯穿始终的宗法伦理观念的阐释，也包括针对特定字词的说明。而此种解释显然是在沿袭前代律典而不轻易变动的传统之下，通过蕴含着立法者观念的术语来解释沿袭前代而来的词汇，最终通过扩大、限缩或者赋予这些词汇新的含义来实现立法意图。律典中律文部分仅占总量的15%，注、疏的比例为85%。[②] 这也能看出制作"律疏"所具有的"二次立法"的性质，因为按照这个比例，《唐律疏议》中直接沿袭前代的内容大致只有15%，而85%的内容则通过特定技术手段直接

[①] 郑显文：《〈唐律疏议〉的律注研究》，载王沛主编：《出土文献与法律史研究》（第四辑），上海人民出版社2015年版，第196页。

[②] 关于《唐律疏议》总字数及律文与"律注""律疏"各部分的比例可参见本书第一章的统计。

表达唐代立法者的观念,具体手段包括:"比类相附,限定扩张,拾遗补阙,并设置问答,互相辩诘,解释疑难。"① 另外,这个比例大致也是律内典型术语分布的平均值。② 也就是说具体词汇出现在律文中的比例若高于15%,其含义与用法应当是受到了前代律典的直接影响;若出现在"律注"与"律疏"中的比例高于85%,其含义与用法应当主要是唐代集中注律的产物。就此来看,作为特定行为人及其行为的法律后果,唐律中的"无罪"全部出现于"律疏",此种分布显然蕴含了立法者或注律者的特定意图。另外,既然律内存在较多以"无罪"解释"不坐"与"勿论"的内容,我们不妨将三者的分布详情稍作统计(见表7.1),再以此为基础分析律设"无罪"之意图。

表 7.1 《唐律疏议》中"无罪""不坐""勿论"出现频次及分布详表

篇目 (条数)	出现频次(律、注、疏);涉及条文数		
	无罪	不坐	勿论
《名例》 (凡57条)	6(0,0,6);6条	16(2,1,13);9条	14(5,0,9);7条
《卫禁》 (凡33条)	2(0,0,2);2条	16(4,1,11);9条	0
《职制》 (凡59条)	6(0,0,6);5条	17(2,4,11);10条	17(7,2,8);8条
《户婚》 (凡46条)	8(0,0,8);7条	24(8,0,16);13条	3(0,1,2);2条
《厩库》 (凡28条)	4(0,0,4);3条	12(4,0,8);5条	3(1,0,2);1条

---

① 霍存福:《论〈唐律〉"义疏"的法律功能》,载《吉林大学社会科学学报》1987年第4期。

② 当然,这只是依据传统刑律的立法特质、律条结构与具体统计数据做出的合理推测。考察律典内立法语言的沿袭与演变还应当结合具体条文以及简牍所见秦汉律令中的相关内容作综合分析。

续表

篇目（条数）	出现频次（律、注、疏）；涉及条文数		
	无罪	不坐	勿论
擅兴（凡24条）	2（0, 0, 2）；2条	2（0, 0, 2）；2条	4（2, 0, 2）；2条
贼盗（凡54条）	17（0, 0, 17）；14条	9（2, 1, 6）；4条	6（2, 0, 4）；2条
斗讼（凡60条）	0	11（4, 0, 7）；8条	21（11, 0, 10）；13条
诈伪（凡27条）	0	6（2, 0, 4）；2条	0
杂律（凡62条）	6（0, 0, 6）；6条	30（10, 0, 20）；20条	4（3, 1, 0）；4条
捕亡（凡18条）	2（0, 0, 2）；2条	8（2, 1, 5）；3条	8（3, 1, 4）；4条
断狱（凡34条）	3（0, 0, 3）；3条	0	4（2, 0, 2）；2条
总计	56（0, 0, 56）；50条	151（40, 8, 103）；85条	84（36, 5, 43）；45条

仅就律典中的出现频次来看，"不坐"是"无罪"的近三倍，"勿论"也明显多于"无罪"；但结合其作为立法语言的固定用法以及各自在律条中的分布来看，作为行为人及其行为法律后果的"不坐"与"勿论"出现于律文部分的比例非常高，分别为26%、43%，且都远高于平均值。这说明唐律中的"不坐"与"勿论"主要是沿袭前代而来，而这与具有相同用法的"无罪"差异明显。据此，唐代立法者的用语偏好非常清晰。随之而来的问题则是，作为用法大致相同的立法语言，既然律文中已出现大量沿袭前代而来的术语，为何注律过程中又出现了新的表述形式？要解释这个问题，就需要针对律内"无罪"与"不坐""勿论"之间的关系稍作探讨。

第七章 "无罪"：立法的评价　149

唐律"律疏"中以"无罪"解释"勿论"的内容涉及 11 条律文，[①] 以"无罪"解释"不坐"的内容涉及 8 条律文；[②]"律疏"中以"不坐"解释"勿论"的内容涉及 9 条律文。[③] 前者如《杂律》"侵巷街阡陌"条(404)："其穿垣……出水者，勿论。"《疏》议曰："其有穿穴垣墙，……直出水者，无罪。"《斗讼》"为人作辞牒加状"条(356)《疏》议曰："'雇者不坐'，以其得实，故得无罪。"后者如《职制》"漏泄大事"条(109)《疏》议曰："'非大事者，勿论'，非大事，虽应密，而转传之人并不坐。"从中可以得出两点结论：首先，这种解释具有单向性，即"无罪"可以解释"不坐"和"勿论"，"不坐"可以解释"勿论"。由此可见，三者之间的解释力以及立法者的偏好程度由强至弱，即呈现"无罪→不坐→勿论"的样态。那么，唐律中以"不坐"解释"勿论"的内容若替换为"无罪"解释"不坐"也是符合立法者意图的。其次，基于"无罪"对"不坐"与"勿论"的单向解释，即后者不能解释前者，并结合解释内容涉及的条文数来看，唐律"律疏"中的"无罪"近一半内容都是对其他术语的直接解释，也就是律设"无罪"在很大程度上体现了立法者欲"替换"相关术语的意图。另外，我们还见到唐律"律疏"中"无罪"对相关术语的间接解释。如《名例》"共犯罪造意为首"条(42)："若家人共犯，止坐尊长。"《疏》议曰："家人共犯者，谓祖、父、伯、叔、子、孙、弟、侄共犯，唯同

---

　① 具体包括：《职制》"役使所监临"条(143)；《斗讼》"主殴部曲死"条(322)、"殴缌麻小功亲部曲奴婢"条(324)、"殴伤妻妾"条(325)、"殴詈祖父母父母"条(329)；《杂律》"侵巷街阡陌"条(404)、"和奸无妇女罪名"条(415)、"失时不修堤防"条(424)；《捕亡》"道路行人不助捕罪人"条(454)、"知情藏匿罪人"条(468)；《断狱》"官司出入人罪"条(487)。
　② 具体包括：《职制》"乘驿马柱道"条(128)；《户婚》"许嫁女辄悔"条(175)、"嫁娶违律"条(195)；《斗讼》"为人作辞牒加状"条(356)；《杂律》"犯夜"条(406)、"和奸无妇女罪名"条(415)、"失时不修堤防"条(424)、"私发制书官文书印封"条(439)。
　③ 具体包括：《名例》"老小及疾有犯"条(30)、"同居相为隐"条(46)、"断罪无正条"条(50)；《职制》"漏泄大事"条(109)、"上书奏事误"条(116)；《擅兴》"私有禁兵器"条(243)；《斗讼》"告缌麻以上卑幼"条(347)；《杂律》"乘官船违限私载"条(426)、"行船茹船不如法"条(427)。

居尊长独坐,卑幼无罪。""律疏"中只出现了"无罪",未见"不坐""勿论"等表述。因此,这并非直接的解释。若以多个检索项针对《唐律疏议》文本作复合检索,如以"无罪"与"不坐"检索,此条内容无法获得。但针对条文内容,我们发现"律疏"中使用"无罪"的意图仍在于解释相关术语。律文中的"止坐尊长"表达的含义为家人共犯只处罚尊长,言下之意在于"不坐卑幼";而"律疏"中的"同居尊长独坐"重申了此种表意,并进一步解释为"卑幼无罪"。其解释的逻辑为:"止坐尊长→不坐卑幼→卑幼无罪"。

当然,立法者以"无罪"解释"不坐""勿论"并不是说律内所有的"不坐"与"勿论"皆可以替换为"无罪",而是在解释的范围内"无罪"的表意更加符合立法者的意图。根据唐律"律疏"中"无罪"的出现频次、分布、涉及条文数以及针对相关术语解释的范围,我们看到立法意图及解释力主要表现为针对律文中规定的部分不予处罚的行为作统一的表述。或者更加具体地说,"勿论"所针对的特定行为人及其行为当中,有些用"不坐"评价更为符合立法意图;"不坐""勿论"所针对的特定行为人及其行为当中,有些用"无罪"评价更为符合立法意图。

四、理论旨趣及其限度

唐代集中注律的过程中出现的"无罪",意图在于替换作为解释对象的"不坐"与"勿论",而此种解释或"替换"之意图必然是与刑事法律原理及相关理论的发展相伴而生,即唐律"律疏"中出现的"无罪"是实现某种理论追求的技术手段。至于具体理论旨趣及其实现程度,需结合"律疏"中具体的解释内容再作分析。

"律疏"中以"无罪"解释"勿论",较为典型的内容是《斗讼》中有4条律文中出现了"过失杀者,各勿论","律疏"中皆释为"无罪"。具体来说，主人将犯有过错的奴婢决罚致死或者过失杀奴婢；过失杀缌麻以上亲之部曲奴婢；夫过失杀妻、妻过失杀妾；子孙违犯教令，而祖父母、父母或者嫡、继、慈、养父母依法决罚导致子孙死亡，律文中规定的都是"各勿论"。律文描述的内容包含着两个明显的特征：一是"过失杀"本身的特征，二是行为人与行为对象之间的身份关系。就前者来看，唐律中的"过失杀"与现代刑法中的过失致人死亡以及意外事件相似，其处罚方式为以金赎刑而不科真刑；[①] 就后者来看，行为人与行为对象之间的服制亲疏直接决定具体刑种与刑等。因此，作为特定主体"过失杀"的法律后果，"勿论"并不能完全表达立法者的态度；而以"无罪"来解释"勿论"明确表达的是：主人将犯有过错的奴婢决罚致死或者祖父母、父母依法决罚导致子孙死亡不仅"不予论处"，而且是"正当"的。将"律疏"中其他以"无罪"解释"勿论"的内容与之对照亦同。如《捕亡》"道路行人不助捕罪人"条（454）："诸追捕罪人而力不能制，告道路行人，其行人力能助之而不助者，杖八十；势不得助者，勿论。"官吏在追捕罪人的过程中需要路人协助，路人有能力协助而不协助的，予以处罚，但路人基于客观情况无法予以及时协助的"勿论"，也就是"律疏"中所说的"无罪"。以现代刑法理论审视，"无罪"进一步表达的是：路人予以救助不具备期待可能性，而不予救助不具备可责难性。又《捕亡》"知情藏匿罪人"条（468）："展转相使而匿罪人，知情者皆坐，不知者勿论。"《疏》议曰："展转相使匿罪人者，假有甲知情匿罪人，又嘱付乙令匿，乙又嘱丙遣匿，如此展转相使匿者。乙、丙知是罪人，得藏匿之罪；不知情者，无罪。"根据"律疏"中的解释，甲知情藏匿罪人，又将罪人转托给乙，乙又转托丙，丙再转托其他人，无法要求后续转托的人都因藏匿罪人而受到处罚。因此，展转相使匿罪人的人，若不知藏匿罪人之情则"无罪"。

[①] 参见刘晓林：《唐律"七杀"研究》，商务印书馆2012年版，第145—149页。

从中亦能看出唐律立法之精细以及处断之平允。

"律疏"中以"无罪"解释"不坐"同样是为突出行为人不仅不予处罚,而且不应受到否定评价。如《杂律》"和奸无妇女罪名"条(415):"强者,妇女不坐。"唐律中的凡奸或和奸属于对向性共同犯罪,双方皆予处罚。即《杂律》"凡奸"条(410)《疏》议曰:"和奸者,男女各徒一年半;有夫者,徒二年。"妇女在强奸中为侵害对象与受害者,这与和奸差异明显,与之相应的处罚内容亦不相同。律文中仅规定"妇女不坐",并未凸显妇女作为受害者的身份。对此,"律疏"进行了解释:"'强者,妇女不坐',谓上条'奸主期亲,强者斩',既无妇女罪名,其妇女不坐。但是强奸者,妇女皆悉无罪。""无罪"较之"不坐",表意更加侧重作为犯罪对象的妇女不应受到否定评价。

"不坐"与"勿论"亦存在差异,唐律中也存在以"不坐"解释"勿论"的内容。秦汉律中"勿论"已较为普遍,"论"可以解释为"论处",[①]"不论"即"不予论处",此种表意与唐律所见相关内容相比仍未有明显变化。而唐律中的"不坐"已与秦汉律中的"不坐"以及"弗坐""勿坐""毋坐"产生了较为明显的差异。秦汉律中"坐"典型的用法有两种,一是计赃,如:"坐赃""坐赃为盗"等,实质内涵为计算涉案财物的数额;[②]二是特指连坐,即基于特定身份关系牵连致罪,[③]"不坐"

---

① 参见万荣:《秦与汉初刑事诉讼程序中的判决:"论""当""报"》,载武汉大学简帛研究中心:《简帛》(第十一辑),上海古籍出版社2015年版,第142—144页。

② 参见徐世虹等:《秦律研究》,武汉大学出版社2017年版,第191页。

③ 如睡虎地秦简《法律答问》:"'盗及者(诸)它罪,同居所当坐。'可(何)谓'同居'?·户为'同居',坐隶,隶不坐户殹(也)。"(二二)张家山汉简《二年律令·盗律》:"诸当坐劫人以论者,其前有罪妻臣妾以上及奴婢,毋坐为民;为民者亦勿坐。"(七〇)"坐"的此种用法对后世影响极大,元代律学著作《吏学指南》释"坐"虽未明示其表意特指亲属之间的牵连致罪,但所举之例仍是"家人共犯":"罪有相连谓之坐。如家人共犯,罪坐尊长是也。"[元]徐元瑞等:《吏学指南(外三种)》,第59页。

的固定表述特指"不连坐"。唐律中的"不坐"表达着较普遍的含义,"坐云者,予以处罚,或犯罪上地位之谓。"[1] 即"不坐罪"或"不予处罚"。基于"不坐"在《唐律疏议》律文部分的分布,其较为普遍的表意应当是沿袭前代刑律的产物,结合传世文献的记载,"不坐"表达"不坐罪"而不特指特殊身份之间的牵连致罪可能始于晋律。[2]

仅就"无罪""不坐""勿论"各自的表述形式来看,"无"强调"没有",侧重于客观描述;"不"与"勿"强调"不要",侧重于主观判断。两者之间的差异明显,若将具体表意置于唐律条文及其所针对的行为人的评价,"没有罪责"与"不予追究"显然存在质的差异。而结合唐律"律疏"中以"无罪"解释"不坐""勿论",以及通过"不坐"解释"勿论"的内容,此种解释的理论旨趣就比较明显了,即实现"不论处→不坐罪→没有罪"的理论分层,将立法针对行为人及其行为的法律评价进行区别。具体来说,唐律中以"无罪"解释"不坐"与"勿论",表现出立法者欲通过解释,在"不予论处"和"不予处罚"的基础之上,进一步表达"没有罪"的含义;"不坐"解释"勿论"则是在"不予论处"的基础之上,进一步表达"不予处罚"的含义。

唐律中"无罪"所包含的理论旨趣说明立法者自发产生了针对行为人进行多层次评价的理论追求,并通过特定立法语言、相关立法技术进行了某些尝试。唐律"律疏"中的"无罪",尤其是以"无罪"解释"不坐""勿论"的内容,就是这种理论尝试的具体表现。但"无罪"的解释

---

[1] 戴炎辉:《唐律通论》,戴东雄、黄源盛校订,第 478 页。
[2] 作此推测乃是基于两方面考虑:一是"坐"不再特指牵连致罪应当与服制入律具有比较直接的关系,因为身份关系对于行为人及其行为法律后果的直接影响已直接表现于量刑,不必再以某个术语来强调;二是我们自传世文献中见到晋之前仍有"坐"特指家族牵连而致罪的内容,"然魏法,被攻过百日而救不至者,虽降,家不坐也。"[晋]陈寿撰、[宋]裴松之注:《三国志》卷四《魏书四·三少帝纪第四》,中华书局 1959 年版,第 126 页。

一方面以其表意为限度，另一方面也无法超越唐律的若干特质。也就是说，立法者以"无罪"解释"不坐""勿论"，只能在"无罪"所表达的含义范围之内实现特定意图，而立法者的解释亦无法超越唐律立法在技术与体例方面的若干局限。如前所述，表达具体刑种与刑等是唐律中的"罪"较为主要的用法，"坐"亦有此种用法。因此，"死罪""斩罪""绞罪"与"死坐""绞坐""斩坐"未见得有表意方面的本质差别，①以"无罪"解释"不坐"也只能是在"不坐罪"的基础之上表达为"没有具体刑种与刑等的适用"。而唐律立法的叙事方式是针对特定行为人如何处罚作出描述，虽然条文中同时列举了行为人与行为，但以行为人为中心的叙事方式非常清晰，而所谓的"准五服以制罪"也是以行为人为中心而展开的，因为血缘、等级等身份关系都是针对行为人而言。在此限度之内，立法者虽然通过"无罪"表达了"没有"的含义，但始终无法清晰表达现代刑法理论中"非罪"或"出罪"的内涵。当然，最后仍需明确的是，唐律"律疏"中的"无罪"所表现出的在刑事违法性与有责性等抽象层面欲做判断的立法意图与理论尝试，可能是同为立法语言的"不坐""勿论"所不具备的。

五、小结

唐律中典型的"无罪"是一种法律评价结果，相关内容皆出现于"律疏"，表达的含义是针对特定行为人无具体刑种与刑等的适用。此种表述形式及其表意特征直接形成于唐代集中注律的过程中，但与简牍秦汉

---

① 《唐律疏议》中"死坐"出现1次，而表意更加具体的"斩坐"出现1次、"绞坐"出现4次、"流坐"出现9次、"徒坐"出现22次，未见"笞坐"与"杖坐"。以此观察，"坐"与"罪"在表意方面的差别主要还是表现于量的层面。

律令中所见相关术语仍有比较明显的渊源关系。唐律"律疏"中的"无罪"多见解释"不坐"与"勿论"的内容,意图在于以注律过程中集中使用的术语"更新"甚至"替换"沿袭前代而来的立法语言。"无罪"所包含的理论旨趣说明立法者自发产生了针对行为人进行多层次评价的理论追求,但"律疏"中以"无罪"对相关术语的解释一方面以其表意为限度,另一方面也无法超越唐律立法的若干特质。

第八章 "斗殴伤":文本形态、技术解析及实践回应

"斗殴伤"在唐律乃至传统刑律中居于极为重要之地位,就文本、规范层面而言,描述极详细、分布极广泛;就定罪、量刑层面而言,针对具体行为的辨别以及相应量刑条款包含着丰富技术内涵,且在律内具有重大影响;就渊源、演进层面而言,针对斗殴相应损伤的描述虽然与秦汉律令中的相关规定具有直接的沿袭关系,但唐律中的"斗殴伤"呈现明显的层级化与体系化,这是唐律立法技术与法律原理等方面跨越式发展的直接表现。① 但"斗殴伤"在律典中的显示度却在"六杀"或"七杀"等"类罪名"的影响下大大减弱,呈现出"伤"被"杀"吸收的特征。与之相应,注释律学及当代法律史学相关研究成果更加关注"斗杀""故杀",② 对于"斗殴伤"的探讨有限,基于文本与实证的角度对定罪量刑细节作系统解析的成果较为欠缺,在此基础上展开法律文化层面解读与阐释的成果尚付阙如。本章以唐律中"斗殴伤"的文本表达及其特征切

---

① 简牍秦汉律令中已能见到关于损伤的详细描述,但较之唐律中"斗殴伤"的相关内容,秦汉律中关于损伤的描述虽然丰富却仍然显得平面化。究其原因:秦汉时期法定刑罚尚未形成体系,且构造与唐律中的"五刑二十等"完全不同,行为、损伤与相应处罚尚不能形成体系化的对应关系。

② 就中国古代刑事立法及其理论发展来看,立法者针对作为犯罪行为的"杀"与"伤"本身就缺乏自觉、清晰的分辨,具体内容可参见本书第五章的相关探讨。这是导致传统刑律中"斗殴伤"显示度不高的直接原因。与之相应,相关研究中针对"斗杀""故杀"的成果非常集中,而针对"斗伤""殴伤"的探讨明显不足。

入,对其定罪量刑过程中的技术要素作系统解析,在此基础之上对法治实践中的理论需求试作回应,最终为构建中国自主法学知识体系提供一些具体素材。

一、文本形态与行为构造

"凡律以正刑定罪",①以唐律为代表的中国传统刑律以定罪量刑为主旨,此与现代刑法相同。但犯罪行为、法定刑及其对应关系在文本、规范中的呈现方式与现代刑法迥然相异。这是当代学者立足法治实践观察传统刑律必须越过的屏障,由此而言,深入探讨的有效路径在于:典型罪名在律典中如何呈现、具有何种特征。也就是说,"斗殴伤"在律典中的文本形态以及在此基础上表现出的行为构造是针对其定罪量刑过程进行深入解析的前提;也是传统刑律展现其精华所在并对法治实践中的理论需求有所回应的基础。

(一)律典中的"斗殴伤"

"唐律对犯罪之处罚,不采取主观的、概括的态度,而采取客观的、具体的主义。……故同其罪质之犯罪,仍依其主体、客体、方法、犯意、处所、数量(日数、人数、赃数等)及其他情况,而另立罪名,各异其刑。"②此种客观、具体的列举,一方面表现为针对同一犯罪行为的具体情节做分别列举;另一方面表现为不同列举分布于不同律条甚至律篇。如徒手斗殴导致对方流鼻血与徒手斗殴将对方一颗牙打掉规定于不同条文,基于现代法观念,这是难以理解的。③由于客观方面的情节极为复杂,相

---

① [唐]李林甫等:《唐六典》卷第六,陈仲夫点校,第185页。
② 戴炎辉:《唐律通论》,戴东雄、黄源盛校订,第30页。
③ 针对这两类具体行为的量刑条款,分别规定于《斗讼》"斗殴以手足他物伤"条(302)与《斗讼》"斗殴折齿毁耳鼻"条(303)。

应列举自然复杂。同时，不同情节交织亦为常态。如良贱之间持械斗殴导致对方流鼻血、亲属之间徒手打掉对方一颗牙，等等。基于律典结构及其体系化程度，立法不可能尽数专条列举。由此而言，"律条""条标"仅具有相对意义，以之为单位，并不足以对犯罪行为做出清晰的理论辨别。这是唐律与现代刑法在条文、规范层面最为显著的区别。以现行法为例，我们可以直接指出《刑法》第二百三十四条规定的是"故意伤害罪"，法典中亦有不少"依照本法第二百三十四条的规定定罪处罚"的内容。[1]但我们无法精确指出唐律中的"斗殴伤"在哪一"条"，律内亦无比附援引"斗殴条"的表述，而是援引具体量刑条款，如"依斗法""加（减）斗伤"等内容。可以看出，唐律中的"斗殴伤"非集中地呈现于律典，大量散见条文共同构成了定罪量刑的完整内容，"罪名繁杂"显而易见，"比附援引"亦由此产生。[2]律典中"斗殴伤"的文本形态是我们观察立法层面定罪量刑过程的前提，若是未有清晰认识，或是现代法的观念构成了"前见"，必然会遮蔽传统刑律技术方面的若干特质。[3]

---

[1] 《刑法》第二百三十四条："故意伤害他人身体的，处三年以下有期徒刑、拘役或者管制。犯前款罪，致人重伤的，处三年以上十年以下有期徒刑；致人死亡或者以特别残忍手段致人重伤造成严重残疾的，处十年以上有期徒刑、无期徒刑或者死刑。本法另有规定的，依照规定。"第二百三十四条之一："未经本人同意摘取其器官，或者摘取不满十八周岁的人的器官，或者强迫、欺骗他人捐献器官的，依照本法第二百三十四条、第二百三十二条的规定定罪处罚。"

[2] 戴炎辉谓："于殴伤杀，视伤之程度及方法，再视主客体，复视其犯意。因此，罪名繁杂，科刑上常发生疑义，比附援引于是发生。"戴炎辉：《唐律通论》，戴东雄、黄源盛校订，第30页。

[3] 西方学者对于唐律条文及其中"罪名"的看法非常具有代表性，如英国学者马若斐谓："公元753年颁行的唐律第338条就将戏杀和斗杀归在一条当中。"〔英〕马若斐：《传统中国法的精神》，陈煜译，中国政法大学出版社2013年版，第233页。这显然是基于现代法学观念而产生的对于唐律文本非常典型的认识。既然我们已经看到具体犯罪行为在律典中以非集中的方式呈现，再说某几个行为（罪名）"归在一条当中"就毫无意义。否则，中国古代律典中"归在一条"的"罪名"似乎过多，而且这个判断本身的理论价值似乎并不明显。

(二) 量刑规则与结构

基于"斗殴伤"在律典中的呈现方式,加之行为本身的特殊性,针对具体行为的量刑条款必然是立体、复合的。也就是说,平面、单独的条文无法实现立法对行为的有效评价。《斗讼》"两相殴伤论如律"条(310)规定了"斗殴伤"量刑的一般性规则:"诸斗两相殴伤者,各随轻重,两论如律;后下手理直者,减二等。(至死者,不减。)"所谓"一般性",即律内列举的各类具体量刑条款,必须在其基础上,才具有操作性与实际意义。具体来说,"一般性"规则包含了针对"斗殴伤"定罪量刑的三个具体要求与指标:

第一,处罚对象是双方。斗殴行为具有明显的交互性。沈家本谓:"相争为斗,相击为殴""此往彼来,两相殴击"。[①] 就此而言,"斗殴伤"处罚对象包括斗殴双方,量刑应遵循"两论如律"的规则。斗殴双方只有量刑轻重的差异,没有是否处罚的区别。"下手"先后、"理直"与否只影响量刑轻重,并不决定是否处罚。这是立法基于"斗殴"行为本身性质的评价。在此基础上,律内列举的大量以具体损伤为依据的量刑条款才得以适用。

第二,量刑依据是损伤。基于常识判断,斗殴过程中的具体情节表现极为复杂,双方实力不对等亦为常态。情节单一、势均力敌、互相造成同样损伤的状况不会常见。因此,双方遵循"各随轻重"的规则分别量刑。本条"律疏"中举例对此规则进行了解释:"'斗两相殴伤者',假有甲乙二人,因斗两相殴伤,甲殴乙不伤,合笞四十;乙殴甲伤,合杖

---

① [清]沈家本:《历代刑法考》(四),邓经元、骈宇骞点校,中华书局1985年版,第2065页。此种解释渊源已久,张斐《晋律注》谓:"两讼相趣谓之斗。"[唐]房玄龄等:《晋书》卷三十《刑法志》,中华书局1974年版,第928页。徐元瑞释"斗"为:"两怒相犯。"[元]徐元瑞:《吏学指南(外三种)》,杨讷点校,第60页。

六十之类。"本条律文其实无法独立适用,因为"各随轻重,两论如律"仅是一般规则,并未包含具体量刑条款。具体定罪量刑必须结合律内所列举的相应量刑条款。"律疏"中通过引述《斗讼》"斗殴以手足他物伤"条(302)"诸斗殴人者,笞四十;伤及以他物殴人者,杖六十"对定罪量刑的过程进行了解释。另一方面,这也体现了唐律"律疏""贯通相关律文"[①]的功能。

第三,加减因素是身份。在处罚对象、量刑依据的基础上,"律疏"中进一步叙述了一般性量刑规则适用的具体要求:"其间尊卑、贵贱,应有加减,各准此例。"尊卑、良贱、官民等身份亦直接影响"斗殴伤"的量刑,或可谓"统体的身份关系",依其具体内容,在常人或凡人之斗殴伤量刑的基础上有所加减。[②]如《斗讼》"九品以上殴议贵"条(317):"若五品以上殴伤议贵,各加凡斗伤二等。"《疏》议曰:"若五品以上殴伤议贵,或殴不伤:亦各加凡斗殴二等。"

由此可见,"斗殴伤"须对双方予以处罚,基于情节因素与身份因素,量刑各有所加减,前者如"下手"先后、"理直"与否,后者如双方之间存在的尊卑、良贱、官民等不同关系。但量刑方面加减的基础,仍是立法明确列举的以具体损伤为依据的量刑条款。如甲乙斗殴,甲用刀砍乙没砍到,乙徒手将甲门牙打掉一颗。就甲而言,应依据《斗讼》"兵刃斫射人"条(304):"诸斗以兵刃斫射人,不著者,杖一百。"就乙而言,应依据《斗讼》"斗殴折齿毁耳鼻"条(303):"诸斗殴人,折齿……徒一年。"当然,这只是"一般性"量刑规则与具体量刑条款的简单组合。若甲乙双方下手先后不同,或者一方"理直",再或者双方之间存在特殊身

---

① 参见霍存福:《论〈唐律〉"义疏"的法律功能》,载《吉林大学社会科学学报》1987年第4期。

② 加减之具体形态,主要包括单向加减、双向加减;规则加减、半规则加减及不规则加减;相应加减、非相应加减。参见戴炎辉:《唐律通论》,戴东雄、黄源盛校订,第37—39页。

份关系等因素，自然应在以具体损伤为主要依据的量刑条款基础上再做相应加减。

二、量刑起点与处罚标准

既然"斗殴伤"量刑的主要依据是斗殴行为造成的损伤，量刑起点与处罚标准就是极为重要的问题。唐律中关于"斗殴伤"的量刑以斗殴未造成对方损伤为起点，即立法针对"斗殴不伤"规定了具体的刑种与刑等。《斗讼》"斗殴以手足他物伤"条（302）"律注"："见血为伤。"《疏》议曰："注云'见血为伤'，谓因殴而见血者。"此处"见血"指的是斗殴行为造成的一般擦伤、刮伤出血，即俗称之"皮外伤"。"不伤"则是通过未造成"皮外伤"，强调斗殴行为未造成任何损伤结果。可见立法侧重评价行为本身，行为一经实施即予处罚。另须注意者，同样是未造成损伤的单纯斗殴行为，基于不同情节便具有不同危险性，量刑方面亦当有所区别。律内相应列举主要表现为斗殴过程中是否使用工具、使用何种工具。虽然危害结果相同，即皆未造成任何损伤，但是否使用工具、使用不同工具显然具有不同危险性。这是客观存在的，也是立法分别表述、区别量刑的根据。若斗殴行为导致实际损伤结果出现，则在"不伤"量刑之基础上加重若干等，或在条文中直接列举加重的刑等与刑种。

（一）手足斗殴不伤

律内所称"斗殴"一般指的是单纯利用身体击打对方，《斗讼》"斗殴以手足他物伤"条（302）："诸斗殴人者，笞四十；（谓以手足击人者。）"虽然"律注"中的解释是"以手足击人"，但"手足"表达了较广泛的含义，强调的是单纯利用身体而未使用工具。"律疏"中进一步解释："相争为斗，相击为殴。若以手足殴人者，笞四十。注云'谓以手足击人者'，举手足为例,用头击之类,亦是。"当然,基于客观具体的立法体例,"用头击之类"仍然是举例,也是不完全列举。本条"问答"中又作了进一步列举:"其有撮挽头发,或擒其衣领,亦同殴击以否?"撕扯头发、扯拽衣领是否同于"以手足击人"?"条云,斗殴谓以手足击人,明是虽未损伤,下手即便获罪。至如挽鬓撮发,擒领扼喉,既是伤杀于人,状则不轻于殴,例同殴法,理用无惑。"可见,撕扯头发、扯拽衣领同于"以手足击人",对其量刑"例同殴法",即"虽未损伤,下手即便获罪"。据此,我们完全可以在"律注"与"律疏"相关解释的基础上进一步推测,斗殴过程中咬人但未造成损伤,当然同于"手足击人"不伤,处以笞四十。

(二)斗殴以他物殴人不伤

斗殴以他物殴人,即斗殴过程中使用一般工具。《斗讼》"斗殴以手足他物伤"条(302):"以他物殴人者,杖六十;(见血为伤。非手足者,其余皆为他物,即兵不用刃亦是。)""律注"对"他物"的解释表达了两层含义:一是"非手足",二是"非兵刃"。《疏》议曰:"非手足者,'即兵不用刃亦是',谓手足之外,虽是兵器,但不用刃者,皆同他物之例。"可见,"他物"侧重表达的是,作为斗殴工具的危险性重于"手足"但轻于"兵刃";进一步强调的则是"兵不用刃"亦为"他物"。也就是说,"手足之外"即并非赤手空拳;"兵不用刃"即虽然使用了兵器,如刀、剑、斧,但并非刀砍、剑刺、斧刹,用刀背、剑柄、斧把皆为"手足之外"之"他物"。

基于传统刑律的立法体系,律典中还有通过"律疏"对"他物殴人不伤"作扩大解释的内容。

《斗讼》"斗殴折齿毁耳鼻"条(303)《疏》议曰:"若汤火不伤,从他物殴法。"斗殴过程中使用沸水烫、火烧等手段但未造成实际损伤,适用"斗殴以他物殴人不伤"的量刑条款。"以铜铁汁伤人,比汤火伤人",

同理，斗殴过程中使用铜铁汁但未造成实际损伤，比"汤火不伤"；"以蛇蜂蝎螫人，同他物殴人法"。斗殴过程中用铜铁汁烫人、以蛇蜂蝎螫人，与斗殴过程中用沸水烫、用火烧属于同质行为。此类行为若未造成损伤，皆适用"斗殴以他物殴人不伤"的量刑条款。

《斗讼》"威力制缚人"条（309）《疏》议曰："以威若力而能制缚于人者，各以斗殴论。依上条：'手足之外，皆为他物。'缚人皆用徽缠，明同他物之限。缚人不伤，合杖六十。"以暴力或暴力胁迫捆绑他人的行为与"相争""相击"行为同质。律内称"以斗殴论"，明确表达了立法者的态度：捆绑他人与斗殴同质，且量刑完全相同。[①]因此，以暴力或暴力胁迫捆绑他人但未致伤，处以杖六十。"律疏"中还列举了一种特殊情况，即"因缚即殴者，伤与不伤，'各加斗殴伤二等'，谓因缚用他物殴不伤者杖八十"、将人绑缚后又殴打，若未致损伤，处以杖八十。

（三）斗以兵刃斫射人不著

"兵刃"所具有的危险性较之"手足""他物"更大，《斗讼》"兵刃斫射人"条（304）："诸斗以兵刃斫射人，不著者，杖一百。"斗殴中若使用兵刃，如刀砍、剑刺、斧剁，即使未造成损伤或兵刃未接触到行为对象，仍予处罚，处以杖一百。关于律文中"兵刃"的具体含义，"律注"谓："兵刃，谓弓、箭、刀、矟、矛、𥍉之属。""律疏"中进一步解释："称'之属'者，虽用殳、戟等，皆是。"

[①] 《名例》"称反坐罪之等"条(53)："称'以枉法论'及'以盗论'之类，皆与真犯同。"元人徐元瑞谓："罪同真犯谓之以。凡称以者，悉同其法而科之。"[元]徐元瑞等：《吏学指南（外三种）》，杨讷点校，第 54 页。《大清律》本注沿袭唐律疏解："以者，与真犯同。"清人王明德在之后有一段按语："以者，非真犯也，非真即，而情与真犯同，一如真犯之罪罪之，故曰以。"[清]王明德：《读律佩觿》卷之一，何勤华等点校，第 4 页。"以斗殴论"与"真斗殴"毕竟不是完全同一之行为，但其行为的同质性表现得非常清晰；两者量刑完全同一，根据乃是立法直接规定。《名例》"称反坐罪之等"条(53)《疏》议曰："所犯并与真枉法、真盗同，其除、免、倍赃悉依正犯。"

唐律针对"斗殴不伤"的各种情节,规定了相应刑种与刑等,区分依据主要是斗殴过程中是否使用工具、使用何种工具,以及由此所表现出的不同危险性。具体行为、情节及相应量刑详见表 8.1。

表 8.1　斗殴不伤量刑详表

行为、情节		结果	刑罚	本条
手足斗殴(撮挽头发、擒其衣领)		不伤（不著）	笞四十	《斗讼》"斗殴以手足他物伤"条（302）
斗殴以他物殴人	兵不用刃		杖六十	《斗讼》"斗殴折齿毁耳鼻"条（303）
	汤火、铜铁汁			
	威力制缚人			《斗讼》"威力制缚人"条（309）
	因缚即用他物殴		杖八十	
斗以兵刃斫射人			杖一百	《斗讼》"兵刃斫射人"条（304）

需要明确的是,"不伤""不著"不能与现代刑法中的"未遂"等同。从条文表述来看,立法者或注律者关注的只是行为本身的危险性,而不关注结果;同时,"不伤""不著"也未表现出欲对行为人的主观心态做判断的痕迹。条文中关于"斗殴不伤"及其量刑的细致列举,表达着立法者或注律者两个层面的态度:一是斗殴行为必然受到处罚。其根源在于斗殴行为一经实施即具备危险性,而"死"与"伤"同为斗殴之或然结果。①既然立法关注的是危险性,那么不必等到实际损伤出现再予处罚。二是不同斗殴行为的量刑要呈现相应的均衡状态。虽然同为斗殴不伤,但不同情节表现出了不同的危险性,如斗殴过程中用刀砍人没砍到与拳打脚踢但没造成任何损伤,显然具有完全不同的危险性,两种行为在量

---

① 参见刘晓林:《唐律"斗杀"考》,载《当代法学》2012 年第 2 期。

刑方面相差六等，极为合理；[①] 而各种斗殴不伤量刑的分布也呈现衔接有序、轻重均衡的状态：虽然刑等有别，但为同质的笞、杖刑，四种法定刑皆相差二等。

三、损伤分级与立法重心

斗殴过程中，同样行为、同样情节造成的损伤，表现形式极为多样；不同行为、不同情节的斗殴造成的损伤更是难以罗列。就像世界上没有两片完全相同的树叶，斗殴过程中也不可能有完全相同的损伤。基于传统刑律的核心内容与基本旨趣，立法必须妥当解决两个问题：一是按照相对确定的标准，明确列举相应的损伤等级；二是在量刑起点的基础上，规定与损伤等级相应的刑种与刑等。就前者而言，损伤分级不仅是"斗殴伤"的立法重点，也是整个律篇的立法重点，"是以'斗殴'篇中，专以论伤之重轻，并斩损之笃废"。[②] 就后者而言，相应刑种、刑等不仅须与"伤之重轻"对应，还须呈现刑等、刑种之间清晰的递进关系，如基于同样行为、同样情节所造成的不同损伤，其法定刑随着损伤重、轻呈现清晰的增、减关系。

律内关于斗殴造成的各种损伤及其分级的列举，大致可以看出是以损伤轻重为序，但仍呈现一些其他特征。首先，立法针对手足、他物及兵刃斗殴分别列举，即针对各自情节分别列举相应的轻重衔接的损伤；其次，立法针对手足斗殴致人损伤的列举更加详尽，而针对他物及兵刃

[①] 《名例》1—5条规定了法定刑罚体系"五刑二十等"，即笞刑五等（十至五十）；杖刑五等（六十至一百）；徒刑五等（一年、一年半、二年、二年半、三年）；流刑三等（二千里、二千五百里、三千里）；死刑二等（绞、斩）。就此来看，"手足斗殴不伤"与"兵刃斫射人不著"量刑相差六等，表现出了非常明显的区分度。

[②] ［清］王明德：《读律佩觽》卷之三，何勤华等点校，第71页。

斗殴致人损伤的列举在一定程度上是对前者的补充。此种特征一方面是律条结构的要求，另一方面也是出于立法体例的限制。就前者而言，虽然不同律条的区分仅具有相对意义，但律条毕竟是律典的基本单位，其划分对于立法之表述所产生的限制显而易见；就后者而言，客观具体的描述不可能面面俱到，欲使列举清晰、有效，必然要侧重于某一情节，在此基础上针对其他情节再做补充。律内关于"斗殴伤"详细损伤的列举集中于《斗讼》中的"斗殴以手足他物伤"条（302）、"斗殴折齿毁耳鼻"条（303）、"兵刃斫射人"条（304）、"殴人折跌支体瞎目"条（305）。其中包含了不同情节、多种损伤，律条之间又多有交织。欲对各种损伤做分级描述，必须充分参照各条相关内容。

（一）手足斗殴致人损伤

唐律中规定的手足斗殴最轻微的损伤是"伤"，即一般擦伤、刮伤出血，最重的损伤是"笃疾"，即严重残疾及与之相当的损伤。仅就表现形态来看，很难从中发现稳定且适当的分级标准，但各种损伤与法定刑的对应关系极为稳定。虽然律内针对各种损伤的描述极为多样，但相关列举的最终目的是与确定且具体的刑种、刑等相对应。因此，可以具体量刑为标准，将损伤做相应分级。律内关于手足斗殴致人损伤的量刑涉及的刑种包括杖刑、徒刑、流刑，共计八等，与之相应，唐律中手足斗殴致人损伤可分为八级。

处以杖刑的损伤可以分为三档，具体包括八级至六级，损伤严重程度及相应量刑由轻至重递增，相关内容集中于《斗讼》"斗殴以手足他物伤"条（302）。八级损伤为一般擦伤、刮伤出血，处以杖六十。七级损伤为"拔发方寸以上"，《疏》议曰："拔发方寸以上，各杖八十。方寸者，谓量拔发无毛之所，纵横径各满一寸者。若方斜不等，围绕四寸为方寸。"若拔胡须，亦同于拔发，"其有拔鬓，亦准发为坐"。六级损伤为血从耳目出、内损吐血、痢血，处以杖一百。本条律文载："若血从耳目出及内损吐血者，各加二等。"《疏》议曰："若殴人头面，其血或从耳或从目而出，及殴人身体内损而吐血者，各加手足及他物殴伤罪二等。……殴人痢血，同吐血例。"其中"各加手足及他物殴伤罪二等"，即在手足拔发方寸以上或他物殴伤杖八十基础上加二等。同时，"律疏"中还对"吐血"做了扩大解释，即"痢血"适用"吐血例"。解释过程中又强调了"殴人头面"与"血从耳目出"，以及"殴人身体"与"内损吐血"之间的因果关系。也就是说，通过行为外观对殴人头部与脸部出血、殴人胸腔与吐血、殴人腹部与痢血之间的因果关系作朴素判断。在司法鉴定技术尚不发达的时期，这种针对因果关系的判断应当是较为合理且必要的。若以头撞击他人脸颊，导致脸部擦伤出血，这自然属"以手足击人……伤"，应处杖六十；若以头撞击他人脸颊，对方痢血，似乎不能适用"内损吐血者，各加二等"以及"殴人痢血，同吐血例"。因为基于常识的判断，撞击脸颊与内伤、吐血、痢血没有直接的因果关系。

处以徒刑的损伤可以分为四档，具体包括五级至二级，损伤严重程度及相应量刑由轻至重递增。五级损伤为折齿、毁缺耳鼻、眇一目、折手足一指、破骨，处徒一年。《斗讼》"斗殴折齿毁耳鼻"条（303）："诸斗殴人，折齿，毁缺耳鼻，眇一目及折手足指，（眇，谓亏损其明而犹见物。）若破骨……徒一年。"《疏》议曰："因斗殴人而折其齿；或毁破及缺穴人耳鼻，即毁缺人口眼亦同；'眇一目'，谓殴眇其目，亏损其明而犹见物者；及折手足指；若因打破骨而非折者……各徒一年。"斗殴造成他人五官毁坏皆为五级损伤，其中牙齿脱落、耳鼻损缺易于辨别。结合"律注"中的解释，"眇"指的是斗殴导致他人视力下降，而非丧失视力。根据"律注"与"律疏"的解释，斗殴导致他人一只眼球有所损缺或眼球完好但一只眼视力下降，皆为五级损伤。破骨即骨损伤，而非折断。折手足指、折齿即折断或脱落，皆特指折一指、一齿，若折二指、二齿及以上,则属四级损伤。同级损伤还包括髡发,处徒一年半。《疏》议曰:"若'折二齿、二指以上',称'以上'者,虽折更多,亦不加罪;及髡截人发者:各徒一年半。"髡发指的是剃发、截发导致无法扎挽发髻,"其髡发不尽,仍堪为髻者,止当拔发方寸以上"。若仍能扎挽发髻,则属七级损伤而不是四级损伤。三级损伤为折人肋、眇其两目、堕人胎,处徒二年。《斗讼》"兵刃斫射人"条(304)《疏》议曰:"'及折人肋',谓斗殴人折肋;'眇其两目',亦谓亏损其明而犹见物;'堕人胎',谓在孕未生,因打而落者:各徒二年。"二级损伤为折跌人一支、瞎其一目,处以徒三年。《斗讼》"殴人折跌支体瞎目"条(305):"诸斗殴折跌人支体及瞎其一目者,徒三年;(折支者,折骨;跌体者,骨差跌,失其常处。)""律疏"中对损伤的表现与判断做了解释:"因斗殴'折跌人支体',支体谓手足,或折其手足,或跌其骨体;'及瞎一目',谓一目丧明,全不见物者:各徒三年。注云折支者,谓折四支之骨;跌体者,谓骨节差跌,失于常处。""折支"即手足四肢折断或脱离原处;"瞎"与前述"眇"不同,指的是完全失去视力。

一级损伤是最严重的损伤,主要包括笃疾以及与之相当的损伤,如断舌、毁败人阴阳等。斗殴造成一级损伤,处以流三千里,此为法定刑罚体系中的次死之刑。唐律对于笃疾之人多有优遇,[①]足以说明损伤的严重程度。唐《户令》:"恶疾、癫狂、两肢废、两目盲,如此之类,皆为笃疾。"[②]律文的直接表述并非斗殴致人笃疾,《斗讼》"殴人折跌支体瞎目"条(305):"及因旧患令至笃疾,若断舌及毁败人阴阳者,流三千

[①] 既包括实体法适用方面的优遇,亦包括程序法适用方面的优遇。前者如《名例》"老小及疾有犯"条(30):"八十以上、十岁以下及笃疾,犯反、逆、杀人应死者,上请。"后者如《断狱》"据众证定罪"条(474):"即年八十以上,十岁以下及笃疾,皆不得令其为证,违者减罪人罪三等。"

[②] 〔日〕仁井田陞:《唐令拾遗》,栗劲等编译,第136页。

里。"即并非指斗殴导致完全健康之人笃疾,而是以最终的损伤结果判断。《疏》议曰:"'及因旧患令至笃疾',假有旧瞎一目为残疾,更瞎一目成笃疾,或先折一脚为废疾,更折一脚为笃疾。"也就是说,斗殴导致残疾、废疾①之人伤至笃疾,仍属于斗殴致人笃疾,处以流三千里。由此,斗殴致健康人笃疾当然处以流三千里。此过程或可视为"举轻明重"之当然解释适用之一例。②另外,律文还规定了"损二事以上",《疏》议曰:"谓殴人一目瞎及折一支之类。"即两个二级损伤合并为一级损伤,但这种计算标准并不具有普遍性。因为我们并没有自立法关于八级至三级损伤的列举中见有此种计算规则,此种计算规则可能是专为严重损伤所设。其他条文还有关于笃疾认定方面的内容,《斗讼》"斗殴折齿毁耳鼻"条(303)规定了折二指以上处徒一年半,"称'以上'者,虽折更多,亦不加罪"。但"律疏"中说:"若殴人十指并折,不堪执物,即二支废,从笃疾,科流三千里。"其中亦能看出基本的计算标准与判断过程:折十指＝折两支＝笃疾。

唐律中关于手足斗殴致人损伤的分级与相应量刑详见表 8.2。

表 8.2 手足斗殴致人损伤分级与量刑详表

分级	损伤	刑罚	本条
八级	伤(见血)	杖六十	《斗讼》"斗殴以手足他物伤"条(302)
七级	拔发方寸以上	杖八十	
六级	血从耳目出、内损吐血、痢血	杖一百	

---

① 唐令《户令》:"诸一目盲、两耳聋、手无二指、足无三指、手足无大拇指、秃疮无发、久漏下重、大瘿瘇,如此之类,皆为残疾。痴症、侏儒、腰脊折、一肢废,如此之类,皆为废疾。"〔日〕仁井田陞:《唐令拾遗》,栗劲等编译,第136页。

② 按《名例》"断罪无正条"条(50):"诸断罪而无正条,……其应入罪者,则举轻以明重。"黄源盛谓其性质为论理解释之当然解释。参见黄源盛:《唐律轻重相举条的法理及其运用》,载林文雄教授祝寿论文集编辑委员会主编:《当代基础法学理论——林文雄教授祝寿论文集》,学林文化事业有限公司2001年版,第261—292页。

续表

分级	损伤	刑罚	本条
五级	折一齿、毁缺耳鼻、眇一目、折一指、破骨	徒一年	《斗讼》"斗殴折齿毁耳鼻"条（303）
四级	折二齿以上、折二指以上、髡发	徒一年半	
三级	折人肋、眇其两目、堕人胎	徒二年	《斗讼》"兵刃斫射人"条（304）
二级	折跌人一支、瞎其一目	徒三年	《斗讼》"殴人折跌支体瞎目"条（305）
一级	笃疾、断舌、毁败人阴阳	流三千里	
	十指并折、二支废、笃疾		《斗讼》"斗殴折齿毁耳鼻"条（303）

表内关于各级损伤的描述侧重于外观判断，这些损伤及相应分级易于通过一般人的常识性观察得出清晰结论。也就是说，唐律中关于损伤分级的规定是基于"常人"所作的"常识"判断。如"见血为伤""拔发方寸以上""毁缺耳鼻"等损伤结果，只需基于一般观察，并不需要做专业分析；即使"眇""毁败人阴阳""笃疾"等损伤结果，也只需一般"鉴定"，因为"十指并折""二支废"等损伤也不难通过外观来判断。另一方面，基于"常人"所作的"常识"判断，并未影响不同级别损伤的有效辨别及相应量刑之间的区分度，亦达到了针对不同损伤量刑的均衡状态。手足斗殴致人八级损伤与一级损伤之间的差距为十三等，表现出了极明显的区分度；相应量刑的规律也非常清晰，各级损伤量刑之间的差距皆为一至二等。

（二）他物及用刃斗殴致人损伤

唐律中关于斗殴致人各种损伤的列举及相应量刑以手足斗殴为主，针对斗殴用他物及用刃造成具体损伤的列举是补充。一方面，律内关于他物及用刃斗殴致人损伤的列举侧重于特殊情节,如斗殴过程中使用汤火、铜铁汁烫伤人,或使用蛇蜂蝎螫伤人。另一方面,特殊情节之"特殊",仅表现为造成"轻伤",即一般的擦伤、刮伤出血。从立法的直接表述来看,前述手足斗殴致人损伤,六级以上(含六级)损伤并不明确区分手足与他物、用刃。具体来说,他物及用刃斗殴致人损伤的表述及量刑,包含以下内容。

《斗讼》"斗殴以手足他物伤"条(302):"他物殴人……伤及拔发方寸以上,杖八十。"《疏》议曰:"谓他物殴人伤及拔发方寸以上,各杖八十。"斗殴用他物造成一般擦伤、刮伤出血与手足拔发方寸以上同条规定且量刑一致。

《斗讼》"威力制缚人"条(309)《疏》议曰:"缚人皆用徽纆,明同他物之限。……若伤,杖八十。'因而殴伤者',谓因缚即殴者,伤与不伤,'各加斗殴伤二等',谓因缚用他物殴……伤者杖一百之类,是名'各加斗殴伤二等'。"捆绑他人造成一般擦伤、刮伤出血同于用他物斗伤人,处以杖八十。若将他人捆绑后又以他物殴打,则需再加二等,处以杖一百。

《斗讼》"斗殴折齿毁耳鼻"条(303)列举的主要损伤及相应量刑亦不区分手足、他物,仅在律文中列举了一类特殊情形:"汤火伤人者,徒一年。"前文已述,若汤火不伤,同于他物殴人不伤;但汤火伤人并不依此规则,即不以他物伤人处以杖八十,而是直接规定徒一年。这也表现出立法者对于身体法益的重视。《疏》议曰:"以铜铁汁伤人,比汤火伤人。如其以蛇蜂蝎螫人,同他物殴人法。"即铜铁汁伤人,同于汤火伤人;蛇蜂蝎螫人致伤,同于他物殴伤人。

《斗讼》"兵刃斫射人"条(304):"若刃伤,(刃谓金铁,无大小之限,堪以杀人者。)……徒二年。"《疏》议曰:"'若刃伤',谓以金刃伤人。"本条针对兵刃不伤做了较为详细的规定,但对于致伤的情况,并未强调"兵刃",而是说一般金属器具造成刃伤处以徒二年。

唐律中关于他物及用刃斗殴致人损伤的相应量刑详见表8.3。

表8.3 斗殴以他物及用刃致人损伤量刑详表

行为、情节	结果	刑罚	本条
斗殴用他物	伤	杖八十	《斗讼》"斗殴以手足他物伤"条（302）
蛇蜂蝎螫人			《斗讼》"斗殴折齿毁耳鼻"条（303）
威力制缚人			《斗讼》"威力制缚人"条（309）
因缚即用他物殴		杖一百	
汤火、铜铁汁		徒一年	《斗讼》"斗殴折齿毁耳鼻"条（303）
斗殴用刃	刃伤	徒二年	《斗讼》"兵刃斫射人"条（304）

表中所列的斗殴以他物及刃致人损伤皆为"特殊"情节，即前述手足斗殴伤人各种损伤量刑之补充，就刑种、刑等的分布来看，呈现衔接有序、轻重均衡的状态：四种法定刑皆相差二等，分别为杖刑五等中最重两等与徒刑五等中最轻两等。就立法或注律针对损伤的描述来看，此类情节"特殊"之处在于损伤结果较轻，但基于特定工具所具有的危险性，处以较重的刑罚。如铜铁汁伤人、用刃伤人，在量刑方面显然要重于他物伤人；同时，铜铁汁伤人与用刃伤人量刑亦有所区分。原因在于铜铁汁与金刃具有不同的危险性。律内针对斗殴以他物及刃致人损伤所列举之结果皆为一般擦伤、刮伤见血，若是造成更加严重的损伤，即"表8.2"中所列的六级以上（含六级）损伤，则不再区分手足还是他物、兵刃，依照损伤结果量刑即可。如斗殴用刃造成"伤"，处以徒二年；斗殴用刃造成三级以下（含三级）损伤，则仍处以徒二年；斗殴用刃造成二级、一级损伤，则分别处以徒三年、流三千里。

四、通过技术解析回应法治实践

中国传统法在形态结构、理论体系、文化观念等方面与现代法存在巨大差异，亦存在表现于不同层次的暗合；对之进行全面、系统、深入的辨析，既是传统法研究得以展开的逻辑起点，也是中华优秀传统法律文化得以创造性转化、创新性发展的理论基础。传统刑律关于定罪量刑过程的表述以及在此基础上对立场与价值的表达，是中华传统法律文化与中华法治文明的凝结。基于传统律典在立法语言、立法技术及体例、结构等方面的特质，加之现代研究者的立场与视角，有益于现代法治的要素难以在条文中直接呈现。切入点与路径的选择，对于中国传统法的研究以及在此基础上的传承尤为重要。就此而言，针对传统刑律的系统技术解析，具有不可替代的意义；更为关键的是，这也是无法越过的阶段。"斗殴伤"是针对典型犯罪行为的"类型化"概括，此种概括建立在"斗伤""斗殴伤"相关表述的基础上，并充分参照了"殴伤""故伤"及相关内容。立法层面针对"斗殴伤"的定罪量刑详情，非集中地呈现于唐律条文、规范，基于传统刑律的特质，展开充分技术解析，为我们展现了两方面特征，或可对法治实践中的理论需求稍作回应。

首先，入罪门槛低、处罚标准严、区分度明显。唐律规定斗殴行为一经实施即予处罚，立法侧重于对行为本身所具有危险性的评价，即针对"斗殴不伤"各种情节分别予以处罚。可见，关于"斗殴伤"量刑起点的规定表达了鲜明的态度：严惩对他人身体与健康可能造成危险的行为。同时，立法针对不同情节的"斗殴不伤"，分别规定了不同法定刑，既表达了对于不同危险性相应的评价，又进一步表达了对于身体法益的重视。"斗殴不伤"相应情节的量刑包括笞四十、杖六十、杖八十、杖一百，层次清晰、递加有序；斗殴导致他人笃疾处以流三千里，此为律内次死之刑，亦为"斗殴伤"之量刑上限。置于唐律法定刑罚体系"五刑二十等"之中，"斗殴伤"相应量刑覆盖了由轻至重的第四至第十八等。此种形态既表现出处罚之严，又表现出区分度之明显。与侵犯财产类犯罪的量刑相比，唐律针对侵犯身体与健康类犯罪的量刑显然是在大致均衡的基础上有所偏重。如《贼盗》"窃盗"条（282）："诸窃盗，不得财笞五十；一尺杖六十，一匹加一等；五匹徒一年，五匹加一等，五十匹加役流。"与之相比，唐律对于"斗殴不伤"不同情节的列举及相应量刑皆体现出立法者的高度关注。由此而言，或可回应现行刑法中故意伤害罪立法与司法层面存在的问题：成立范围窄、处罚程度轻、量刑不均衡等。①

其次，损伤分级详细、判断标准清晰、符合生活常识。②唐律中"斗殴伤"量刑的主要依据是损伤，条文中展现的针对不同损伤的详细列举及相应量刑也是该领域的立法重点。立法对于各类损伤的列举侧重于斗殴行为所造成的结果，也兼顾到了不同情节所具有的危险性。律内针对手足斗殴致人各种损伤的详细列举散见于多条，根据立法之表述，各种损伤由轻至重可分为八级。一方面，条文中关于损伤分级的表述非常精确，既对相似损伤做出了非常清晰的辨析，又对行为与结果之间的因果关系做了非常明确的辨别。前者如"眇"与"瞎"，"破骨"与"折支"等；后者如"殴人头面"与"血从耳目出"，"殴人身体"与"内损吐血"等。另一方面，立法所作的此类复杂、专门的列举是基于"常人"所作的

---

① 张明楷指出："与侵犯财产罪相比，故意伤害罪的成立范围不仅比较窄，而且处罚程度较轻，形成了明显的不均衡现象。例如，根据最高人民法院、最高人民检察院、公安部、国家安全部、司法部发布的《人体损伤程度鉴定标准》（2014年1月1日起施行），头部外伤后伴有神经症状、头皮擦伤面积 5.0cm^2 以上、面部损伤留有瘢痕或者色素改变、眼部挫伤、眼部外伤后影响外观、鼻骨骨折、上颌骨额突骨折、牙槽突骨折、外伤后听力减退、眼球损伤影响视力、腕骨、掌骨或者指骨骨折、外伤致指甲脱落等等，均仅属于轻微伤。故意伤害行为造成上述伤害的，皆不成立故意伤害罪；我国司法实践中没有将故意造成轻微伤的行为认定为故意伤害罪；而盗窃价值1000元以上财物的行为就可能构成盗窃罪。可是，治愈上述轻微伤的费用也可能不止1000元，且有些损伤（如听力或视力的减退）难以治愈甚至不能治愈。"张明楷：《身体法益的刑法保护》，载《政治与法律》2022年第6期。

② "判断标准清晰"与"符合生活常识"这一对看似互斥的标准，在唐律针对具体犯罪行为所设的量刑条款中得以兼顾。此特征并非"斗殴伤"所独有，律内"类型化"程度较高的行为所对应的量刑条款对之表现都很清晰。如"人口买卖"相关量刑条款中对于身份、行为、结果等复杂内容的辨别，既能实现针对具体行为与情节的清晰、准确认定，又能实现其与相应刑种、刑等的准确对应，且判断标准符合"常识性"认知。唐律中"人口买卖"所包含的各种具体犯罪行为及其量刑详情可参见本书第六章的相关探讨。

"常识"判断,既符合民众的生活常识与逻辑,也符合其认知标准。法律文本背后隐含的一整套支撑法律运作的逻辑,只有符合"一般性"常识与认知,才能支撑法律规范有效运行、有序运转。"法律常识同样也是社会重要的基础性构成成分,现代社会更无法脱离法律常识(当然包括其他的生活常识和社会常识)而存在和维系。"[1]由此而言,或可回应现代司法实践中损伤鉴定标准存在的问题:分级复杂且相应标准在一定程度上与"常人"所作的"常识"判断相悖。[2]

中国自主法学知识体系的构建,必须同中华优秀传统法律文化相结合;在技术解析的基础上传承中华优秀传统法律文化,是构建中国自主法学知识体系的必由路径。"要以中国为观照、以时代为观照,立足中国实际,解决中国问题,不断推动中华优秀传统文化创造性转化、创新性发展。"[3]这是伟大时代赋予中国法律史研究者的历史使命。以唐律为代表的中国传统刑律在世界法治文明发展史上具有重要意义,从立法技术出发,对其展开系统解析,才能使更多有益于现代法治的要素全面呈现;通过技术解析,才能使中华优秀传统法律文化更加充分地回应法治实践中的理论需求,才能真正实现中华优秀传统法律文化的创造性转化、创新性发展。

五、小结

中华传统法律文化具有独特的载体与表达方式,当中有益于法治实

---

[1] 姚建宗:《法律常识的意义阐释》,载《当代法学》2022年第1期,第90页。
[2] 杜文俊指出:"我们国家的人体重伤、轻伤的鉴定标准,不仅普通老百姓不知为何物,就是我们这些所谓刑法学者大概也就知道'切掉小指头的是轻伤,切掉大指头的是重伤'这一点,能大致搞清楚的大概就只有法医了,就是法医恐怕不认真对照相关规定,也难以分清!"杜文俊:《故意伤害罪的二重的结果加重犯性质探究——以故意伤害罪的比较法为视角》,载《政治与法律》2008年第9期,第92页。
[3] 《坚持党的领导传承红色基因扎根中国大地 走出一条建设中国特色世界一流大学新路》,载《人民日报》2022年4月26日,第1版。

践的要素难以直接展现；针对传统法中的典型内容展开技术解析，既不可替代、亦无法越过。《唐律疏议》是中华法系的巅峰之作，"斗殴伤"是其中"定型化了的典型"。基于律典体例与结构方面的特质，典型罪名非集中地呈现，量刑详情分布于各篇、各条。虽然"等级""身份"具有直接影响，但量刑主要依据是斗殴行为造成的损伤。"斗殴不伤"为量刑起点，立法针对不同损伤进行了详细描述，并规定了相应刑种、刑等。立法层面的定罪量刑过程特征鲜明：入罪门槛低、处罚标准严、区分度明显；损伤分级详细、判断标准清晰、符合生活常识。经由技术解析，传统刑律之精华得以展现，对于法治实践中的理论需求亦有回应。

附录一　中华法系新诠

"中华法系"概念的表述形式以及与"法系"相关之学说是近代以来西学东渐的产物,[①] 但其所指称的中国古代典章制度、法学理论、法治传统、法律文化等内涵,是中华民族的独特创造,极为发达与深厚。我们对中华法系的理解不能止于概念表述形式的传入与传播,应当充分重视其所指称的丰富内涵及其形成、发展的过程、轨迹与方向。作为外来概念的"中华法系"传入近代中国之后,在中国法治发展进程中经历了长期的建构与重构,其内涵经过了从单一到多元、从回溯到实践、从描述到指向的扩容与迭代,开始呈现新面貌。党的十八大以来,习近平总书记深刻总结我国古代法治传统和成败得失,挖掘和传承中华优秀传统法律文化精华,赋予中华法治文明新的时代内涵,使中华法治文明焕发出新的生命力。习近平法治思想顺应实现中华民族伟大复兴的时代要求,立足中国特色社会主义法治实践,深刻认识和把握治国理政基本规律、社会主义法治建设规律和人类法治文明发展规律,从历史和现实相贯通、国际和国内相关联、理论和实际相结合上对中华法系进行了全新

[①] "现代意义上的'法系'一词本身并未出现在古代汉语中,它无疑是近代史上西学东渐的产物。更确切地说,它来自于明治维新以后的日本,并很有可能是在日文汉字中先被创造出来,而后才被中国学者采纳并传播到了近代中国。与此相伴随的是,与'法系'有关的整套学说也被译介进了中国。"赖骏楠:《建构中华法系——学说、民族主义与话语实践(1900—1949)》,载《北大法律评论》编辑委员会编:《北大法律评论》(第9卷·第2辑),北京大学出版社2008年版,第418页。近代以来,日本学者穗积陈重、美国学者威格摩尔以及我国学者梁启超、杨鸿烈、李次山、丁元普、陈顾远、阮毅成、居正等对"中华法系"概念的形成、演变产生了直接的推动作用。

定位，并赋予中华法系新内涵，体现了马克思主义法治理论既一脉相承又与时俱进的理论逻辑。

今天所称之中华法系，遵循中国法治发展进程的内在逻辑，彰显中华民族的主体性。但中华法系已进入新阶段，即中国共产党领导人民，面对中华民族伟大复兴的战略全局与世界百年未有之大变局，在全面依法治国的伟大实践中探索的新阶段。中华优秀传统法律文化是中国特色社会主义法治建设的历史资源，中国特色社会主义法治体系是中华法系新阶段的表现形式，中国式法治现代化道路是通向中华法治文明复兴的必由之路。坚持党的领导、坚持中国特色社会主义制度、贯彻中国特色社会主义法治理论，最终将推进中华法治文明新发展，实现中华民族伟大复兴，并创造人类法治文明新形态。若非立足中国特色社会主义法治实践，便不能深刻理解中华法系的深厚底蕴与丰富内涵。中华法系不仅仅是历史传统，对于中华法系的深入挖掘也不是为了复古。在新时代理解中华法系，应当努力探寻法治传统与法治实践的契合点，并从中看到中华民族法治发展的未来方向。

一、中华法系是中华民族探索自我治理的重大成果

如何通过法律实现良好的自我治理乃是人类文明共同探索的主题。"人类社会发展的事实证明，依法治理是最可靠、最稳定的治理。"[①] 不同文明给出不同的答案，构建不同的法律体系，形成不同的法系，塑造不同的法治传统。我们应当从法治与法系、法律体系与法系的密切关系中

---

① 习近平：《推进澳门"一国两制"成功实践走稳走实走远》（2014年12月20日），载习近平：《习近平谈治国理政》（第二卷），外文出版社2017年版，第424页。

发现中华法系的深厚底蕴与丰富内涵。

(一)法治与法系

"法治是人类文明的重要成果之一,法治的精髓和要旨对于各国国家治理和社会治理具有普遍意义。"① 如何实现良好的自我治理是全人类的共同关注。一方面,通过法律实现自我治理已成为全人类共识,"治国理政须臾离不开法治"。② "法治不是一个国家或民族的专利,而是人类共同创造的文明成果,是人类学会驾驭自己的重要发明。"③ 另一方面,不同民族、不同文化、不同地域,通过法律实现自我治理的过程与途径仍然呈现各自的鲜明特色。"我们的先人们早就开始探索如何驾驭人类自身这个重大课题,春秋战国时期就有了自成体系的成文法典,汉唐时期形成了比较完备的法典。我国古代法制蕴含着十分丰富的智慧和资源,中华法系在世界几大法系中独树一帜。"④ 中华民族对于如何驾驭人类自身的探索既具有全人类的共性,也具有鲜明特色。"用明确的法律规范来调节社会生活、维护社会秩序,是古今中外的通用手段。从我国历史上看,虽然几千年来人治传统根子很深,但春秋战国时期就有了自成体系的成文法典,汉唐时期就形成了比较完备的法典。"⑤ 在通过法律规范调节社会生活、维护社会秩序的过程中,我们既形成了对于法律、法典及其外在技术维度的重要认识,又形成了对其内在政治实质的深刻

---

① 习近平:《加快建设社会主义法治国家》(2014年10月23日),载习近平:《论坚持全面依法治国》,中央文献出版社2020年版,第111页。

② 习近平:《在中央全面依法治国委员会第一次会议上的讲话》(2018年8月24日),载习近平:《论坚持全面依法治国》,第227页。

③ 张文显:《习近平法治思想的政理、法理和哲理》,载《政法论坛》2022年第3期。

④ 习近平:《加快建设社会主义法治国家》(2014年10月23日),载习近平:《论坚持全面依法治国》,第110—111页。

⑤ 习近平:《全面推进科学立法、严格执法、公正司法、全民守法》(2013年2月23日),载习近平:《论坚持全面依法治国》,第19页。

理解。习近平总书记多次引用中国古代关于"法"的经典论述，指出："中国古代法制思想十分丰富。比如，古人说：'国无常治，又无常乱，法令行则国治，法令弛则国乱。''法，国之权衡也，时之准绳也。权衡所以定轻重，准绳所以正曲直。''明法者强，慢法者弱。'等等。"[1] 法治概念与法系概念相辅相成：法治关注依法自我治理的政治维度，法系关注依法自我治理的技术维度；法治是法系的内在政治实质，法系是法治的外部技术展现。

（二）法律体系与法系

法律体系是法系最为直接的表现形式，但法律制度、法律体系仅呈现了法系的若干静止侧面，法系与法律体系终究存在质的差别。法律体系与法系互为表里，法系是综括、多元的概念，法律体系将其内涵通过规范、法典等形式表现于外。自20世纪80年代以来，国内学者对于"中华法系"的认识经历了不同阶段，最初认为"中华法系"是"中国的封建法律由战国至清经过二千多年的发展，形成了沿革清晰、特点鲜明的法律体系，被世界上推崇为五大法系之一"。[2] 随着研究的深入，"中华法系"的内涵不断丰富，国内学者对其渊源、发展、表现形式、代表以及影响等方面的认识逐步深化。具有代表性的观点如："所谓中华法系（又称中国法系），是指中国古代产生的以礼法结合为基本特点的中国封建社会的法律制度，以及受其影响而制定的日本、朝鲜、越南等国封建法律的总称。它基本上与中国封建专制制度相伴始终。"[3] "所谓中华法系，是指在中国古代特定的社会历史条件下孕育成长的，以礼法结合为根本特

---

[1] 习近平：《全面推进科学立法、严格执法、公正司法、全民守法》（2013年2月23日），载习近平：《论坚持全面依法治国》，第19页。

[2] 中国大百科全书出版社编辑部、中国大百科全书总编辑委员会《法学》编辑委员会编：《中国大百科全书·法学》，中国大百科全书出版社1984年版，第764页。

[3] 张耀明：《略论中华法系的解体》，载《中南政法学院学报》1991年第3期，第130页。

征,以成文刑法典为核心内容,以《唐律疏议》为典型代表的中国封建时期的法律制度以及仿效其法而制定的东亚诸国法律制度的统称。"[1] 由此可见,中华法系的内涵不断丰富,但国内学者对其的认识侧重于术语所表达的静态法律体系。也就是说,中华法系在一定程度上被等同于中国古代的法律制度与法律体系。与之相伴的命题则是:中国法治现代化的驱动力完全来自外部,而中国法治现代化进程的启动,伴随着中华法系的"终止""解体"。这是需要我们深刻思考的重大问题。"西方很多人习惯于把中国看作西方现代化理论视野中的近现代民族国家,没有从五千多年文明史的角度来看中国,这样就难以真正理解中国的过去、现在、未来。"[2] 中国的法治现代化并不是历史进程中的"突变","西法东渐"亦需要予以接纳的良性环境与土壤,这些前提皆表现于中华法系结构性变化的内在机理。外在因素直接促动了中国的法治现代化进程,但法治发展过程中循常不变的因素以及中国历史发展的内在逻辑,需要我们对之具有非常清晰的认识。中华法系对于中华民族的重大意义与深远影响并不限于其法律体系曾经产生的辐射东亚、远播世界的历史价值,当然,这也极为重要;但如何从古今贯通的视角出发,看待中华法系本身的形成、发展与方向,及其中所蕴含的循常不变的因素,是更加重要的问题。

习近平总书记指出:"深化研究中华文明特质和形态,为人类文明新形态建设提供理论支撑。在五千多年漫长文明发展史中,中国人民创造了璀璨夺目的中华文明,为人类文明进步事业作出了重大贡献。"[3] "要

---

[1] 何勤华、孔晶:《新中华法系的诞生?——从三大法系到东亚共同体法》,载《法学论坛》2005年第4期,第44页。

[2] 习近平:《把中国文明历史研究引向深入,增强历史自觉坚定文化自信》,载《求是》2022年第14期,第6—7页。

[3] 同上。

讲清楚中华优秀传统文化的历史渊源、发展脉络、基本走向,讲清楚中华文化的独特创造、价值理念、鲜明特色,增强文化自信和价值观自信。"[1] 对于中华法系深厚底蕴与丰富内涵的挖掘,也应当从过去的历史传统、当下的法治实践、未来的发展方向三个维度来把握。中华法系是中华民族探索自我治理的重大成果,是中华法治文明的集中表现,是中华优秀传统文化的重要组成部分。要讲清楚中华法系的历史渊源、发展脉络和基本走向,讲清楚中华民族在法治实践过程中的独特创造、价值理念和鲜明特色。

二、中华法系在世界法制史上独树一帜

中华文明是世界上最古老、持续时间最久的文明,也是在人类文明发展史上长期居于优势地位的文明。习近平总书记指出:"中华文明源远流长、博大精深,是中华民族独特的精神标识,是当代中国文化的根基,是维系全世界华人的精神纽带,也是中国文化创新的宝藏。"[2] 我们既要看到中华文明过往的悠久历史,更要看到其对于中华民族当下乃至未来所产生的深远影响与重大意义。"要把中华文明起源研究同中华文明特质和形态等重大问题研究紧密结合起来,深入研究阐释中华文明起源所昭示的中华民族共同体发展路向和中华民族多元一体演进格局,研究阐释中华文明讲仁爱、重民本、守诚信、崇正义、尚和合、求大同的精神特质和发展形态,阐明中国道路的深厚文化底蕴。"[3] 以中华法系为代

---

[1] 习近平:《培育和弘扬社会主义核心价值观》(2014年2月24日),载习近平:《习近平谈治国理政》(第一卷),外文出版社2018年版,第164页。

[2] 习近平:《把中国文明历史研究引向深入,增强历史自觉坚定文化自信》,载《求是》2022年第14期。

[3] 同上。

表的中华法治文明是中华文明的重要组成部分。既然中华法系是中华民族探索自我治理的重大成果，我们便不仅应从中华法系曾经创造的瞩目成就来理解其独树一帜，还应将认识扩展至过去的历史传统、当下的法治实践、未来的发展方向及其相互之间的内在联系，扩展至中华法系与中国古代国家治理体系的内在联系。"中国特色社会主义制度和国家治理体系具有深厚的历史底蕴。在几千年的历史演进中，中华民族创造了灿烂的古代文明，形成了关于国家制度和国家治理的丰富思想，包括大道之行、天下为公的大同理想，六合同风、四海一家的大一统传统，德主刑辅、以德化人的德治主张，民贵君轻、政在养民的民本思想，等贵贱均贫富、损有余补不足的平等观念，法不阿贵、绳不挠曲的正义追求，孝悌忠信、礼义廉耻的道德操守，任人唯贤、选贤与能的用人标准，周虽旧邦、其命维新的改革精神，亲仁善邻、协和万邦的外交之道，以和为贵、好战必亡的和平理念，等等。"[1] 从中我们可以清晰地看到，中华法系不是仅仅着眼于立法、审判这样的法律技术操作，而且着眼于整个文明秩序的建构，因此具有深厚的历史底蕴和强大的生命力。中华法系将法治传统、法治实践、法治发展综合考虑在内，既关注自我治理的技术维度，又充分重视自我治理的政治维度。[2] 在此基础之上，我们可将中华法系形成、发展过程中的独树一帜稍作总结。

---

[1] 习近平：《坚持和完善中国特色社会主义制度、推进国家治理体系和治理能力现代化》(2019年10月31日)，载习近平：《习近平谈治国理政》(第三卷)，外文出版社2020年版，第119—120页。

[2] 近代以来，国内学者对于中华法系的特征多有论述，如陈顾远总结为八特征，张晋藩总结为六特征。具体表述参见陈顾远：《中国法制史概要》，商务印书馆2017年版，第54—59页；张晋藩：《中华法系特点探源》，载《法学研究》1980年第4期。这些关于中华法系特征的总结其内容多是针对具体法律制度的描述，并未突出中华法系动态、多元的属性。具有启发意义的是张文显对于中华法系"独树一帜"之原因的总结。他指出，中华法系之所以"独树一帜"，其原因在于，中华法系历史悠久，显示了中华法治文明底蕴，着眼于整个文明秩序的构建，影响广泛。参见张文显：《习近平法治思想的政理、法理和哲理》，载《政法论坛》2022年第3期，第24页。

（一）产生的原创性

习近平总书记指出："自古以来，我国形成了世界法制史上独树一帜的中华法系，积淀了深厚的法律文化。中华法系形成于秦朝，到隋唐时期逐步成熟，《唐律疏议》是代表性的法典。"[1]中华法系代有兴革、传承清晰，此为中外学者公认。中华法系的源头或可追溯至三代，但基于中国古代成文法传统与制定法体系，以国家法的立场观察中华法系，以律典与令典为支柱的中华法系实际上是自秦汉时期初步形成并进一步发展。因此，中华法系有迹可循的源头可追溯至秦。[2]近三千年前，中国就形成了固定的法律形式与丰富的法律体系，法制内容体现了鲜明的创制精神和高超的立法技术。中国古代法制在产生、发展与成熟完备的各阶段，始终未受到外来法治文化的影响，表现出了鲜明的原创性、自发性与地域性。"汉承秦制"，又在沿袭秦律的基础之上有所创新与发展。隋唐律令体系中，对于秦汉律令的沿袭痕迹清晰可辨。秦汉至唐，是以律典和令典为支柱的法律体系由初步发展到高度完备的阶段，律令法体系至唐代臻于完备。[3]中华法系最为成熟、完备的形态是以《唐律疏议》为代表的古代法典与律令体系，以及围绕律令体系形成的一整套立法、司法等法律操作技术与法学理论系统，更为重要的是基于此而孕育的法治传统、法律文化与文明秩序。中华法系为人类法治文明贡献了

---

[1] 习近平：《以科学理论为指导，为全面建设社会主义现代化国家提供有力法治保障》（2020年11月16日），载习近平：《习近平谈治国理政》（第四卷），外文出版社2022年版，第289页。

[2] 闫晓君谓："从时间顺序上来讲，秦律是最早的律，它根植于秦人的早期习惯及风俗；并在此基础上，秦国'改法为律'，首创了律这种成文法律形式。""秦律体现出了巨大的创制精神，它的制定是历史上'前无古人'的大事件，而秦律又影响了中国传统法律两千余年，表现出'后有来者'的历史功绩。"闫晓君：《秦律：中国"第一"律》，载《法学》2020年第11期，第15页。

[3] 参见张建国：《中国律令法体系概论》，载《北京大学学报（哲学社会科学版）》1998年第5期。

许多影响至今的思想与理念。"与大陆法系、英美法系、伊斯兰法系等不同,中华法系是在我国特定历史条件下形成的,显示了中华民族的伟大创造力和中华法制文明的深厚底蕴。中华法系凝聚了中华民族的精神和智慧,有很多优秀的思想和理念值得我们传承。出礼入刑、隆礼重法的治国策略,民惟邦本、本固邦宁的民本理念,天下无讼、以和为贵的价值追求,德主刑辅、明德慎罚的慎刑思想,援法断罪、罚当其罪的平等观念,保护鳏寡孤独、老幼妇残的恤刑原则,等等,都彰显了中华优秀传统法律文化的智慧。"[1]中华法系产生的原创性及其具有的深厚历史底蕴、强大生命力由此可见。

(二)演进的连续性

中华法系与中华法治文明是中华原生文明的重要组成部分。"在中国五千余年从未中断的法制历史中,形成了一个纵向传承、代有兴革的法文化发展轨迹,这个过程不仅具有内在的联系性和关联性,也凸显了不同时期的时代性、特殊性和创新性。"[2]中国古代法于春秋之前"有法而无典",春秋以降"始有法而有典"。[3]中国历代法制的沿革与发展都是在前代基础之上有所增益,轨迹极为清晰。从历代《刑法志》中,都能看到对于中国古代法制发展轨迹大致相似的记述。如《明史·刑法志》载:"自汉以来,刑法沿革不一。隋更五刑之条,设三奏之令。唐撰律令,一准乎礼,以为出入。宋采用之,而所重者敕。律所不载者,则听之于敕。故时轻时重,无一是之归。元制,取所行一时之例为条格而已。明初,丞相李善长等言:'历代之律,皆以汉《九章》为宗,至唐始集其成。

---

[1] 习近平:《以科学理论为指导,为全面建设社会主义现代化国家提供有力法治保障》(2020年11月16日),载习近平:《习近平谈治国理政》(第四卷),第290页。

[2] 张晋藩:《弘扬中华法文化,构建新时代的中华法系》,载《当代法学》2020年第3期,第151页。

[3] 参见陈顾远:《中国法制史概要》,商务印书馆2017年版,第61—62页。

今制宜遵唐旧。'太祖从其言。"① 限于史料,明清及近代的学者未能得见比较充分的秦律文献,故略而不言,仅将律典源头追溯至汉代。凭借20世纪中后期至今大量出土的简牍秦汉律令,我们得以看到秦汉律令大致的整体样貌,并较为清晰地看到秦汉律与唐律在立法语言、篇章结构、基本原理及立法精神等方面的传承关系。"光辉灿烂的唐代法律文化,并不是有唐一朝的产物,而是从夏商周以来华夏大地上各个时代各个民族法律知识、法律智慧叠加的成果。"② 唐代之后,作为律令体系的主干,唐律的影响一直延续至清末。博古通今、会通中西的清末法学大家沈家本说:"论者咸以唐法为得其中,宋以后皆遵用,虽间有轻重,其大段固本于唐也。"③ 中华法系与中华法治文明的发展从未中断,在发展过程中内涵逐渐丰富,最终形成世界性的法治文化宝藏。④

(三)影响的广泛性

中华法系底蕴深厚、内涵丰富,自成体系、脉络清晰,不仅是中华民族的宝贵财富,也代表着人类中古时期法治文明发展的最高成就。《唐律疏议》被称为中华法系的巅峰之作。如同罗马法代表了古代奴隶制文明,《拿破仑法典》代表了近代资本主义制文明,《唐律疏议》是人类法治文明发展史上共同的里程碑,代表整个古代封建制文明。⑤《唐律疏议》

---

① [清]张廷玉等:《明史》卷九十三《刑法志》,中华书局1974年版,第2279页。

② 何勤华、张顺:《民族智慧的叠加:唐代中华法律文化的辉煌》,载《法学论坛》2022年第1期,第5页。

③ [清]沈家本:《历代刑法考》(一),邓经元、骈宇骞点校,中华书局1985年版,第51页。

④ 著名比较法学者威格摩尔谓:"独具特色的是,它是唯一一个持续留存至今的古老法系——超过4000年的时间;与之相比,今日现行的其他法律体系只不过是孩童而已。""然而中国的制度,不管朝代如何重复动荡和更替,仍然在一个拥有4亿人口的强大民族中存活了下来。"[美]约翰·H.威格摩尔:《世界法系概览》(上),何勤华等译,上海人民出版社2004年版,第110—112、158页。

⑤ 李光灿为《唐律疏议译注》作"序"时谓:"人类社会历史所经历的三种法律体系,代

不仅在概念、原理及思想、精神等方面代表了中国古代立法之最高成就，立足于现代法学观念审视，其亦极富先进性。蔡墩铭在述及"唐律在中国法系之地位"时曾谓："……然若从其优点以观，则旧律之中亦富有进步之刑法思想，即使以现代刑法学之观点衡之，不但毫无逊色，转足以自豪，此为研究旧律之人不难觉察之事实。旧律之中，以唐律最有价值，且其地位亦最为重要。"①《唐律疏议》在立法技术、法律原理方面的成就也远远超过了同时代的西方各国。日本著名汉学家仁井田陞曾谓："在当时世界上，达到像唐律（及律疏）这样发达程度的法典一部也没有。即使被称为中世纪西欧划时代法典的《加洛林纳法典》，不仅比唐律晚了九百年，发达的程度也大不如。甚至19世纪西欧的刑法典，与其相比也未必增色多少。"②以《唐律疏议》为基础，以律令为主要支柱的独特法律体系"挟唐王朝的强劲位势而影响了此后各朝和周边各国的历史进程"。③唐代律令体系对朝鲜、日本、琉球和安南等东亚国家的立法与法治发展所产生的直接示范与影响持续了千余年，"中国法系"在此基础之上得以形成与传播。④正因如此，唐代律令尤其是《唐律疏议》辐射东亚、历史久

表了三个私有制'文明'的时代——罗马法代表了古代奴隶制文明、唐律疏议代表了古代封建制文明、拿破仑法典代表了近代资本主义制文明。这就是用历史唯物主义原理考察人类法制历史阶段中从奴隶制到封建私有制，又从封建私有制到资本主义私有制三种法律体系发展、演变的概貌。"曹漫之主编：《唐律疏议译注》，吉林人民出版社1989年版，"序言"第7页。

① 蔡墩铭亦将唐律与罗马法稍作比较以突出其优势，指出："然而罗马法之精华不在于刑法部分，而在其民法部分。如言刑法之充实周备，则我国旧律实驾于罗马法之上，故我国堪称为刑法发达最早之国家。……唐律除刑法之外依现代法律之分类观之，虽尚包括行政法、惩戒法、民法、商法、诉讼法及地方自治法规，但究以刑法为最主要，故今日欲研究古代刑法者，绝不能忽视唐律之存在。"蔡墩铭：《唐律与近世刑事立法之比较研究》，汉苑出版社1976年版，第2—3页。
② 仁井田陞『補訂中國法制史研究・刑法』（東京大學出版會，1991年）172頁。
③ 楼劲：《魏晋南北朝隋唐立法与法律体系》（上卷），中国社会科学出版社2014年版，"引言"第1页。
④ 参见杨鸿烈：《中国法律在东亚诸国之影响》，中国政法大学出版社1999年版，第17页。

远,被誉为"东洋法制史枢轴"与"东方法制史枢轴"。① 中华法系不仅是中华民族智慧与理性的结晶,是东亚各国的母法,也是世界法系之林的重要组成部分,不仅具有鲜明的民族性,也具有广泛的世界性。

(四)发展的规律性

中华法系数千年从未中断的演进历程,呈现了沿袭清晰、代有兴革的发展轨迹,发展、演变过程中的规律性非常明显。中华法系是中华民族探索自我治理的重大成果,"法治"与国之强弱、盛衰具有密切的联系。习近平总书记指出:"历史是最好的老师。经验和教训使我们党深刻认识到,法治是治国理政不可或缺的重要手段。法治兴则国家兴,法治衰则国家乱。什么时候重视法治、法治昌明,什么时候就国泰民安;什么时候忽视法治、法治松弛,什么时候就国乱民怨。"② 我们的先人们对于法典的编纂尤其重视。可以说,中华法系发展史、中华法治文明演进史在某种程度上就是中国法典编纂沿革史。③ 而中华法系形成、发展过程的规律性,也由中国古代法典的编纂、修订过程直接展现。习近平总书记还多次引用法家代表人物韩非的经典论述("国无常强,无常弱。奉法者强则国强,奉法者弱则国弱"④)来说明立法的重要性。中国古代

---

① 中田薰、池田温语,〔日〕仁井田陞:《唐令拾遗》,栗劲等编译,第887、893页。
② 习近平:《在中共十八届四中全会第二次全体会议上的讲话》(2014年10月23日),载中共中央文献研究室编:《习近平关于全面依法治国论述摘编》,中央文献出版社2015年版,第8页。
③ 郝铁川所论"中华法系的特点"即包含"法制的法典化",他以较大篇幅介绍了先秦之后立法实践及指导思想的演变。参见郝铁川:《中华法系研究》(增订本),商务印书馆2021年版,第25—242页。
④ 〔清〕王先慎撰:《韩非子集解》,钟哲点校,中华书局1998年版,第31页。习近平总书记在多个重要讲话、重要论述中都引用了韩非子此语,如《在庆祝全国人民代表大会成立六十周年大会上的讲话》(2014年9月5日)、《密织法律之网,强化法治之力》(2014年10月23日)、《提高国防和军队建设法治化水平》(2014年12月26日)、《切实尊崇宪法,严格实施宪法》(2018年1月19日),载习近平:《论坚持全面依法治国》,中央文献出版社2020年版,第73、104、130、200页。

的"法典化"进程皆由立法者与政治家主导,如汉高祖、萧何与《九章律》,晋武帝、贾充、杜预与《泰始律》,唐太宗、长孙无忌、魏徵与《贞观律》等。历代杰出法典都是吸收前代立法成就、总结前代司法经验的产物,但基于中国古代政治的基本格局和运作模式,统治者与政治家的主导往往具有非常直接的决定意义。这些杰出法典往往造就了盛世,例如,汉初高祖立法而有后来的"文景之治",西晋武帝修律而有后来的"太康之治",唐代太宗贞观定律而有后来的"贞观之治"。习近平总书记指出:"历史和现实都告诉我们,法治兴则国兴,法治强则国强。从我国古代看,凡属盛世都是法制相对健全的时期。春秋战国时期,法家主张'以法而治',偏在雍州的秦国践而行之,商鞅'立木建信',强调'法必明、令必行',使秦国迅速跻身强国之列,最终促成了秦始皇统一六国。汉高祖刘邦同关中百姓'约法三章',为其一统天下发挥了重要作用。汉武帝时形成的汉律六十篇,两汉沿用近四百年。唐太宗以奉法为治国之重,一部《贞观律》成就了'贞观之治';在《贞观律》基础上修订而成的《唐律疏议》,为大唐盛世奠定了法律基石。"①

三、中华法系与中国式法治现代化

中华法系是中华民族探索自我治理的重大成果,是中华民族原生文明的重要组成部分,具有鲜明的特色。中华民族在法治道路上的伟大探索从未停止,中华法系的发展、演进也未终止。中华法系的发展、演进与中国的法治现代化进程不是两个截然不同的过程,也不是单纯的前后相继甚至替代关系。中国的法治现代化进程是中国式法治现代化,是中

---

① 习近平:《在中央全面依法治国委员会第一次会议上的讲话》(2018年8月24日),载习近平:《论坚持全面依法治国》,第225—226页。

华法系发展的新阶段,是中国式现代化在法治领域的具体体现。

(一)中国式法治现代化是中华法系的新阶段

中华法系至唐代,达到发展历程中的一个高峰,形成了辐射东亚的持续影响。中国法治发展进程至清末,"传统"与"现代"遭遇了激烈的碰撞。当然,此种碰撞只是中国历史进程中"古今之变"的一个具体侧面。一般认为,中华法系于彼时"解体",中国的法治现代化进程由外在驱动力的主导突然开启。这里有一个非常重要的问题:中国的法治现代化进程启动伴随着中华法系的"解体",是否意味着中华法治文明发展的"连续性"就此中断、"规律性"就此被打破?若是,则说明中国的法治现代化进程是由外力被迫驱动的,而这显然是不能成立的。"清末以后中华法系影响日渐衰微。"[①]这一表述极为精准:"衰微"的是中华法系的影响而不是中华法系本身。中华法系本身并没有"解体",也没有"终止",而是艰难地存续并继续探索。"一八四〇年鸦片战争后,中国逐步成为半殖民地半封建社会。那个时代,为了挽救民族危亡、实现民族振兴,中国人民和无数仁人志士孜孜不倦寻找着适合国情的政治制度模式。辛亥革命之前,太平天国运动、洋务运动、戊戌变法、义和团运动、清末新政等都未能取得成功。辛亥革命之后,中国尝试过君主立宪制、帝制复辟、议会制、多党制、总统制等各种形式,各种政治势力及其代表人物纷纷登场,都没能找到正确答案,中国依然是山河破碎、积贫积弱,列强依然在中国横行霸道、攫取利益,中国人民依然生活在苦难和屈辱之中。"[②]世界上不存在定于一尊的法治模式,也不存在放之四海而皆准

[①] 习近平:《以科学理论为指导,为全面建设社会主义现代化国家提供有力法治保障》(2020年11月16日),载习近平:《习近平谈治国理政》(第四卷),第289—290页。

[②] 习近平:《在庆祝全国人民代表大会成立六十周年大会上的讲话》(2014年9月5日),载习近平:《论坚持全面依法治国》,第68页。

的法治道路。适合中国的法治模式、法治道路不是别人指出来的,也不是模仿出来的,只能来源于中华民族从传统出发、立足自身实际的艰辛探索。

历史发展进程中的"变"是常态,但历史进程中的变化所呈现的贯通性、一致性和常态性等特征,是需要我们注意的。"历史一贯性是在常变关系结构中展现出来的历史特性。故而,中国历史的一贯性,从历史的宏观载体来讲,始终是通过它是'中国的'历史展现出来。而在'中国性'的古今贯通视角看,中国历史之所以一直是中国的历史,就在于它在维持其中国特性的同时,因势利导、与时俱进、因变而立、韧性绵延。"[1]"常"即"常道",是中国历经数千年延绵至今的历史进程中的文化积淀,是中华法系形成与发展的漫长过程中认识和经验的理性沉淀,是接续传统与未来的精神内核,其中蕴含着中华民族法治发展的方向和路径。"变"乃"变革",是中华法系形成与发展过程中法律制度、法律体系以及观念、文化的代际更替、新陈代谢与发展演进。"殷因于夏礼,所损益,可知也。周因于殷礼,所损益,可知也。其或继周者。虽百世,可知也。"[2]"常"与"变"统一于中国法治发展的"中国性"。中国法治发展进程是中国历史发展进程的一个具体侧面,就此而言,大的历史观尤为重要。也就是说,观察、书写与讲述中国历史,自然要从"中国"出发,势必要凸显"中国性";否则,我们所观察、书写与讲述的就不再是中国法治发展史,而是西方法治观念影响中国法治及近代以来西方法在中国发展的历史。需要注意的是,中华法系之"变"包含着古代之变、古今之变与现代之变,这是将中国法治发展进程统一于中国历史发展进程的认识。就此而言,中国的法治现代化进程与中华法系的"解体"相伴而

---

[1] 任剑涛:《常与变:以五大变局重建中国历史宏大叙事》,载《中国文化》2021年秋季号(第54期),第59页。

[2] 程树德:《论语集释》,程俊英、蒋见元点校,中华书局1990年版,第127页。

生的认识,显然根源于刻意凸显中国法治发展进程中的古今之变,这种认识具有人为割裂中国历史发展进程的危险。

"常"是"变"的根据,"变"的深层根源在于"常"的内在驱动。中国法治发展的内在需求是中国法治现代化的内在根据与深层原因,中华法系在形成、发展过程中,不断聚集进一步变化的动力。中国法治发展进程中的古今之变并非单纯外在驱动的结果,而是存在着深刻的内在根源。"中国现代转变的外驱力是关键性的。但内驱力同样应当重视。内外驱力的高度合一所产生的巨大推力,则是中国现代转变之所以成为无以逆转的滚滚洪流最重要的原因。"①西法东渐对于中华法系造成了极大冲击。外来的法律制度、法治观念需要良性的政治土壤与思想资源来接纳,这不是单纯的外在驱动能够实现的,还需从中国法治发展的内在需求寻找根据。在特定历史阶段,西方的法律制度、法治观念在中国法治发展进程中提供了一些有益要素,但这些要素会根据中国法治发展的内在逻辑,融入中国法治发展的精神基础和文化根基,最终形成推动中国法治实践的巨大力量。

因此,中国的法治现代化进程是中国式法治现代化,与中华法系的发展、演进统一于中国法治发展的内在逻辑,中国式法治现代化是中华法系发展的新阶段,也是中华民族探索自我治理的新阶段。

(二)中华法系的新阶段是中国式的现代化在法治领域的具体体现

"世界范围内的现代化肇始于欧洲资本主义的兴起,中国的现代化则发轫于清末民初的启蒙运动,而法治现代化也在那个特殊的历史波涛

---

① 任剑涛:《常与变:以五大变局重建中国历史宏大叙事》,载《中国文化》2021年秋季号(第54期),第51页。

中被唤醒。在世界法治现代化大潮流中,中国式法治现代化道路的形成和不断拓展是人类法治文明的伟大创造,呈现出独特的历史轨迹和鲜明的中国特色。"① 中国法治现代化进程的开启,并不是单纯外在驱动的结果,而有深刻的内在根源;中国式法治现代化的道路,没有模仿对象,也没有既定模式,是中华民族探索自我治理的新征程,是中华法治文明的新成果,是中国式现代化在法治领域的具体体现。

中国式法治现代化是中华法系的新阶段,表现为新问题、新道路、新贡献。近代以来,中华民族所遭遇的内忧外患、面临的迫切问题是前所未有的,犹如李鸿章在《筹议制造轮船未可裁撤折》中所谓:"此三千余年一大变局也。"② 西方国家也没有给出现成的答案。"近代以后,不少人试图在中国照搬西方法治模式,但最终都归于失败。"③ "当代中国的伟大社会变革,不是简单延续我国历史文化的母版,不是简单套用马克思主义经典作家设想的模板,不是其他国家社会主义实践的再版,也不是国外现代化发展的翻版。"④ 中华民族在法治道路上的探索,历经挫折与艰辛,终于找准了法治传统与法治实践的契合点,并走出了一条适合中国的新道路。"历史和现实告诉我们,只有传承中华优秀传统法律文化,从我国革命、建设、改革的实践中探索适合自己的法治道路,同时借鉴国外法治有益成果,才能为全面建设社会主义现代化国家、实现中华民族伟大复兴夯实法治基础。"⑤ 中华民族面对新问题所选择的新道路,

---

① 张文显:《论中国式法治现代化新道路》,载《中国法学》2022年第1期,第6页。
② [清]李鸿章:《筹议制造轮船未可裁撤折》(同治十一年五月十五日),载顾廷龙、戴逸主编:《李鸿章全集》(第5册),安徽教育出版社2008年版,第107页。
③ 习近平:《以科学理论为指导,为全面建设社会主义现代化国家提供有力法治保障》(2020年11月16日),载习近平:《习近平谈治国理政》(第四卷),第290页。
④ 《中共中央关于党的百年奋斗重大成就和历史经验的决议》(2021年11月11日中国共产党第十九届中央委员会第六次全体会议通过),载《人民日报》2021年11月17日,第1版。
⑤ 习近平:《以科学理论为指导,为全面建设社会主义现代化国家提供有力法治保障》(2020年11月16日),载习近平:《习近平谈治国理政》(第四卷),第290页。

也将为人类法治文明与人类现代化道路提供新的方案、作出新的贡献。"中国共产党将团结带领中国人民深入推进中国式现代化,为人类对现代化道路的探索作出新贡献。"①

四、中华法系与中华民族伟大复兴

中华民族的伟大复兴,离不开中华法治文明的复兴。中华法治文明的复兴,意味着在中国法治发展进程中,具有中国特色和世界意义的中华法系回到世界法治发展的舞台中央。中国式法治现代化是中国式的现代化,也是中华法系发展的新阶段。这决定了中华法治文明的复兴需要立足中国特色社会主义法治实践,"要以中国为观照、以时代为观照,立足中国实际,解决中国问题,不断推动中华优秀传统文化创造性转化、创新性发展"。② 同时,复兴中华法治文明也需要广泛吸收与借鉴世界上的优秀法治文明成果,走一条中国式的法治现代化新道路。

(一)立足中国特色社会主义法治实践

中国式法治现代化是中华法系的新阶段,这意味着中国式法治现代化是从实际出发并且立足于中国特色社会主义法治实践。"我们有我们的历史文化,有我们的体制机制,有我们的国情,我们的国家治理有其他国家不可比拟的特殊性和复杂性,也有我们自己长期积累的经验和优势,不能妄自菲薄,也不能数典忘祖。"③ 从中国的实际出发,既要充分

---

① 习近平:《加强政党合作 共谋人民幸福——在中国共产党与世界政党领导人峰会上的主旨讲话》(2021年7月6日,北京),载《人民日报》2021年7月7日,第2版。
② 《坚持党的领导传承红色基因扎根中国大地 走出一条建设中国特色世界一流大学新路》,载《人民日报》2022年4月26日,第1版。
③ 习近平:《全面做好法治人才培养工作》(2017年5月3日),载习近平:《论坚持全面依法治国》,第176页。

重视中华优秀传统法律文化，也不应排斥世界上优秀的法治文明成果。"必须坚持从中国实际出发。走什么样的法治道路、建设什么样的法治体系，是由一个国家的基本国情决定的。'为国也，观俗立法则治，察国事本则宜。不观时俗，不察国本，则其法立而民乱，事剧而功寡。'全面推进依法治国，必须从我国实际出发，同推进国家治理体系和治理能力现代化相适应，既不能罔顾国情、超越阶段，也不能因循守旧、墨守成规。"① 中国特色社会主义法治实践是中国共产党带领中国人民，从中华民族伟大复兴的战略全局出发、从世界百年未有之大变局出发，充分总结历史经验，探索适合中国的法治发展道路的伟大实践。坚持和巩固党的全面领导是中国特色社会主义法治实践的根本政治实质。"党的领导是中国特色社会主义法治之魂，是我们的法治同西方资本主义国家的法治最大的区别。"② "坚持中国特色社会主义法治道路，最根本的是坚持中国共产党的领导。"③ "中国共产党坚持一切从实际出发，带领中国人民探索出中国特色社会主义道路。历史和实践已经并将进一步证明，这条道路，不仅走得对、走得通，而且也一定能够走得稳、走得好。我们将坚定不移沿着这条光明大道走下去，既发展自身又造福世界。"④

（二）吸收借鉴世界上的优秀法治文明成果

中国式法治现代化要立足中国特色社会主义法治实践，要坚持中国

---

① 习近平：《加快建设社会主义法治国家》（2014年10月23日），载习近平：《论坚持全面依法治国》，第110页。
② 习近平：《在省部级主要领导干部学习贯彻党的十八届四中全会精神全面推进依法治国专题研讨班上的讲话》（2015年2月2日），载中共中央文献研究室编：《习近平关于全面依法治国论述摘编》，中央文献出版社2015年版，第35页。
③ 习近平：《加快建设社会主义法治国家》（2014年10月23日），载习近平：《论坚持全面依法治国》，第106页。
④ 习近平：《加强政党合作 共谋人民幸福——在中国共产党与世界政党领导人峰会上的主旨讲话》（2021年7月6日，北京），载《人民日报》2021年7月7日，第2版。

政治制度的根本、坚持中国特色社会主义法治实践的根本政治实质,也要充分吸收借鉴世界上的优秀法治文明成果。"多样性是世界的基本特征,也是人类文明的魅力所在。"① 要深化中华法治文明、中华文明与世界各国文明的交流互鉴。"对丰富多彩的世界,我们应该秉持兼容并蓄的态度,虚心学习他人的好东西,在独立自主的立场上把他人的好东西加以消化吸收,化成我们自己的好东西,但决不能囫囵吞枣、决不能邯郸学步。照抄照搬他国的政治制度行不通,会水土不服,会画虎不成反类犬,甚至会把国家前途命运葬送掉。只有扎根本国土壤、汲取充沛养分的制度,才最可靠、也最管用。"② 立足于中国特色社会主义法治实践的吸收借鉴,一方面是将世界上优秀的法治文明成果消化吸收,使之有机融入中国特色社会主义法治建设。"我们要学习借鉴世界上优秀的法治文明成果。但是,学习借鉴不等于是简单的拿来主义,必须坚持以我为主、为我所用,认真鉴别、合理吸收,不能搞'全盘西化',不能搞'全面移植',不能照搬照抄。"③ 另一方面是通过吸收转化,更好地为世界法治文明建设作出贡献。"对世界上的优秀法治文明成果,我们要积极吸收借鉴,但也要加以甄别,有选择地吸收和转化,不能囫囵吞枣、照搬照抄,否则必然水土不服。正所谓'橘生淮南则为橘,生于淮北则为枳'。在这个问题上,我们要有底气、有自信,要努力以中国智慧、中国实践为世界法治文明建设作出贡献。"④

---

① 习近平:《同舟共济克时艰,命运与共创未来——在博鳌亚洲论坛 2021 年年会开幕式上的视频主旨演讲》(2021 年 4 月 20 日,北京),载《人民日报》2021 年 4 月 21 日,第 2 版。
② 习近平:《在庆祝全国人民代表大会成立六十周年大会上的讲话》(2014 年 9 月 5 日),载习近平:《论坚持全面依法治国》,第 78 页。
③ 习近平:《加快建设社会主义法治国家》(2014 年 10 月 23 日),载习近平:《论坚持全面依法治国》,第 111 页。
④ 习近平:《全面做好法治人才培养工作》(2017 年 5 月 3 日),载习近平:《论坚持全面依法治国》,第 177 页。

(三) 创造性转化与创新性发展

《中共中央关于党的百年奋斗重大成就和历史经验的决议》指出："中华优秀传统文化是中华民族的突出优势,是我们在世界文化激荡中站稳脚跟的根基,必须结合新的时代条件传承和弘扬好。"[①] "中华法系是中华民族法治精神的结晶,有许多超越时空、具有普遍价值的思想和理念值得我们回味、传承和发展。"[②] 中国式法治现代化要深入研究和总结中华法系的发展规律,从中提炼出超越时空的法理思维、法律理论、法律制度、法治原则,充分发掘其中的制度、文化和技术资源,实现中华法系的创造性转化。如"德主刑辅""明德慎罚"等观念与理论,都是中华法系最为重要的特征,表现了"中华法系对道德的追求,以及对伦理秩序的重视"。[③] 习近平总书记在中共中央政治局第三十七次集体学习时强调:"法律是成文的道德,道德是内心的法律。法律和道德都具有规范社会行为、调节社会关系、维护社会秩序的作用,在国家治理中都有其地位和功能。法安天下,德润人心。法律有效实施有赖于道德支持,道德践行也离不开法律约束。法治和德治不可分离、不可偏废,国家治理需要法律和道德协同发力。"[④] "我们要坚持以德治国和依法治国相结合。法律规范人们的行为,可以强制性地惩罚违法行为,但不能代替解决人们思想道德的问题。我国历来就有德刑相辅、儒法并用的思想。法是他律,德是自律,需要二者并用。"[⑤] "坚持依法治国和以德治国相结合"

[①] 《中共中央关于党的百年奋斗重大成就和历史经验的决议》(2021年11月11日中国共产党第十九届中央委员会第六次全体会议通过),载《人民日报》2021年11月17日,第1版。

[②] 张文显:《论中国式法治现代化新道路》,载《中国法学》2022年第1期,第12页。

[③] 马小红:《"中华法系"中的应有之义》,载《中国法律评论》2014年第3期,第126页。

[④] 习近平:《坚持依法治国和以德治国相结合 推进国家治理体系和治理能力现代化》,载《人民日报》2016年12月11日,第1版。

[⑤] 习近平:《严格执法,公正司法》(2014年1月7日),载习近平:《论坚持全面依法治国》,第51页。

就是对"德主刑辅""明德慎罚"的创造性转化与创新性发展。"推动中华优秀传统文化创造性转化、创新性发展,为民族复兴立根铸魂。""坚持守正创新,推动中华优秀传统文化同社会主义社会相适应,展示中华民族的独特精神标识,更好构筑中国精神、中国价值、中国力量。"[①] 中华法系的创造性转化与创新性发展不是历史传统的简单再现,更不是为了复古,而是在新时代的历史条件下找到中华传统法治文化与中国特色社会主义法治建设的契合点,推动中国特色社会主义法治文明创新。中华传统法治文化是中国古代治国理政丰富经验的沉淀与凝练,在中国古代国家治理过程中展示了独特魅力,对于当代法治实践也具有重大意义。立足于中华民族伟大复兴的战略全局与世界百年未有之大变局,中华优秀传统法治文化对于建设中国特色社会主义法治体系、推进全面依法治国、实现中华民族伟大复兴的重大价值尤为凸显。

五、小结

中华法系底蕴深厚、内涵丰富、影响深远、意义重大,是中华民族探索自我治理的重大成果,是中华民族法治智慧与法治精神的结晶,也是世界法治文明发展史上的耀眼明珠。中华法系之灿烂与辉煌,不仅在于其曾经创造了举世瞩目的伟大成就。只有努力探寻法治传统与法治实践的契合点,从中发现法治发展的方向,才能真正超越立法、审判等技术层面,从国家治理与文明秩序建构的角度深刻理解中华法系的独树一帜。中华民族法治变革、法治发展的内在逻辑一脉相承,统一于中华民族的伟大实践。"独立自主是中华民族精神之魂。""人类历史上没有

---

① 习近平:《把中国文明历史研究引向深入,增强历史自觉坚定文化自信》,载《求是》2022年第14期,第7页。

一个民族、一个国家可以通过依赖外部力量、照搬外国模式、跟在他人后面亦步亦趋实现强大和振兴。那样做的结果,不是必然遭遇失败,就是必然成为他人的附庸。"①外在因素直接促动了中国法治现代化进程的开启,但其并非以中华法系的"解体"为前提;外在因素对中国的法治现代化进程产生了直接影响,进而产生了法律制度、法律体系的代际更替,但中国的法治现代化是中华民族在法治现代化进程中的探索,是中国式法治现代化,是中国式现代化在法治领域的具体体现,是中华法系的新阶段。近代以来,中华民族在法治发展的道路上历经艰辛探索,终于在中国共产党的领导下逐渐找到了适合自己的道路。"具体讲我国法治建设的成就,大大小小可以列举出十几条、几十条,但归结起来就是开辟了中国特色社会主义法治道路这一条。"②"中国特色社会主义法治道路,是社会主义法治建设成就和经验的集中体现,是建设社会主义法治国家的唯一正确道路。"③ 这是最适合中国国情的法治道路,也是实现中华民族伟大复兴的唯一正确道路。党的十八大以来,习近平总书记领导全党在全面依法治国的伟大实践中,深刻总结我国古代法治传统和成败得失,挖掘和传承中华优秀传统法律文化精华,赋予中华法系与中华法治文明新的时代内涵,使其焕发新的活力。党的十九大以来,以习近平同志为核心的党中央立足新时代法治中国建设,面对中华民族伟大复兴战略全局和世界百年未有之大变局,提出了全面建设社会主义现代化国家新阶段的战略目标和重要举措。当前,"世界百年未有之大变局加速演进,世界进入新的动荡变革期,迫切需要回答好'世界怎么了''人

---

① 《中共中央关于党的百年奋斗重大成就和历史经验的决议》(2021 年 11 月 11 日中国共产党第十九届中央委员会第六次全体会议通过),载《人民日报》2021 年 11 月 17 日,第 1 版。
② 习近平:《加快建设社会主义法治国家》(2014 年 10 月 23 日),载习近平:《论坚持全面依法治国》,第 105 页。
③ 习近平:《关于〈中共中央关于全面推进依法治国若干重大问题的决定〉的说明》(2014 年 10 月 20 日),载习近平:《论坚持全面依法治国》,第 93 页。

类向何处去'的时代之题。要坚持把马克思主义基本原理同中国具体实际相结合、同中华优秀传统文化相结合，立足中华民族伟大复兴战略全局和世界百年未有之大变局，不断推进马克思主义中国化时代化"。① 习近平法治思想顺应实现中华民族伟大复兴的时代要求，深刻认识和把握治国理政基本规律、社会主义法治建设规律和人类法治文明发展规律，从历史和现实相贯通、国际和国内相关联、理论和实际相结合上对中华法系重新定位。中华法系的新阶段提出了西方法治发展进程中从未遇到过、西方法学家从未讲过的重大理论和实践问题，并且创造性地解决了这些问题，系统性地概括了这些问题。中华法系的新阶段是中国共产党领导人民，立足中国特色社会主义法治实践，赓续中华优秀传统法律文化，吸收借鉴世界上的优秀法治文明成果，在适合中国国情的正确道路上大步前行的新阶段，是马克思主义法治理论与中国法治建设实际相结合、与中华优秀传统法律文化相结合的重大成果。坚持中国共产党的全面领导，沿着新道路坚定前行，具有中国特色和世界意义的中华法系必将回到世界法治发展的舞台中央。中华法系的新阶段将推进中华法治文明的新发展，推进中华民族的伟大复兴，为人类法治文明发展作出重大原创性贡献，创造人类法治文明新形态。

---

① 《坚持党的领导传承红色基因扎根中国大地 走出一条建设中国特色世界一流大学新路》，载《人民日报》2022年4月26日，第1版。

附录二 《唐律疏议》是中华法治文明的集中呈现

中华法治文明是中华民族五千多年探索自我治理的文化积淀、经验凝结与智慧结晶,具有丰富的内涵与深厚的底蕴。习近平总书记在中央全面依法治国委员会第一次会议(2018年8月24日)、中央全面依法治国工作会议(2020年11月16日)上的讲话都提到了《唐律疏议》,指出它是中华法系代表性的法典,并通过《唐律疏议》"为大唐盛世奠定了法律基石"的例子强调了"法治兴则国兴,法治强则国强"。[①] 习近平总书记深刻指出:"自古以来,我国形成了世界法制史上独树一帜的中华法系,积淀了深厚的法律文化。中华法系形成于秦朝,到隋唐时期逐步成熟,《唐律疏议》是代表性的法典,清末以后中华法系影响日渐衰微。与大陆法系、英美法系、伊斯兰法系等不同,中华法系是在我国特定历史条件下形成的,显示了中华民族的伟大创造力和中华法制文明的深厚底蕴。中华法系凝聚了中华民族的精神和智慧,有很多优秀的思想和理念值得我们传承。出礼入刑、隆礼重法的治国策略,民惟邦本、本固邦宁的民本理念,天下无讼、以和为贵的价值追求,德主刑辅、明德慎罚的慎刑思想,援法断罪、罚当其罪的平等观念,保护鳏寡孤独、老幼妇残

---

① 习近平:《在中央全面依法治国委员会第一次会议上的讲话》(2018年8月24日),载习近平:《论坚持全面依法治国》,第225—226页。

的恤刑原则,等等,都彰显了中华优秀传统法律文化的智慧。"① 具有中国特色和世界意义的中华法系是中华法治文明的直接载体,是中华优秀传统法律文化创造性转化、创新性发展的重要对象,也是中华文明、中华优秀传统文化以及中华民族的显著标志。《唐律疏议》凝聚了中国古代国家治理体系的技术、话语与观念,承载着中国传统法制的精神追求,表征着中华优秀传统法律文化的智慧及其深远影响,是中华法治文明的集中呈现。

永徽三年(652),"长孙无忌等十九人承诏制疏,勒成一代之典",② 永徽四年(653)"律疏"颁于天下。"名疏者,发明律及注意;云议者,申律之深义及律所不周不达"。③ 时人将这部同时包含唐律律文与"律疏"的法典称为《永徽律疏》,也就是后世所称的《唐律疏议》。作为现存最早、保存最完整、内容最精良的法典,《唐律疏议》之于中华法治文明乃至中华文明,具有无可替代的重大意义。

一、中华优秀传统法律文化精华的系统制度表达

中国古代法制源远流长,在五千年未间断的发展进程中,形成了精辟深邃的法律思想、积淀了博大精深的法律文化。中华优秀传统法律文化在正史、经典及其注疏中皆有呈现,但最为直接的载体是历代法典,

---

① 习近平:《以科学理论为指导,为全面建设社会主义现代化国家提供有力法治保障》(2020年11月16日),载习近平:《习近平谈治国理政》(第四卷),外文出版社2022年版,第289—290页。
② [元]柳赟:《唐律疏义序》,载[唐]长孙无忌等:《唐律疏议》,刘俊文点校,中华书局1983年版,第663页。
③ [清]沈家本:《重刻唐律疏议序》,载[唐]长孙无忌等:《唐律疏议》,刘俊文点校,第670页。

精妙的立法语言、精密的立法技术、精巧的法典结构与精深的法律原理是最为有效的展现方式。《唐律疏议》在立法宗旨、罪名设置、量刑技术、法律适用原理等层面直接表达了出礼入刑、隆礼重法的治国策略,民惟邦本、本固邦宁的民本理念,天下无讼、以和为贵的价值追求,德主刑辅、明德慎罚的慎刑思想,援法断罪、罚当其罪的平等观念,保护鳏寡孤独、老幼妇残的恤刑原则等中华优秀传统法律文化精华。

(一)出礼入刑、隆礼重法的治国策略

被称为"天下奇才"的清代大儒孙星衍在《重刻故唐律疏议序》开篇即言:"律出于礼"。④ 中国古代"正统法律思想"的特征,一般被概括为"礼法合流"基础之上的"以礼统法"。从这个角度来说,所谓中国古代"正统法律思想"的产生、形成与发展实际上是"礼"与"法"或者"礼"与"刑"充分交融的过程。隋唐时期尤其是唐代,"礼法关系"⑤ 以最为成熟、完备的形态予以呈现。

《名例》是《唐律疏议》首篇,具有法典总则的地位与功能。《名例》"序疏"中说:"德礼为政教之本,刑罚为政教之用,犹昏晓阳秋相须而成者也。""礼本刑用"深刻揭示了礼与刑或礼与律、礼与法的关系。《名例》"序疏"既是作为法典总则的《名例》的序文,亦是整部《唐律疏议》

---

④ [清]孙星衍:《重刻故唐律疏议序》,载[唐]长孙无忌等:《唐律疏议》,刘俊文点校,第667页。

⑤ 此处所谓"礼法关系"与"礼刑关系""礼律关系"并无质的差异,以正史文献记载为例,三者亦未见表意方面的本质差别。正史文献中"礼法"的固定表述最为广泛,各朝正史皆有相关内容,"礼刑""礼律"的表述主要出现在魏晋之后。如《汉书·游侠传》:"非明王在上,视之以好恶,齐之以礼法,民曷由知禁而反正乎!"[汉]班固撰、[唐]颜师古注:《汉书》卷九十二,中华书局1975年版,第3698页。《晋书·潘岳(从子尼)传》:"忠信之薄,礼刑实滋。"[唐]房玄龄等:《晋书》卷五十五,中华书局1974年版,第1514页。《晋书·礼志》:"此为夺旧与新,违母从子,礼律所不许,人情所未安也。"[唐]房玄龄等:《晋书》卷二十,第636页。因此,虽然此处表述为"礼法关系",但与"礼刑""礼律"亦可通用。

的序文。"礼本刑用"表达了唐代统治者治国理政的根本理念,这也是贯穿法典始终的立法精神:片面强调礼或法,都不足以维护稳定的政治秩序与社会秩序;两者不仅要兼具,还要不断探寻其和谐关系,使两者得以互相强化;礼与法融为一体是法典最为成熟、完备的形态。"律疏"中常见"依礼""据礼""礼云""准礼""在礼"等表述,[①] 即律内常常直接援引儒家经典,以礼的准则为律的评价标准,使道德评价与法律评价互相支撑,最终使两者融为一体。"论者谓唐律一准乎礼,以为出入得古今之平",[②] 律文、"律疏"及其解释与适用之技术、原理系统表达了唐代统治者出礼入刑、隆礼重法的治国策略。

(二)民惟邦本、本固邦宁的民本理念

民本理念作为中国古代治理思想的重要内涵由来已久,唐太宗倡导民本理念,"为君之道,必须先存百姓。若损百姓以奉其身,犹割股以啖腹,腹饱而身毙。"[③] 并在立法中践行民本理念。唐太宗览《明堂针灸图》,见其所示内脏与背相近,鞭背易伤性命,故有感叹,"'夫棰者,五刑之轻;死者,人之所重。安得犯至轻之刑而或致死?'遂诏罪人无得鞭背"[④]。唐令《狱官令》对笞杖刑具以及行刑部位、数量、方式有非常细致的规定,"诸杖皆削去节目,长三尺五寸。讯囚杖,大头径三分二厘,小

[①] 霍存福曾作了比较详细的统计:"律疏"中凡言"依礼"者16见,"据礼"6见,"礼云"22见,"准礼"2见,"在礼"2见,"依(准)礼令"3见,其他以"礼经""礼制"及"礼"出现者17见;直接引述儒家经典者有:"依《周礼》""《周礼》云""《周礼》"合10见,《诗》2见,《书》3见,《易》4见,《春秋公羊》1见,《左传》5见,《礼记》1见,《孝经》5见,"案丧服制"3见,言"春秋之义"者也有1例。这一百多处有关礼的引述和提示,表明唐律的礼律相杂已经到了什么程度。参见霍存福:《论〈唐律〉"义疏"的法律功能》,载《吉林大学社会科学学报》1987年第4期。

[②] 《四库全书总目唐律疏议提要》,载〔唐〕长孙无忌等:《唐律疏议》,刘俊文点校,第677页。

[③] 〔唐〕吴兢:《贞观政要·君道第一》,齐鲁书社2010年版,第1页。

[④] 〔宋〕欧阳修、宋祁:《新唐书》卷五十六《刑法志》,中华书局1975年版,第1409页。

头二分二厘;常行杖,大头二分七厘,小头一分七厘;笞杖,大头二分,小头一分半。其决笞者,腿、臀分受;决杖者,背、腿、臀分受,须数等;拷讯者亦同。笞以下愿背、腿均受者,听。即殿庭决者,皆背受。"①《唐律疏议·断狱》"决罚不如法"条(482):"诸决罚不如法者,笞三十;以故致死者,徒一年。即杖粗细长短不依法者,罪亦如之。"即官员不依法决罚笞杖,处以笞三十之刑;若官员不依法决罚笞杖导致受刑人死亡,处以徒一年之刑;行刑之杖若不依唐令之明确规定,亦处罚行刑官员。民本理念贯穿唐律始终,并有相应技术规范予以保障。

唐律中还规定了刑罚加减之计算规则,《名例》"称加减"条(56):"诸称'加'者,就重次;称'减'者,就轻次。惟二死、三流,各同为一减。加者,数满乃坐,又不得加至于死;本条加入死者,依本条。(加入绞者,不加至斩。)其罪止有半年徒,若应加杖者,杖一百;应减者,以杖九十为次。"可见唐律整体上表达了对于刑等累加、死刑适用的慎重以及从有利于受刑人的立场出发对减刑的宽容。

(三)天下无讼、以和为贵的价值追求

中国古代国家制定法体系非常发达,但立法、制刑只是社会治理的手段。清人励廷仪说唐律"刑期无刑,辟以止辟",②即《唐律疏议·名例》"序疏"中所说"惩其未犯而防其未然","以刑止刑,以杀止杀",无讼、和谐才是立法宗旨与价值追求。

首先,明确规定了常规诉讼的告诉程序。告诉必须实名,官司不受理匿名、冒名告诉。《唐律疏议·斗讼》"投匿名书告人罪"条(351):"诸投匿名书告人罪者,流二千里。(谓绝匿姓名及假人姓名,以避己作者。

---

① 〔日〕仁井田陞:《唐令拾遗》,栗劲等编译,长春出版社1989年版,第727页。
② 〔清〕励廷仪:《唐律疏义序》,载〔唐〕长孙无忌等:《唐律疏议》,刘俊文点校,第665页。

弃、置、悬之俱是。)得书者,皆即焚之,若将送官司者,徒一年。官司受而为理者,加二等。被告者,不坐。辄上闻者,徒三年。"对于投匿名书告人者、得匿名书送官司者以及受理匿名、假名诉讼之官员皆予处罚。告诉应自下而上逐级上告。《唐律疏议·斗讼》"越诉"条(359):"诸越诉及受者,各笞四十。若应合为受,推抑而不受者笞五十,三条加一等,十条杖九十。"《疏》议曰:"凡诸辞诉,皆从下始。从下至上,令有明文。谓应经县而越向州、府、省之类,其越诉及官司受者,各笞四十。"官司不得受理越诉案件,越诉之人与受理越诉之官员皆予处罚。

其次,为追求无讼、和谐而许可一定范围内的亲属针对一般犯罪行为相互不予告发。《唐律疏议·名例》"同居相为隐"条(46):"诸同居,若大功以上亲及外祖父母、外孙,若孙之妇、夫之兄弟及兄弟妻,有罪相为隐;部曲、奴婢为主隐:皆勿论,即漏露其事及擿语消息亦不坐。其小功以下相隐,减凡人三等。"同居共财之亲属或大功以上亲属,若犯罪可以相互隐匿;若主人犯罪,部曲、奴婢亦可隐匿。

最后,严格限制尊卑长幼之间的告诉。《唐律疏议·斗讼》"告祖父母父母"条(345):"诸告祖父母、父母者,绞。"《唐律疏议·斗讼》"告期亲以下缌麻以上尊长"条(346):"诸告期亲尊长、外祖父母、夫、夫之祖父母,虽得实,徒二年;其告事重者,减所告罪一等;(所犯虽不合论,告之者犹坐。)即诬告重者,加所诬罪三等。告大功尊长,各减一等;小功、缌麻,减二等;诬告重者,各加所诬罪一等。"《唐律疏议·斗讼》"告缌麻以上卑幼"条(347):"诸告缌麻、小功卑幼,虽得实,杖八十;大功以上,递减一等。诬告重者,期亲,减所诬罪二等;大功,减一等;小功以下,以凡人论。"尊卑之间原则上不允许告诉,若执意告诉则根据身份关系予以相应处罚,子孙告祖父母、父母,处以绞刑;告期亲尊长、外祖父母、夫、夫之祖父母,虽得实,告者徒二年;告缌麻、小功卑幼,虽得实,告者杖八十。

唐律中针对告诉的原则性要求、具体规则以及违反原则、规则的相应处罚，系统表达了统治者对于无讼、和谐的价值追求。

(四) 德主刑辅、明德慎罚的慎刑思想

唐代统治者对于"德刑"关系的认识非常深刻，唐初定律即以"务从宽简，取便于时"①为原则，唐高祖制定《武德律》时，"因开皇律令而损益之，尽削大业所用烦峻之法"。②唐太宗"初即位，有劝以威刑肃天下者，魏徵以为不可，因为上言王政本于仁恩，所以爱民厚俗之意，太宗欣然纳之，遂以宽仁治天下，而于刑法尤慎"。③

德主刑辅、明德慎罚的慎刑思想不仅贯穿于立法指导思想，还体现于具体制度。唐太宗"以宽仁制为出治之本，中书奏谳，常三覆五覆而后报可，其不欲以法禁胜德化之意，皦然与哀矜慎恤者同符"。④"三覆五覆"即《唐律疏议·断狱》"死囚覆奏报决"条 (497) 规定的死刑覆奏制度："诸死罪囚，不待覆奏报下而决者，流二千里。即奏报应决者，听三日乃行刑，若限未满而行刑者，徒一年；即过限，违一日杖一百，二日加一等。"唐代从制度上对死刑的执行规定了非常严格的限制，死刑案件已经中书门下奏请皇帝裁决，但正式行决前，仍要再次奏请皇帝核准。贞观元年 (627 年) 至贞观四年 (630 年)，"断死刑，天下二十九人，几致刑措"⑤。就制度设计来看，《唐律疏议》显然实现了"刑网简要，疏而不失"。⑥可见，唐律一方面贯彻了慎刑的思想与原则，另一方面又通过高

---

① [宋] 王溥撰：《唐会要》卷三九《定格令》，中华书局 1955 年版，第 701 页。
② [后晋] 刘昫等撰：《旧唐书》卷五十《刑法志》，中华书局 1975 年版，第 2134 页。
③ [宋] 欧阳修、[宋] 宋祁撰：《新唐书》卷五十六《刑法志》，中华书局 1975 年版，第 1412 页。
④ [元] 柳赟：《唐律疏义序》，载 [唐] 长孙无忌：《唐律疏议》，刘俊文点校，第 663 页。
⑤ [唐] 吴兢：《贞观政要·刑法第三十一》，齐鲁书社 2010 年版，第 255 页。
⑥ 此为后世对隋初《开皇律》之评价。《四库全书总目唐律疏议提要》，载 [唐] 长孙无忌等：《唐律疏议》，刘俊文点校，第 677 页。

超的立法技术避免了一味追求宽仁而造成放纵犯罪的可能。

(五)援法断罪、罚当其罪的平等观念

援法断罪、罚当其罪的思想渊源可追溯至先秦,《尚书·吕刑》中对于刑官"援法断罪、罚当其罪"最直接的要求是"明启刑书胥占,咸庶中正。其刑其罚,其审克之"。唐代孔颖达疏:"明开刑书,相与占之,使刑当其罪,皆庶几必得中正之道。"①即强调刑官在审判时务必翻阅刑书加以揣度,依照刑书的规定断罪,并期望由此能够实现刑罚与罪行相适应。可见此时已有对刑官援法断罪的形式要求,且认为这一要求是实现"中正"之道的必要前提。虽然先秦时期的法律尚未完全以成文法形态呈现,但这并不意味着刑官可以任意定罪。此时已经出现了刑官断案的形式要求,并表现出对于"刑当其罪"的实质追求。"刑当其罪"的实现途径在于"上下比罪","比"必须依据规定于刑书中的法律纲要。可以看出,"援法断罪、罚当其罪"的思想已经萌芽。

唐代统治者在前代立法与法律思想的基础上又有发展,唐太宗说:"罚当其罪,为恶者咸惧。"②这一思想贯彻于立法,在《唐律疏议》中有系统表达。《唐律疏议·断狱》"断罪不具引律令格式"条(484):"诸断罪皆须具引律、令、格、式正文,违者笞三十。"《疏》议曰:"犯罪之人,皆有条制。断狱之法,须凭正文。若不具引,或致乖谬。违而不具引者,笞三十。""具引"强调援引条文需为正文、全文,不得断章取义。司法官吏在判决时所引必须是"律、令、格、式正文",不可不引、不可引错。若无正文可引,司法官吏仍须援法断罪。《唐律疏议·名例》"断罪无正条"条(50):"诸断罪而无正条,其应出罪者,则举重以明轻;其应入罪

---

① [汉]孔安国传:《尚书正义》,[唐]孔颖达正义,上海古籍出版社2007年版,第790页。

② [唐]吴兢撰:《贞观政要·封建第八》,齐鲁书社2010年版,第111页。

者,则举轻以明重。"轻重相举是对律文进行当然解释的一种逻辑推理方式,"断罪无正条"并非没有律文可供援引,只是没有直接规定。既然可"举",必然有文可引,司法实践中,法官仍须援引该条加以说明。援法断罪、罚当其罪既是中国古代法律思想中的重要观念,也包含着丰富的规范内容与技术要素。援法断罪的具体制度得到了严格遵循,罚当其罪的追求才得以实现。唐律中的援法断罪制度也因其有效易行而得以被后世法典继承,沿用至清末。

(六)保护鳏寡孤独、老幼妇残的恤刑原则

矜老恤幼是儒家思想的重要内容,《周礼·秋官·司刺》中已有"三赦之法",即"壹赦曰幼弱,再赦曰老旄,三赦曰憃愚"。[①]《礼记·曲礼上》有针对九十以上、七岁以下"虽有罪,不加刑"[②]的记载。《唐律疏议·名例》"应议请减(赎章)"条(11)中说"国家惟刑是恤",保护鳏寡孤独、老幼妇残的恤刑原则通过具体制度予以系统表达。《唐律疏议·名例》"犯死罪应侍家无期亲成丁"条(26):"诸犯死罪非十恶,而祖父母、父母老疾应侍,家无期亲成丁者,上请。"又《唐律疏议·名例》"犯徒应役家无兼丁"条(27):"诸犯徒应役而家无兼丁者,(妻年二十一以上,同兼丁之限。妇女家无男夫兼丁者,亦同。)徒一年,加杖一百二十,不居作;一等加二十。(流至配所应役者,亦如之。)若徒年限内无兼丁者,总计应役日及应加杖数,准折决放。"即应处死刑、流刑、徒刑的囚犯,若父祖老疾而家内无人侍奉,为保障老疾之人的权益,对刑罚执行有所变通的制度。《唐律疏议·名例》"老小及疾有犯"条(30)

---

① [汉]郑玄注、[唐]贾公彦疏:《周礼注疏》卷第三十六《司刺》,北京大学出版社1999年版,第947页。

② [汉]郑玄注、[唐]孔颖达疏:《礼记正义》卷第一《曲礼上》,北京大学出版社1999年版,第20页。

规定了老、幼、病、残之人犯罪减免处罚,"诸年七十以上、十五以下及废疾,犯流罪以下,收赎。八十以上、十岁以下及笃疾,犯反、逆、杀人应死者,上请。""九十以上,七岁以下,虽有死罪,不加刑。"《唐律疏议·名例》"犯时未老疾"条(31)规定了老、幼、病、残的认定标准,既包括针对行为主体特定情况的认定,也包括针对行为的认定。"诸犯罪时虽未老、疾,而事发时老、疾者,依老、疾论。""犯罪时幼小,事发时长大,依幼小论。"可见,具体制度设计遵循有利于受刑人的原则。

唐律中还规定了孕妇犯死罪不得行刑,《断狱》"妇人怀孕犯死罪"条(494):"诸妇人犯死罪,怀孕,当决者,听产后一百日乃行刑。若未产而决者,徒二年;产讫,限未满而决者,徒一年。失者,各减二等。其过限不决者,依奏报不决法。"同理,孕妇亦不得刑讯,《断狱》"拷决孕妇"条(495):"诸妇人怀孕,犯罪应拷及决杖笞,若未产而拷、决者,杖一百;伤重者,依前人不合捶拷法;产后未满百日而拷决者,减一等。失者,各减二等。"可见,唐律中既规定了保护鳏寡孤独、老幼妇残的详细制度,又有针对官员而设的相应罚则以保证具体制度得到切实贯彻。

二、中华法治文明演进脉络中成熟完备形态的集中展现

法律制度的演进历程中,极少有所谓之创造,而多属沿袭基础上的逐步发展。中国古代法制数千年未间断的发展进程中,逐渐塑造了中华法治文明的突出特性。置于中国古代成文法传统、制定法体系及其发展演进脉络当中,《唐律疏议》的渊源、沿革、发展及其贡献、价值突出展现了中华法治文明的连续性与创新性;篇章、罪名设置以及十恶、八议、化外人相犯等制度突出展现了中华法治文明的统一性与包容性;法典中始终没有出现任何关于文化霸权、军事扩张、战争发动的条款,突出展

现了中华法治文明的和平性。总体来看,《唐律疏议》是中华法治文明漫长演进历程中逐渐形成的承前启后、律意至精、通极乎情理、得古今之平的代表性法典,其被现代学者称为中国古代"法典之王",[①]在中国古代法典沿革史、法制发展史上具有无可置疑的巅峰地位,集中展现了中华法治文明最为成熟完备的形态。

(一)详简得当,律意精微,通极乎人情法理之变

《唐律疏议》在制度、技术、原理等层面的成就达到了中国古代法典的巅峰。律文以及"律注""律疏"虽然"节目甚简"却又"防范甚详",[②]如何通过简要的罪名、刑罚、篇目设置实现疏而不失?唯有高超的立法技术及精深的法律原理,即立法者娴熟的技术手段以及对于正刑定罪过程的深刻见解。"其疏义则条分缕别,句推字解,阐发详明,能补律文之所未备;其设为问答,互相辨难,精思妙意,层出不穷,剖析疑义,毫无遗剩。"[③]如律内频现的"罪同""准此""如之"等典型立法语言,在简化条文、避免重复、提高法典体系化程度;标识立法技术、辨别具体行为、确定相应量刑条款等方面集中展现了立法者御繁以简的精思妙意。《唐律疏议》以其精巧的结构、精密的技术、精深的原理展示了精微的律意,实现了融贯天理、人情的精神追求,达到了平恕、和谐、中正的理想状态。后世称其"通极乎人情法理之变",[④]"处置曲当,轻重平允",[⑤]"揆

[①] 参见徐永康等:《法典之王——〈唐律疏议〉与中国文化》,河南大学出版社2005年版。
[②] [元]柳赟:《唐律疏义序》,载[唐]长孙无忌等:《唐律疏议》,刘俊文点校,第663页。
[③] [清]励廷仪:《唐律疏义序》,载[唐]长孙无忌等:《唐律疏议》,刘俊文点校,第665页。
[④] [元]柳赟:《唐律疏义序》,载[唐]长孙无忌等:《唐律疏议》,刘俊文点校,第663页。
[⑤] [清]励廷仪:《唐律疏义序》,载[唐]长孙无忌等:《唐律疏议》,刘俊文点校,第665页。

道得其中"。① 唐律立法达到了一种极致的平衡状态，不能丝毫变动其条文、结构乃至语言，否则就会破坏这种状态。"乘之则过，除之即不及，过与不及，其失均矣。"② 后世律学家对唐律的评价也说明唐律之于中华传统法律文化的意义与价值已超越其本身所包含的技术要素与制度内涵，已成为中华法治文明的永恒经典与精神符号。

（二）集先代大成，为后世章程、实效超越政权更迭

元代人柳赟在《唐律疏义序》中说："《故唐律》十二篇，非唐始有是律也。自魏文侯以李悝为师，造《法经》六篇，至汉萧何定加三篇，总谓《九章律》，而律之根荄已见。曹魏作《新律》十八篇，晋贾充增损汉魏为二十篇，北齐后周或并苞其类，或因革其名，所谓十二篇云者，裁正于唐。"③ 明初丞相李善长谓："历代之律，皆以汉《九章》为宗，至唐始集其成。"④ "至唐始集其成"恰如其分地描述了唐律的地位。唐律是战国以来立法技术与法律知识、法律实践、法律智慧的叠加，但其并非简单累加，而是数千年法律思想的凝聚与法律智慧的结晶。唐律立法之精微与完备亦垂范后世，"论者咸以唐法为得其中，宋以后皆遵用，虽间有轻重，其大段固本于唐也"。⑤ 曾任刑部尚书的清人励廷仪谓："由汉魏迄隋，因革相承，代有成书，然俱不足为后世法律之章程也。"其细数《唐律疏议》精思妙意之后感叹："然则是书洵可为后世法律之章程矣。"⑥ 明

---

① ［元］柳赟：《唐律疏义序》，载［唐］长孙无忌等：《唐律疏议》，刘俊文点校，第665页。
② 同上书，第664页。
③ 同上书，第663页。
④ ［清］张廷玉等：《明史》卷九十三《刑法志》，中华书局1974年版，第2279页。
⑤ ［清］沈家本：《历代刑法考》（一），邓经元、骈宇骞点校，中华书局1985年版，第51页。
⑥ ［清］励廷仪：《唐律疏义序》，载［唐］长孙无忌等：《唐律疏议》，刘俊文点校，第665—666页。

初定律"篇目一准于唐",①"(清律)所载律条与唐律大同者四百一十有奇,其异者八十有奇耳;今之律文,与唐律合者,亦什居三四"。②《唐律疏议》对于后世的示范还直接表现为法律实效超越了政权与王朝的更迭,"故宋世多采用之。元时断狱,亦每引为据"。③日本学者八重津洋平曾言:"唐律、律疏终南宋之世,一直作为现行法延续实施。乃至元朝,唐律、律疏虽从现行法的地位退下,但在司法活动中仍广为利用。"④足见律虽定于唐,但其通极乎人情法理之变,并未画唐而遽止。

三、人类法治文明发展史上共同的里程碑

唐代不仅是中国历史上的鼎盛时期,也是当时整个世界范围内最重要、最强盛的国家,是"东亚世界的中心"。⑤唐代还是中华文明发展史上最为瞩目的时期,唐玄宗时期文化发展达到了高峰,呈现了"盛唐"的总体风貌特征。法治文明方面,以律、令、格、式为法律形式的法典体系得到确立并完善,中华法治文明以其发展进程中最为成熟完备形态呈现于世,中华优秀传统法律文化精华以《唐律疏议》为核心、以制定法体系为基础得以辐射东亚、远播西欧,在世界范围内产生了深远影响。

---

① [清]张廷玉等:《明史》卷九十三《刑法志》,中华书局1974年版,第2281页。
② [清]沈家本:《重刻唐律疏议序》,载[唐]长孙无忌等:《唐律疏议》,刘俊文点校,第670页。
③ 《四库全书总目唐律疏议提要》,载[唐]长孙无忌等:《唐律疏议》,刘俊文点校,第677页。
④ 〔日〕八重津洋平:《〈故唐律疏议〉研究》,郑显文译,载何勤华编:《律学考》,商务印书馆2004年版,第174页。
⑤ 日本学者气贺泽保规谓:"隋唐时代不仅是中国历史上的一个高峰时期,同时,从当时的整个世界上来看,隋唐时代也拥有着极为突出的势力和影响力,堪称东亚世界的中心。"〔日〕气贺泽保规:《绚烂的世界帝国:隋唐时代》,石晓军译,广西师范大学出版社2014年版,"中文版自序"。

(一)东亚刑律之准则与东方法制史枢轴

作为中国固有法及法制传统沉淀之结晶,《唐律疏议》被称为中华法系的巅峰之作。所谓"中华法系"或"中国法系""中国法体系"之深远影响,实自唐代开始。隋唐时期中华文化较之周边国家,处于绝对优越的地位,这是周边国家主动而频繁与之交流的根本原因。制定法条文以及法律体系被周边国家完整继受始自唐代,日本学者岛田正郎说:"当时东亚细亚诸民族,皆宗唐朝,并朝贺之。在吸收其文化之中,模仿唐朝体制,作为自己国家建设,寄予希望;而唐朝国家体制的基本,即为法体系,所以继受其法体系,付之施行,其结果以树立中央集权的专制国家,作为他们的理想。"[①] 以《唐律疏议》为基础,以律、令为主要支柱的独特法律体系"挟唐王朝的强劲位势而影响了此后各朝和周边各国的历史进程"。[②]

以唐律为基础的唐代法律体系对日本、朝鲜、琉球和安南等东亚国家的立法与法制发展所产生的直接示范与影响持续了千余年,日本学者仁井田陞谓此为中国"以法律支配东部亚细亚"。[③] "中国法系"在此基础之上得以形成与传播。如日本自丁度、奈良朝到平安朝,其法制在形式与内容方面皆全面沿袭唐律,其中《大宝律令》(701年)、《养老律令》(718年)、《令义解》(834年)对于《唐律疏议》的沿袭尤为显著;安南李太宗、陈太宗、黎圣宗三朝法制亦"大体同《唐律》"。[④] 陈寅恪谓唐律为"二千年来东亚刑律之准则",[⑤] 由《唐律疏议》观察东亚法制史也

[①] 林咏荣:《唐清律的比较及其发展》,黎明文化事业公司1982年版,第6页。
[②] 楼劲:《魏晋南北朝隋唐立法与法律体系》(上卷),中国社会科学出版社2014年版,"引言"第1页。
[③] 〔日〕仁井田陞:《唐令拾遗》,栗劲等编译,第801页。
[④] 杨鸿烈:《中国法律在东亚诸国之影响》,商务印书馆2015年版,第499页。
[⑤] 陈寅恪:《隋唐制度渊源略论稿》,生活·读书·新知三联书店2001年版,第119页。

是极为有效的视角。正因如此,唐代律令尤其是《唐律疏议》辐射东亚、历史久远,被誉为"东洋法制史枢轴"与"东方法制史枢轴"。①

(二)世界范围内堪与《罗马法》比肩

以《唐律疏议》为基础的唐代法律体系在技术、制度及文化等方面,居于中古时期东亚世界绝对优势之地位自不待言。"在当时世界上,达到像唐律(及律疏)这样发达程度的法典一部也没有。即使被称为中世纪西欧划时代法典的《加洛林纳法典》,也不仅比唐律晚了九百年,发达的程度也大不如。甚至19世纪西欧的刑法典,与其相比也未必增色多少。"②《唐律疏议》12篇、30卷、502条,在相当长的时期,代表了世界范围内立法技术与法治文明的最高水准。大致相近的时期,欧洲先后制定了一些法典,如《阿玛菲法典》(11世纪)、《奥列隆法典》(12世纪)、《康梭拉多法典》(13世纪)等,其出现不仅晚于唐律,内容也较为简单。

近代以来,中外学者提及《唐律疏议》尤其是论其贡献与影响,多与《罗马法》相提并论。如日本学者小野清一郎、泷川政次郎、仁井田陞以及我国学者李光灿、戴炎辉、蔡墩铭,皆谓唐律"堪与西方罗马法比肩",③"实有感于斯二者,无论其所包括之内容,立法技术抑或对后世之影响,均不相上下,皆有重大贡献"。④法治文明是人类共同创造的文明成果,是人类探索自我治理过程中的伟大发明。用马克思主义基本原理考察人类社会法制发展的不同历史阶段,"人类社会历史所经历的三种法律体系,代表了三个私有制'文明'的时代——《罗马法》代表了

---

① 中田薰、池田温语,〔日〕仁井田陞:《唐令拾遗》,栗劲等编译,第887、893页。
② 仁井田陞『補訂中國法制史研究・刑法』(東京大學出版會,1991年)172頁。
③ 瀧川政次郎「近世の漢律研究について」史學雜誌第52卷第4號(1941年)378頁。
④ 蔡墩铭:《唐律与近世刑事立法之比较研究》,汉苑出版社1976年版,第3页。

古代奴隶制文明、《唐律疏议》代表了古代封建制文明、《拿破仑法典》代表了近代资本主义制文明"。①

《唐律疏议》不仅是中华优秀传统法律文化精华的系统制度表达，还是中华法治文明的精神符号；不仅是中华民族智慧与理性的结晶，还是人类法治文明发展史上共同的里程碑。置于现代法学理论的视野中，唐律仍有许多超越时空、具有普遍价值的制度、思想、理念值得我们回味、传承、发展。《唐律疏议》所展现的中华法治文明精华值得我们重新认识、深入理解、持续关注，唯有如此，才能不断推进中华优秀传统法律文化创造性转化、创新性发展，才能使其在中国式法治现代化道路上焕发绚丽光彩，才能为中国自主法学知识体系建构提供文化资源和历史借鉴。

---

① 李光灿：《唐律疏议译注》"序"，载曹漫之主编：《唐律疏议译注》，吉林人民出版社1989年版，"序言"第7页。

附录三　国家社科基金重大项目"秦汉至唐律令立法语言分类整理、谱系建构与数据库建设"课题组启动会实录

  2022年4月1日晚7时，国家社会科学基金重大项目"秦汉至唐律令立法语言分类整理、谱系建构与数据库建设"课题组召开线上启动会。重大项目首席专家为刘晓林教授，项目责任单位为吉林大学法学院，合作单位为吉林大学古籍研究所、吉林大学司法数据应用研究中心、华东政法大学法律古籍整理研究所、华东政法大学法律史研究中心。重大项目包括五个子课题，子课题负责人分别为西北政法大学法治学院闫晓君教授、吉林大学法学院吕丽教授、沈阳师范大学法学院霍存福教授、中国政法大学法律史学研究院张中秋教授与厦门大学法学院周东平教授。项目组成员包括来自中国政法大学、西南政法大学、沈阳师范大学、中央民族大学、四川大学、南开大学、浙江大学、湖南大学、湘潭大学、长春理工大学、东北师范大学、吉林社会科学院等高校、科研院所的专家三十余人。本次会议由刘晓林教授主持，子课题负责人、课题组成员及各单位的部分博士生、硕士生参加了会议。根据会议录音和相关论文，整理出本次会议实录。

一、项目整体论证思路介绍

本次会议首先由刘晓林教授对项目整体论证思路进行介绍，介绍要点如下：

（一）选题论证

"秦汉至唐律令立法语言分类整理、谱系建构与数据库建设"这一题目是我本人在选题征集时申报的。其实在申报选题时，对于项目的理论追求、预期目标和大致设计已经有了比较清晰且相对成熟的想法。当然，之所以如此的原因其实有点曲折。我连续两年申报了国家社会科学基金冷门绝学研究专项学术团队项目，第一年申报的题目是"简牍所见秦汉律令立法语言辑录汇考"，第二年申报的题目是"出土文献所见秦汉至唐律令立法语言分类整理与研究"。就论证内容来看，当时自认为是比较充分的，但今天来看，在理论目标的设定、研究内容的规划以及论证结构的设计等方面，还是显得有点单薄。就选题方向来看，两次申报的题目和全国哲学社会科学工作办公室针对"冷门绝学"的定位，可能也不够契合。但这两次"失败"的经历让我对选题有了逐渐清晰与深入的认识，从两次题目的变化，大家应该也能看出本次重大项目选题的轮廓逐渐呈现，研究的直接对象和断代的选择基本确定。当然，之所以选择秦汉至唐代还与我个人的学术经历密切相关。在"秦汉至唐""立法语言""整理"这三个关键词及其背后所包含的大致学术方向确定之后，我的想法是：结合当下"大数据""人工智能""新文科"兴起的背景，立足于立法语言的理论提升，寻求不同典型术语之间的复杂关系及其源流、脉络。基于此种考虑，我以"秦汉至唐律令立法语言分类整理、谱系建构与数据库建设"为题目，申报了2021年度国家社科基金重大项目选题征集。论证选题时,"研究目标"确定为:通过出土文献与传世文献中相关内容的相互补充、分类整理与比较研究,尽量详细地描述律令体系中典型立法语言的表述形式、含义与用法及其发展、演变脉络。通过秦汉至唐律令立法语言谱系建构,渐次呈现律文、律篇与律典背后蕴含的立法意图、法律观念与思想及其发展历程,展现中华法系与传统法律文化的精微之处。通过信息技术,将针对基本史料的分类整理与相关研究成果数据化,建设有效分类检索与关联分析的数据库,通过数据分析形成秦汉至唐律令立法语言知识图谱。这三点既是我近些年一直努力在做的工作,也是我之后数年要继续努力做的工作。

(二)子课题设计

由于选题方向与研究内容在前期两次申报冷门绝学专项时已大致确定,因此这部分思路比较容易理顺。现在回想重大项目投标论证的过程,比较大的困难其实来自子课题的设计。"秦汉至唐"包含了典型的断代法制史研究内容,即以纵向的时代划分为标准;分类整理、谱系建构、数据库建设包含了不同的研究视角与进路,即以横向的研究方法、研究内容为标准。如何将不同的划分标准有机融入子课题设计,是需要在课题申报阶段就解决的关键问题。

在申报论证过程中,初步设计了五个子课题,即秦汉律令立法语言分类整理与研究、魏晋南北朝律令立法语言分类整理与研究、隋唐律令立法语言分类整理与研究、秦汉至唐律令立法语言比较研究与谱系建构、秦汉至唐律令立法语言数据库建设。

前三个子课题的研究内容是律令立法语言,按照断代进行划分,以针对基础史料的分类整理与研究为目标。这三部分史料载体存在差异,秦汉以出土文献为主;隋唐以《唐律疏议》为主要研究对象,随着《天圣令》的发现又补充了较多素材;魏晋南北朝具体法律制度的内容,直接

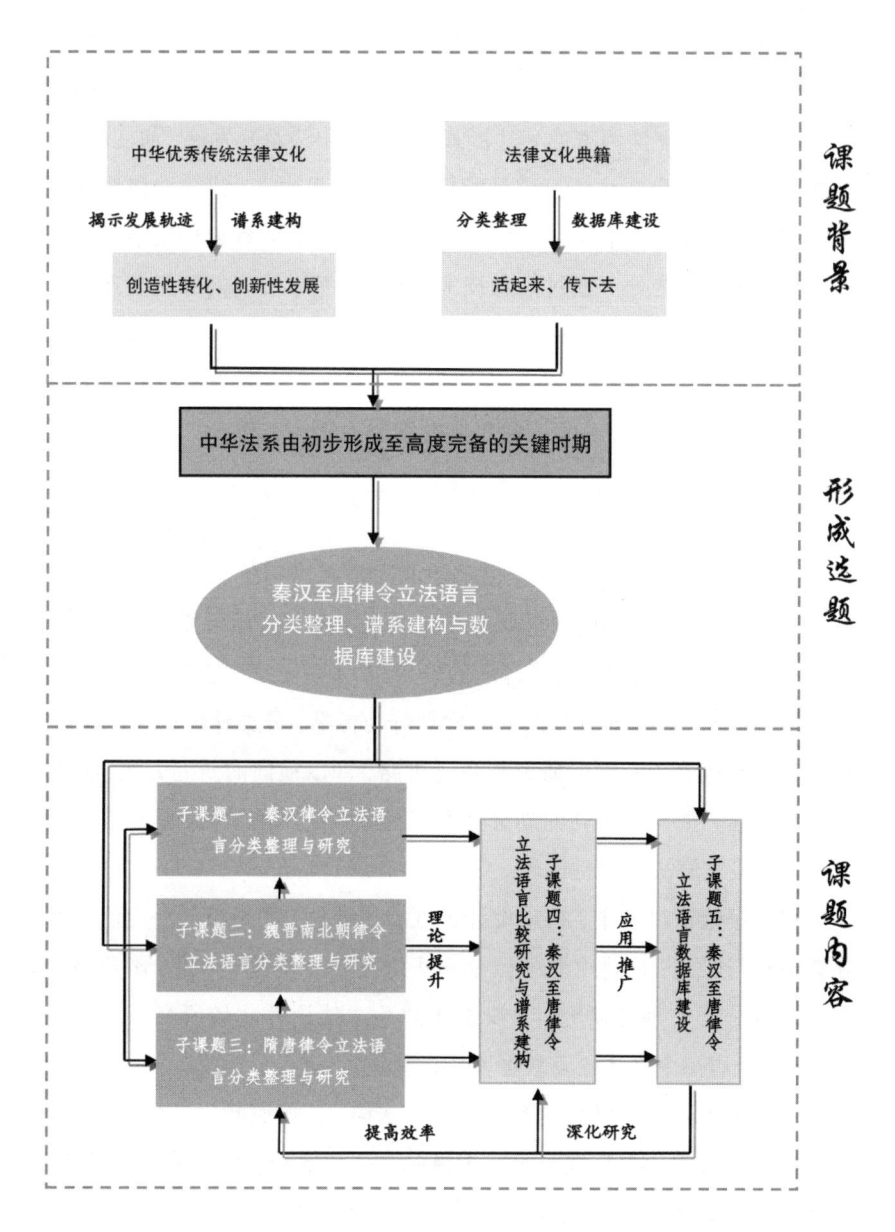

图 1　课题总体研究框架

文献比较缺乏，主要依据一些间接材料。子课题四是在前三部分基础上的比较研究，试图以史料为基础，选取一些具有典型意义的立法语言，将其在秦汉至唐代的形成、演变及特征做一个比较系统的梳理。子课题五则是希望在前四个子课题的研究基础之上，形成一个数据库。五个子课题之间的内在关系在申报论证过程中逐渐清晰，最终形成了较为系统的研究框架。

分类整理与研究是基础，比较研究与谱系建构是理论提升，数据库建设是研究基础上的推广和应用。如果真的能形成一个便于检索的数据库，会极大地提高史料利用的效率，也能通过现在一些比较成熟的分析工具直接得出一些结论。在2021年度国家社科基金重大项目选题征集的论证书中，我针对选题的设计有两段话，大致可以作为我对于这个项目的预期："针对中国古代立法语言的研究将逐步超越史料辨析与制度描述层面，通过秦汉至唐律令体系中典型立法语言谱系建构，在一定程度上揭示中国传统法律的整体语言特征与发展规律，并为中国古代法律知识体系的建构奠定基础。""大数据将助力中国古代法制研究不断向纵深发展，数据库将为基本史料与相关研究成果分类检索提供便利，数据挖掘将执行数据分类与关联分析等任务，为中国法律史的研究带来新机遇。"

二、各子课题负责人及部分课题组成员发言纪要

（一）闫晓君教授发言要点

重大项目整体结构包含了三个断代，之后是比较研究，最后是数据库建设；各个断代具有鲜明的特点。如何在长时段的演化进程中考察所

谓的"典型立法语言"？秦汉律令中的很多词汇、术语到了隋唐时期，有一些保存下来了，有一些可能消失了；有一些词汇、术语可能是到隋唐时期才出现的，或者是到了明清时期才有的。是不是可以有一个思路：以隋唐时期为基础，列出一些律令体系中具有典型意义的词汇、术语，再追溯到秦汉时期；也要注意到，有些隋唐律令中的词汇、术语，秦汉时期还未出现，有些隋唐律令中没有见到的词汇、术语，秦汉时期已经出现了。

重大项目在论证时没有涉及隋唐以后立法语言的发展。当然，这不是重大项目研究的重点。但是，我觉得有必要通过与明清时期立法语言的比较，获得一些启发。秦汉律令中有的词汇、术语虽然延续到了隋唐甚至是明清，但是用法、含义，都出现了一些变化。举一个例子，秦汉简牍中就出现了"坐赃"，后世隋唐、明清律中也都出现了"坐赃"，但其用法、含义是需要作系统比较的。再比如说"邂逅致死"与"因而致死"的比较，我觉得"邂逅致死"这个词出现得比较早，可以在秦汉律中找到，但是"因而致死"好像没有。"邂逅"和"因而"都是对致死原因的解释，两者之间的关系对于我们了解立法技术及律令体系的演变是非常有意义的。类似的题目还有很多，很多词汇、术语可能后世有，但前代并没有出现。因此，适当地将隋唐以后的立法语言纳入研究视野，对我们考察秦汉至唐律令立法语言的发展、演变非常有帮助。

（二）吕丽教授发言要点

魏晋南北朝是一个承上启下的历史阶段，在秦汉至隋唐立法语言发展进程中具有不容小觑的地位，无论在立法语言还是在立法技术层面皆表现出了较之前代明显的发展与进步，甚至某种意义上也可以说是一种飞跃。魏晋南北朝是应当受到高度重视的时期，当然该项研究也具有相当的难度与挑战性。

首先，关于史料的收集与辨析，这是课题开展的重点与难点之一。魏晋南北朝时期律令相关的直接史料较为匮乏。出土法制文献较多地集中于秦汉，涉及魏晋时期的虽然有玉门花海毕家滩《晋律注》、甘肃临泽晋简、南京新出孙吴西晋简牍等，但直接涉及律令的内容不多，而且其中有些内容尚未公布。因此针对魏晋南北朝律令立法语言相关史料的收集，较之秦汉与隋唐，具有比较明显的困难。为了克服这一困难，接下来课题组所要做的努力，应当是按照标书中所规划的，广泛收集尚未公布的重要文献的发掘报告与整理者的相关研究成果，如曹旅宁、张俊民等学者的相关研究也会给我们提供很多帮助；同时应结合实地考察，从相关博物馆与研究机构获得一手材料；另外注重多元史料的相互参照与相互印证，包括魏晋时期少量简牍法制文献、碑刻、墓志与传世文献的相互参照、印证，魏晋时期的传世文献与简牍所见秦汉律令的相互参照、印证，魏晋时期出土法制文献与传世法典即《唐律疏议》的相互参照与印证。

其次，关于令的研究，这应该也是子课题开展研究的重点与难点之一。魏晋时期开启了"律令分途"，所谓"律以正罪名，令以存事制"，具有了法律门类划分的意义。这在中国法律史、法典编纂沿革史上是具有重要意义的，对于研究律令法律体系与立法技术、立法语言都可谓一个关键性问题。从既有研究成果看，令的研究明显薄弱，尤其在立法语言的研究方面需要付出更大的努力，当然也会有更大的突破与贡献。李俊强早些年的博士论文做的就是魏晋令的研究，而且此后也一直在持续，这是很难得的。在这方面最主要的一个困难还是上面讲的史料匮乏的问题，需要团队付出艰辛努力。

最后，律、令之外其他法律形式也值得我们关注与重视。律与令作为魏晋南北朝时期最重要的法律形式，也是法律体系的主干。此外，还有科、比、格、式、故事、礼等其他法律形式与之并存，各具特点，彼此分工，密切配合，形成一个有机的整体，共同发挥着国家法律调整社会关系、维护社会秩序的作用。科、比、格、式、故事、礼等法律形式在立法语言上所表现出的特色，其间的共性与差异，以及与律、令之间的相互关系，都应当纳入我们的研究范围。

（三）霍存福教授发言要点

我阅读了投标书之后，感觉主要有三个方面的问题需要关注。

第一个方面是各子课题的预期成果，尤其是应该发表核心期刊的论文题目，也就是子课题论文研究题目的设计问题。晓林分配子课题的时候，各子课题应该研究什么问题，都有罗列。我一直想努力读懂他要让我们干什么？为什么要这么做？为什么这部分要设计这个子课题？我排列了一下，秦汉时期列出的预期成果是"坐赃"和"坐罪"两个，魏晋时期列出的预期成果是"律令分途""律义之较名"和"类罪名"三个，唐代列出的预期成果是"不坐""无罪""勿论"以及"例"研究两个，比较研究与谱系建构列出的预期成果是"法""理"与"法理"、术语和结构、"法"考辨这三个。我努力想弄懂晓林为什么这么安排，感觉是这样：秦汉、隋唐乃至于谱系组的有些问题是可以互换的。投标书魏晋时期的子课题设计中有个"类罪名"，唐律中也有很多非常重要的类罪名。比如"违令"罪，把所有的违反令的行为都包含在内，所以它是绝对的"类罪名"，这类似于现代刑法理论中的"口袋罪"。所以魏晋时期、隋唐时期甚至秦汉时期探讨这个题目都属于分内事。我仅仅是举个例子，一个题目并不是绝对的只有这个子课题能写，别的子课题不能写。但是，有一些研究内容的设计，则仅限于特定子课题。比如"律令分途"只能放在魏晋时期研究，这是中国法制史上的一个重大转变，是理解秦汉律令、晋律令和唐律令的枢纽，也是理解律令制和律令体系的关键。这个问题我想多说两句。1989 年，我们在编东北地区《中国法制度史》教材

（张光博、粟劲总主编，李景文主编），我在写法典沿革部分时提出一个概念，就是"律令分化"，并且认为这种分化具有部门法分化的意义。"律令分化"的意义比较重大：刑事法纯化为律，或独立为律，非刑事法独立为令。所以"律令分化"应该就是晓林强调的"律令分途"，其中表达的含义就是"律"与"令"各有各的发展，证据就是西晋杜预那句话："律以正罪名，令以存事制。"《唐六典》中也表达了"律"与"令"的演化，"律以正刑定罪，令以设范立制"。这就是说，唐和晋对于"律""令"的定义方式和功能判断是一致的。由此证明，所谓"分化"或"分途"在晋时就已经发生了甚至是完成了。如果比较汉代律令各方面的定义，比如西汉杜周所说："前主所是著为律，后主所是疏为令"——仅仅是着眼于"律"和"令"在时间先后的区分，没有法律规范或法典本身的性质的区分。而从晋、唐的表达来看，"律"与"令"在本质上是不同的。后来李俊强博士做魏晋律令研究的时候，说"律令分化"应该是在《魏律》制定时发生的，并作了系统的论证。这可能就比我说的（"律令分化"发生于西晋）更早一些了。因此，"律令分途"放在魏晋时候讨论比较合适。当然，这个问题必须延伸到唐代才能说得更清楚，因为晋律令条文毕竟存留不多。魏晋之后，北周还有个"令式分化"。《大统式》的出现，意味着"令"和"式"也分化开来了。但北周的"令式分化"，没有这种部门法分化的意义。因为"令"与"式"无论怎么看，也不存在性质与功能方面的根本差异。关于独立法律形式的"分化"或"分途"可能还涉及一个方法论上的问题，就是我们在描述这一制度变革历程的时候，用不用"部门法"这个概念？我想这是难以避免的，因为即使不用"部门法"，类似的词我们还得用。比如"部类"，刑法"部类"、刑律"部类"和令"部类"。"部类"和"部门法"其实是一个意思，根源在于针对独立法律形式的分类。由此延伸出的另一个问题就是现代法学理论的使用限度，如何看待、如何运用现代法学理论尤其是部门法的基本理论？"律令分化"问题必然涉及的是宪法学、行政法学或公法学中的一些基本原理。对于中国古代的令，或者说就是唐宋令制，虽然不能说它就是宪法或行政法，但是实际上其中很多规范已经是我们现在宪法或行政法范畴的内容。运用现代刑法学甚至犯罪学的原理去分析中国古代的刑律，基本上没有障碍，而且已经取得了比较好的效果。因为中国古代的刑事法确实比较发达，很早就有非常详细、细密的规定，比西方同时期的刑法要早和成熟。但是运用宪法学、行政法学或公法学的基本原理分析中国古代的令、格、式还需要进一步探索，而且需要非常谨慎。这也是一个非常重要的问题。

第二个方面是首席专家的成果要览，或对前期成果的归纳，重心和难题在哪儿？这可能也是我们要考虑的。我大体罗列了一下晓林的成果，集中于"七杀""六赃""余条准此""不用此律""罪止""至死""情理法"等，尤其"七杀"居多。他有专著，还有系列论文。由此来看，首席专家的成果集中于律。那么，重大项目推进过程中必须考虑一个问题，我们这个项目是"律令立法语言"，从首席专家的前期成果来看，针对令的立法语言的相关成果相对缺乏，这就需要在推进重大项目的过程中着力补充。比如，从分类这个角度看，投标书列出的分类包括：法典体系结构、罪名体系、刑罚体系、立法技术和法律适用、行为主体与身份关系、诉讼与审判；其中的法典体系与结构有"具律""法例"等，罪名体系有"贼""盗""杀""劫"，刑罚体系有"死""赎""赀""刑"等，立法技术与法律适用有"比""例""赃""坐"等，行为主体和身份关系有"后子""大母""求盗""隶臣妾"等，诉讼与审判有"讯""鞫""论""报"等。但是这样列举，包含的大多是律的问题，极少涉及令，立法技术也仅限于律典中的立法技术。诉讼与审判虽然涉及令的内容，但是实际上也没有单独考察令的立法语言。这里会产生两个问题：首先，研究律的立法语言，肯定是以《唐律疏议》为主，立足唐代，从后往前推也是一个比较好的方式。然而,如何研究令的立法语言?其次,针对令的立法语言的研究内容在重大项目中的体量应该有多大?律与令1∶1当然是最好的,但是基于史料等多方面的原因,估计这个比例不容易实现。律与令2∶1相对好一些,如果令的比例过低,最终研究成果就显得不太均衡。这个问题涉及我的一个心结,以及整个法律史学界研究中的一个问题。我在吉大的博士培养当中,有意把部分博士导向非刑事法的研究方向,也就是避开刑法史,希望大家做行政法史,做《唐六典》等。后来,真正写行政法史论文的就两个人,一个是李俊强,另一个是王宏庆。我原本是希望他们以唐代为中心展开研究,结果他们可能觉得研究唐史太累了,所以唐前、唐后各选一个题。程令政一开始也打算以唐代行政法类为主题,后来憋了好几年,又回到刑律了。① 相对于律的研究,法律史学界对于令的研究都比较薄弱。

第三个方面是重大项目和以往研究成果的关系。比如从立法技术和法律适用这个角度来看,唐中宗神龙初年赵冬曦曾经提出过一个建议。赵冬曦说现在(唐代)的法律条目有五百多条,古代(隋代前)有一千多条,为什么会出现这种状况?是因为隋朝时奸臣弄法,创制了"轻重相举"这样一个法律适用的技术,即"犯罪而律无正条者,应出罪则举重以明轻,应入罪则举轻以明重"。也就是《唐律疏议·名例》中的"断罪无正条":"诸断罪而无正条,其应出罪者,则举重以明轻;其应入罪者,则举轻以明重。"赵冬曦说:"立夫一言,而废其数百条。"这就直接导致了法律条文的大幅度减少。他的立法建议是"其以准、加减、比附、原情及举轻以明重,不应为而为之类,皆勿用之"。我过去在论文中评

---

① 按:李俊强为吉林大学法学院法律史专业2014届博士毕业生,博士学位论文题目为《魏晋令制研究》;王宏庆为吉林大学法学院法律史专业2019届博士毕业生,博士学位论文题目为《明代考察"八法"考论》;程令政为吉林大学法学院法律史专业2020届博士毕业生,博士学位论文题目为《秦及汉初刑罚制度研究——以出土简牍资料为主要依据》。

价说,这是一个倒退的观点。但是,赵冬曦是进士出身,是熟读经史的一个人物。他提出了这样的意见,是不是反映了当时士大夫对于立法技术和法律适用的普遍态度?我们并不清楚,反正他这样说了。那么回过头来,重大项目在讨论"立法技术"这个专题的时候,就必须关注这方面的问题。比如按照晓林投标书的意见,可能在立法技术和法律适用方面,我们就要增加赵冬曦提到的"以准、加减、比附、原情及举轻以明重,不应为而为之类"等内容,甚至还要关注他没有提到的内容。后世所谓"例分八字",也就是律母、律眼,王明德《读律佩觽》里的这一大堆讲究,也都要放在这里集中讨论。同时,课题组还必须要做一个工作,就是要把所有的论文检索出来,尽可能不遗漏已有的研究成果。还要刻意关注一些学术大家的相关研究成果,比如说戴炎辉的系列研究成果。《唐律通论》《唐律各论》《中国法制史》等著作中对于律典中的犯罪行为有非常系统的分类,像"侵身的犯罪""侵财的犯罪",等等。已有研究达到了什么程度,我们必须做到心里有数。这个工作既是研究的理论基础,也是研究的文献基础。现在看来,首席专家在这一方面基础比较好,有经验积累,也有理论准备,所以他在"律"这方面立法语言的研究成果,我们真要总结一下,推广到"令"的研究方面。

(四)张中秋教授发言要点

我所承担的子课题主要是在前三个子课题扎实研究的基础上再作分析和提炼。因此,要熟悉、统观前面三个子课题的研究内容,再进行比较,这是具有挑战性的研究工作。从重大项目整体上来看,"秦汉至唐律令立法语言比较研究与谱系建构"的设计非常有价值,是整个重大项目理论提升的重心所在。第五部分是新的技术化、数字化应用于史料整理与基础研究方面的贡献。从比较研究与谱系建构来看,这部分研究如果想做好,有几个需要注意的问题。

第一，要关注日本学者在这方面的研究成果，日本学者在秦汉至隋唐法制史领域有极为丰硕的研究成果。当然，其中有不少成果，不一定跟重大项目的主题完全契合，但内容肯定是相关的，比如日本学者关于秦汉至隋唐的律令体系、律令制等研究成果。

第二，要把子课题提升到一个比较研究的理论层面上来。这个提升除了我们要学习前面基础性的秦汉、魏晋、隋唐的扎实成果，还要关注相应的立法学、法律语言学、法理学、比较法学的一些基本理论。努力把这些理论同前三个子课题中基础史料分类整理的成果结合起来，才有可能从史实的基础上提升到理论的层面上来观察。

第三，我感觉立法语言也好，立法技术也好，法典体系也好，实际上跟社会是相关的。因此，我们也要关注秦汉到隋唐期间的社会语言，特别是法律语言的变迁和社会结构的关系，以及和人们观念结构的关系；要关注我们的立法语言、立法技术、法律体系和这段历史中社会语言的变迁、社会结构的变迁、人们观念的变迁以及对应的结构性关系。法律体系、法律语言和法律技术不是孤立的，要把立法语言放到社会生活中来还原，形成新的认识。

（五）周东平教授发言要点

重大项目的前三个子课题是针对秦汉至唐这一历史时期分段进行细化研究，第四个子课题即"比较研究与谱系建构"是真正体现学术价值升华的一个部分，最后一个子课题即"数据库建设"主要是为学界服务，直接体现了重大项目的社会效益与价值。我觉得这样的设计逻辑非常清晰。闫晓君老师和霍存福老师都谈到了在秦汉至隋唐这一较长的历史时期中以哪个时代为研究中心的问题，显然，我们还是应该以隋唐为中心。原因在于我们能够见到《唐律疏议》《天圣令》这类文献，能够给我们提供比较系统的文本，这是一个基本的判断。当然，其他朝代也有非常重要的文献，比如《晋律注》也具有承前启后的重大意义，但我们并未见到系统的文本。

既然以隋唐为中心，那么隋唐帝国有几个重要特征就必须引起我们的注意。比如法律儒家化问题、胡汉融合问题、佛教对法律体系的影响问题，等等。这些问题在重大项目的研究过程中，都可以作为深入研究的有效切入点，也可以作为理论的升华。

第一个问题是法律儒家化的问题。隋唐时期，对于犯罪行为的判断以及相应处罚跟儒家思想和观念紧密结合在一起，比如冨谷至老师讨论到令跟《周礼》的关系。我们目前关于法律儒家化的研究还可以再往前推一步。我自己正试图把这个问题能够做得稍微有点新意，而不是仅仅停留在八议、十恶、官当、重罪十条这类简单的问题上。我举个简单的例子，我们知道曹魏《新律》"更依古义制为五刑"，如果旧有的五刑体系存在的话，还需要再根据儒家的经典来制定魏晋时代的刑罚体系吗？我们如何来深化阐述这一过程？我觉得对于法律儒家化的深入探讨一定会成为重大项目的一个亮点。

第二个问题是胡汉融合的问题。比如《北魏律》里的"门（房）诛"之法，我的老师韩国磐先生就讲到过，它是跟北魏的固有习俗连在一起的；还有所谓的"负殺羊抱犬沉诸渊"，是汉族文化中看不到的。再比如绞刑到底是不是汉族的刑罚传统？也是可以讨论的。因为在魏晋南北朝这个阶段，胡汉融合恰恰是影响隋唐帝国形成的一个重要因素，所以我们也可以再加强这方面的研究。

第三个问题是佛教对法律体系的影响问题。比如刑律中的"十恶"和佛教中的"五逆"之间的密切关系；再比如《唐律疏议·贼盗》中对于禁止盗毁天尊佛像的规定，《唐律疏议·断狱》中对于断屠月、日不行刑的问题，等等。秦汉至隋唐的每个具体阶段都会涉及一些精细的研究，在此基础上，比较研究才能有较明显的理论提升；只有各个历史时期的基本内容都说清楚了,最后的数据库建设才有特色。

另外,重大项目在推进的过程中还有一个问题需要特别注意,就是对既有资料与研究成果的吸收问题,这个问题霍存福老师和张中秋老师在前面都谈到了。既有成果中,特别是对于日本学者已有研究成果的吸收还要加强。

(六)于凌研究员发言要点

重大项目的选题本身非常宏观,囊括了法学、语言学、史料学、数据库等方面的问题,也包括刚才张中秋老师提到的社会学和周东平老师提到的佛教文化方面的问题,可以说这是一个非常综合的研究。所以在研究工作推进的过程中,需要把控的问题也比较多。我们以前做秦汉史研究,看到的更多是法律文本以及相应的语言表述。如果是涉及这样多的学科交叉,可能在研究当中就会出现很多需要注意的问题。因为不同学科具有不同的视角与方法,也有不同的表达方式,我们的研究可能最后还需要学理层面的升华。如何统筹规划不同学科之间的优势与差异,使跨学科研究能够有效服务于统一的理论需求。也就是说,如何做到既符合重大项目最终成果的要求,又符合不同学科自身的研究范式,这是我们必须解决的问题。

(七)彭巍副研究员发言要点

我想简要谈一下对重大项目在第四部分提出的传统法理的比较研究和谱系研究的理解。在我看来,对传统法理的比较研究和谱系研究不仅是对于重大项目全面搜集整理的汉唐法律历史素材的系统梳理和理论概括,更是对于中国传统法理研究的重要补充,有助于形成有扎实史料基础的新的成果和观点。其中,比较研究和谱系研究不仅是主要的研究方法,也是相得益彰的研究思路。

就比较研究而言，我们通常从中西比较、古今比较的角度进行理解和运用。但中西比较往往并非共时性比较，实质上是古今比较，是以西方现代法治和法学的主要内容与中国古代直至近现代的相应内容进行比较。诚然，西方现代法治和法学是我们理解中国古代法律的规范体系、运行体系、思想体系的重要参照，但伴随着近代以来世界范围内对西方中心主义和西方现代性话语的反思和批判，以及中国在各个领域对于自主性的意识和能力的愈发重视和强调，我们越来越紧迫地需要以一种更加真实和自主的方式来认识、描述和评价中国古代法律。这一过程中，历史素材的搜集、整理、辨析无疑是首要的，但史料不能自己说话，这需要我们以一种较之所谓"述而不作"的历史学研究方式更具理论自觉的研究方法，用以解释并阐发传统法律制度及其实践背后的理念和智慧，而对传统法理的比较研究将是其中的核心内容。这种比较研究不同于 20 世纪 80 年代兴起的法律文化研究或解释性的法律史研究，主要区别在于，后者的核心研究方法是寻求对古代法律规范文本或制度形态背后的思想、观念、习惯等非制度性内容进行揭示并与西方相应内容进行文化层面的比较，而其结论正如邓正来对法律文化研究的批判中指出的那样，不可避免地将西方从"参照"转变为"标准"，在实质上导向文化类型的决定论，最终落入对中国传统法律及其文化的彻底否定。重大项目对传统法理的比较研究要避免重蹈覆辙需要注意几个方面：首先，应当将法理解读聚焦于规范和制度的文本层面，呈现成文律典中的核心法理概念和命题；其次，是在中西比较中紧密围绕具有实质相似性而非形式相似性的核心概念；再次，是以核心概念在古代的含义和范围来进行表述，避免以西范中的先见导致必然谬误的结论；最后，是不轻易谈论所谓的法律实际运行或社会中的法律实践，须知成文法的制定和修订本身就是最重要的制度实践，轻言社会实践根本背离了中国古代的成文法传统。

就谱系研究而言，这一方面较之比较研究的基础更薄弱，因此重大项目在史料基础上推进的传统法理谱系研究将有开拓性和奠基性的意义。早在梁启超写作《中国法理学发达史论》时，将研究对象限缩于先秦时期的儒墨道法四家，使"发达史"似乎成了断代研究。这一认识广泛影响了其后诸多传统法理研究者，也使得后来的研究者在对其他时期相关内容的研究中选择使用法律原理、法律思想、法律文化等表述以避开传统"法理"这一主题。在这一研究领域，重大项目第四部分的子课题负责人张中秋教授无疑是当代最具影响力和创新性的权威学者，也是较早建构中国传统法理谱系的代表性学者。张教授善于使用中国传统学理概念如"理""道"等作为中国传统法理的主要内容，并从不同层面概述过中国传统法理中的法观念、法秩序、法运行、法理想、法原理等部分。但是，张教授的研究偏重呈现传统法理的整体特征，对于传统法理的发展历程的阶段性差异的呈现相对不足，这恰是重大项目在传统法理谱系研究中必定大有作为的方面。中国传统法理自上古三代至于春秋战国、秦汉、唐宋及至明清，在整体上有一贯的特征，在各时期又有基于现实需求和时代环境的特点和重心，因而重大项目对相关法律史料的系统整理为呈现具体时期法理的沿革流变提供了契机。一方面，谱系研究要呈现各具体时期之间的差异性，对于时期的划分不一定以朝代为标准，如西汉就经历了数次法理的根本性变革，以重大历史事件、重要思想、重要制度文本、重要实践机制等为界分可能更契合历史实际。另一方面，谱系研究更要呈现不同时期之间的延续性，在持续变化的传统法理之中凝练出中国传统法制背后的根本性内容。展现传统法理在发展历程中的变与不变，是谱系研究的核心主题和研究目标。

参考文献

古籍

[周]左丘明传、[晋]杜预注、[唐]孔颖达正义:《春秋左传正义》,北京大学出版社 1999 年版。

[汉]扬雄撰、[晋]郭璞注:《方言》,中华书局 2016 年版。

[汉]郑玄注、[唐]孔颖达疏:《礼记正义》,北京大学出版社 1999 年版。

[汉]班固撰、[唐]颜师古注:《汉书》,中华书局 1962 年版。

[汉]许慎撰、[清]段玉裁注:《说文解字注》,上海古籍出版社 1981 年版。

[汉]刘向撰:《说苑校证》,向宗鲁校证,中华书局 1987 年版。

[汉]司马迁:《史记》,中华书局 1959 年版。

[汉]袁康、吴平:《二十五别史·越绝书》,吴庆峰点校,齐鲁书社 2000 年版。

[汉]郑玄注、[唐]贾公彦疏:《周礼注疏》,北京大学出版社 1999 年版。

[汉]孔安国传、[唐]孔颖达正义:《尚书正义》,上海古籍出版社 2007 年版。

[魏]何晏注、[宋]邢昺疏:《论语注疏》,北京大学出版社 1999 年版。

[晋]陈寿撰、[宋]裴松之注:《三国志》,中华书局 1959 年版。

[晋]郭璞注、[宋]邢昺疏:《尔雅》,北京大学出版社 1999 年版。

[南朝宋]范晔撰、[唐]李贤等注:《后汉书》,中华书局 1962 年版。

[梁]沈约:《宋书》,中华书局 1974 年版。

[北齐]魏收:《魏书》,中华书局 1974 年版。

[唐]长孙无忌等:《唐律疏议》,刘俊文点校,中华书局 1983 年版。

[唐]房玄龄等:《晋书》,中华书局 1974 年版。

[唐]杜佑:《通典》,王文锦等点校,中华书局 1988 年版。

[唐]李林甫等:《唐六典》,陈仲夫点校,中华书局 1992 年版。

[唐]吴兢撰:《贞观政要》,齐鲁书社 2010 年版。

[后晋]刘昫等:《旧唐书》,中华书局 1975 年版。
[宋]王钦若等:《宋本册府元龟》,中华书局 1989 年版。
[宋]王溥:《唐会要》,中华书局 1955 年版。
[宋]李昉等编:《太平广记》,中华书局 1961 年版。
[宋]欧阳修、[宋]宋祁撰:《新唐书》,中华书局 1975 年版。
[元]脱脱等:《宋史》,中华书局 1977 年版。
[元]徐元瑞等:《吏学指南(外三种)》,杨讷点校,浙江古籍出版社 1988 年版。
[清]张廷玉等:《明史》,中华书局 1974 年版。
[清]沈家本:《历代刑法考》,邓经元、骈宇骞点校,中华书局 1985 年版。
[清]沈家本:《历代刑法考》,商务印书馆 2011 年版。
[清]王先谦撰:《荀子集解》,沈啸寰、王星贤点校,中华书局 1988 年版。
[清]王明德:《读律佩觿》,何勤华等点校,法律出版社 2001 年版。
[清]王聘珍:《大戴礼记解诂》,中华书局 1983 年版。
[清]孙希旦:《礼记集解》,沈啸寰、王星贤点校,中华书局 1989 年版。
[清]黎翔凤:《管子校注》,中华书局 2004 年版。
[清]王先慎撰:《韩非子集解》,钟哲点校,中华书局 1998 年版。
《大明律集解附例》,光绪戊申重刊版,修订法律馆藏。
长沙市文物考古研究所、清华大学出土文献研究与保护中心、中国文化遗产研究院、湖南大学岳麓书院编:《长沙五一广场东汉简牍选释》,中西书局 2015 年版。
陈松长主编:《岳麓书院藏秦简(肆)》,上海辞书出版社 2015 年版。
陈松长主编:《岳麓书院藏秦简(伍)》,上海辞书出版社 2017 年版。
陈松长主编:《岳麓书院藏秦简(陆)》,上海辞书出版社 2020 年版。
陈松长主编:《岳麓书院藏秦简(柒)》,上海辞书出版社 2022 年版。
程树德:《九朝律考》,中华书局 1963 年版。
程树德:《九朝律考》,商务印书馆 2010 年版。
程树德:《论语集释》,程俊英、蒋见元点校,中华书局 1990 年版。
甘肃省文物考古研究所等:《居延新简(甲渠候官与第四燧)》,文物出版社 1990 年版。
顾廷龙、戴逸主编:《李鸿章全集》,安徽教育出版社 2008 年版。
胡平生、张德芳主编:《敦煌悬泉汉简释粹》,上海古籍出版社 2001 年版。
黄晖:《论衡校释(附刘盼遂集解)》,中华书局 1990 年版。

睡虎地秦墓竹简整理小组：《睡虎地秦墓竹简》，文物出版社 1990 年版。
谢桂华、李均明、朱国炤：《居延汉简释文合校》，文物出版社 1987 年版。
徐世虹主编：《沈家本全集》，中国政法大学出版社 2010 年版。
张家山二四七号汉墓竹简整理小组：《张家山汉墓竹简〔二四七号墓〕（释文修订本）》，文物出版社 2006 年版。
中国文物研究所、湖北省文物考古研究所：《龙岗秦简》，中华书局 2001 年版。
朱汉民、陈松长主编：《岳麓书院藏秦简（叁）》，上海辞书出版社 2013 年版。

中文著作

蔡墩铭：《唐律与近世刑事立法之比较研究》，汉苑出版社 1976 年版。
曹旅宁：《秦律新探》，中国社会科学出版社 2002 年版。
曹旅宁：《张家山汉律研究》，中华书局 2005 年版。
曹漫之主编：《唐律疏议译注》，吉林人民出版社 1989 年版。
曹小云：《〈唐律疏议〉词汇研究》，安徽大学出版社 2014 年版。
陈顾远：《中国法制史概要》，商务印书馆 2017 年版。
陈松长等：《岳麓书院藏秦简的整理与研究》，中西书局 2014 年版。
陈伟：《秦简牍校读及所见制度考察》，武汉大学出版社 2017 年版。
陈寅恪：《陈寅恪集·金明馆丛稿二编》，生活·读书·新知三联书店 2015 年版。
陈寅恪：《隋唐制度渊源略论稿》，生活·读书·新知三联书店 2001 年版。
戴炎辉：《唐律各论》，成文出版社有限公司 1988 年版。
戴炎辉：《唐律通论》，戴东雄、黄源盛校订，元照出版公司 2010 年版。
邓奕琦：《北朝法制研究》，中华书局 2005 年版。
邓长春：《西晋法典体系研究》中国政法大学出版社 2022 年版。
傅荣珂：《睡虎地秦简刑律研究》，商鼎文化出版社 1992 年版。
高恒：《秦汉简牍中法制文书辑考》，社会科学文献出版社 2008 年版。
高敏：《睡虎地秦简初探》，万卷楼图书有限公司 2000 年版。
高明士主编：《唐代身分法制研究——以唐律〈名例律〉为中心》，五南图书出版股份有限公司 2003 年版。
高明士主编：《唐律与国家社会研究》，五南图书出版股份有限公司 1999 年版。
高明士主编：《唐律诸问题》，台大出版中心 2005 年版。

郝铁川:《中华法系研究》(增订本),商务印书馆 2021 年版。

何勤华编:《律学考》,商务印书馆 2004 年版。

李俊强:《魏晋令初探》,科学出版社 2020 年版。

李明晓等:《散见战国秦汉简帛法律文献整理与研究》,西南师范大学出版社 2011 年版。

栗劲:《秦律通论》,山东人民出版社 1985 年版。

林咏荣:《唐清律的比较及其发展》,黎明文化事业公司 1982 年版。

刘海年:《战国秦代法制管窥》,法律出版社 2006 年版。

刘俊文:《敦煌吐鲁番唐代法制文书考释》,中华书局 1989 年版。

刘俊文:《唐代法制研究》,文津出版社 1999 年版。

刘俊文:《唐律疏议笺解》,中华书局 1996 年版。

刘晓林:《唐律"七杀"研究》,商务印书馆 2012 年版。

刘晓林:《唐律立法语言、立法技术及法典体系研究》,商务印书馆 2020 年版。

刘晓林:《秦汉律与唐律杀人罪立法比较研究》,商务印书馆 2021 年版。

楼劲:《魏晋南北朝隋唐立法与法律体系》,中国社会科学出版社 2014 年版。

潘维和:《唐律学通义》,汉林出版社 1979 年版。

钱大群、钱元凯:《唐律论析》,南京大学出版社 1989 年版。

钱大群、夏锦文:《唐律与中国现行刑法比较论》,江苏人民出版社 1991 年版。

钱大群:《唐律与唐代吏治》,中国政法大学出版社 1994 年版。

钱大群:《唐代行政法律研究》,江苏人民出版社 1996 年版。

钱大群:《唐律与唐代法律体系研究》,南京大学出版社 1996 年版。

钱大群:《唐律研究》,法律出版社 2000 年版。

钱大群:《唐律疏义新注》,南京师范大学出版社 2007 年版。

钱大群:《唐律与唐代法制考辨》,社会科学文献出版社 2009 年版。

钱大群:《唐律疏义文白读本》,人民法院出版社 2019 年版。

乔伟:《唐律研究》,山东人民出版社 1986 年版。

孙铭:《简牍秦律分类辑析》,西北大学出版社 2014 年版。

王东海:《古代法律词汇语义系统研究——以〈唐律疏议〉为例》,中国社会科学出版社 2007 年版。

王力:《同源字典》,中华书局 2014 年版。

王立民:《唐律新探》(第六版),北京大学出版社 2022 年版。
王启涛:《中古及近代法制文书语言研究——以敦煌文书为中心》,巴蜀书社 2003 年版。
王震亚、赵荧:《敦煌残卷争讼文牒集释》,甘肃人民出版社 1993 年版。
吴福助:《睡虎地秦简论考》,文津出版社 1994 年版。
习近平:《论坚持全面依法治国》,中央文献出版社 2020 年版。
习近平:《习近平谈治国理政》(第一卷),外文出版社 2018 年版。
习近平:《习近平谈治国理政》(第二卷),外文出版社 2017 年版。
习近平:《习近平谈治国理政》(第三卷),外文出版社 2020 年版。
习近平:《习近平谈治国理政》(第四卷),外文出版社 2022 年版。
徐道邻:《唐律通论》,中华书局 1947 年版。
徐世虹等:《秦律研究》,武汉大学出版社 2017 年版。
徐永康:《法典之王——〈唐律疏议〉与中国文化》,河南大学出版社 2005 年版。
杨鸿烈:《中国法律在东亚诸国之影响》,中国政法大学出版社 1999 年版。
杨鸿烈:《中国法律在东亚诸国之影响》,商务印书馆 2015 年版。
杨廷福:《唐律初探》,天津人民出版社 1982 年版。
姚淦铭、王燕主编:《王国维文集》,中国文史出版社 2007 年版。
张伯元:《律注文献丛考》,社会科学文献出版社 2009 年版。
张建国:《帝制时代的中国法》,法律出版社 1999 年版。
中共中央文献研究室编:《习近平关于全面依法治国论述摘编》,中央文献出版社 2015 年版。
中国大百科全书出版社编辑部、中国大百科全书总编辑委员会《法学》编辑委员会编:《中国大百科全书·法学》,中国大百科全书出版社 1984 年版。
中国社会科学院语言研究所词典编辑室编:《现代汉语词典》(第 7 版),商务印书馆 2018 年版。
朱红林:《张家山汉简〈二年律令〉研究》,黑龙江人民出版社 2008 年版。
朱红林:《〈岳麓书院藏秦简(肆)〉疏证》,上海古籍出版社 2021 年版。

中文译著

〔日〕大庭脩:《秦汉法制史研究》,徐世虹等译,中西书局 2017 年版。

〔日〕冨谷至:《秦汉刑罚制度研究》,柴生芳、朱恒晔译,广西师范大学出版社 2006 年版。

〔日〕冨谷至编:《汉简语汇考证》,张西燕译,中西书局 2018 年版。

〔德〕卡尔·宾格尔:《唐法史源》,金晶译,商务印书馆 2023 年版。

〔日〕堀毅:《秦汉法制史论考》,于敏等译,法律出版社 1988 年版。

〔英〕马若斐:《传统中国法的精神》,陈煜译,中国政法大学出版社 2013 年版。

〔日〕气贺泽保规:《绚烂的世界帝国:隋唐时代》,石晓军译,广西师范大学出版社 2014 年版。

〔日〕仁井田陞:《唐令拾遗》,栗劲等编译,长春出版社 1989 年版。

〔美〕约翰·H. 威格摩尔:《世界法系概览》,何勤华等译,上海人民出版社 2004 年版。

外文著作

京都大学人文科学研究所簡牘研究班編:『漢簡語彙——中国古代木簡辞典』(岩波書店,2015)。

仁井田陞:『唐宋法律文書の研究』(東方文化學院東京研究所,1937)。

仁井田陞:『補訂中國法制史研究·刑法』(東京大學出版會,1991)。

水間大輔:『秦漢刑法研究』(知泉書館,2007)。

陶安あんど:『秦漢刑罰體系の研究』(東京外國語大學アジア・アフリカ言語文化研究所,2009)。

中文期刊

陈红太:《从秦、汉律到唐律的变化看齐儒学对中国刑律的影响》,载《政法论坛》2006 年第 6 期。

陈炯:《论唐代的立法语言》,载《江南学院学报》2001 年第 3 期。

陈锐:《"例分八字"考释》,载《政法论坛》2015 年第 2 期。

崔永东:《竹简秦汉律与唐律所见司法制度的嬗变》,载《暨南学报(哲学社会科学版)》2011 年第 6 期。

〔英〕丹尼斯·C. 特威切特:《初唐法律论》,张中秋摘译,贺卫方校,载《比较法研究》1990 年第 1 期。

董志翘：《〈唐律疏议〉词语考释》，载《古籍整理研究学刊》2003年第1期。

董志翘：《〈唐律疏议〉词语杂考》，载《南京师大学报（社会科学版）》2002年第4期。

杜文俊：《故意伤害罪的二重的结果加重犯性质探究——以故意伤害罪的比较法为视角》，载《政治与法律》2008年第9期。

冯岚：《论法律儒家化的完成和古代立法技术的第一次大发展——秦、唐律比较研究后的一个发现》，载《中山大学研究生学刊（社会科学版）》2001年第4期。

冯卓慧：《中国古代慎刑思想研究——兼与20世纪西方慎刑思想比较》，载《法律科学》2006年第2期。

符奎：《长沙东汉简牍所见"纸""帋"的记载及相关问题》，载《中国史研究》2019年第2期。

郝铁川：《传统思维方式对当代中国立法技术的影响》，载《中国法学》1993年第4期。

何勤华、孔晶：《新中华法系的诞生？——从三大法系到东亚共同体法》，载《法学论坛》2005年第4期。

何勤华、张顺：《民族智慧的叠加：唐代中华法律文化的辉煌》，载《法学论坛》2022年第1期。

侯欣一：《唐律与明律立法技术比较研究》，载《法律科学》1996年第2期。

黄源盛：《晚清民国禁革人口买卖再探》，载《法治现代化研究》2017年第2期。

霍存福、丁相顺：《〈唐律疏议〉"以""准"字例析》，载《吉林大学社会科学学报》1994年第5期。

霍存福、何君：《唐古之奇〈县令箴〉的建树与影响——法官箴言系列之六》，载《当代法学》2021年第2期。

霍存福：《论〈唐律〉"义疏"的法律功能》，载《吉林大学社会科学学报》1987年第4期。

姜涛：《〈唐律〉中的量刑制度及其历史贡献》，载《法学家》2014年第3期。

姜涛：《追寻定性与定量的结合——〈唐律〉立法技术的一个侧面》，载《安徽大学学报（哲学社会科学版）》2016年第1期。

蒋铁初：《清代君臣的法外施仁博弈》，载《法学研究》2021年第2期。

李均明：《长沙五一广场东汉简牍所见职务犯罪探究》，载《郑州大学学报（哲学社会科学版）》2019年第5期。

李力：《秦汉律所见"质钱"考辨》，载《法学研究》2015年第2期。

李启成:《清末民初刑法变革之历史考察——以人口买卖为中心的分析》,载《北大法律评论》2011年第1期。

李勤通:《中国法律中罪观念的变迁及其对唐代刑法实践的影响》,载《法制与社会发展》2019年第3期。

李胜渝:《慎刑观与中国古代死刑审判制度》,载《求索》2008年第9期。

林明:《论慎刑理念对古代司法运行机制的影响》,载《法学杂志》2012年第4期。

刘陈皓:《〈大明律〉中"不坐"条款研究——以当代刑法学为视角》,载《学术前沿》2019年11月上。

刘晓林:《〈唐律疏议〉中的"情"考辨》,载《上海师范大学学报(哲学社会科学版)》2017年第1期。

刘晓林:《从"贼杀"到"故杀"》,载《苏州大学学报(法学版)》2015年第1期。

刘晓林:《立法语言抑或学理解释?——注释律学中的"六杀"与"七杀"》,载《清华法学》2018年第6期。

刘晓林:《唐律"斗杀"考》,载《当代法学》2012年第2期。

刘晓林:《唐律立法体例的实证分析——以"不用此律"的表述为中心》,载《政法论坛》2016年第5期。

刘晓林:《唐律误杀考》,载《法学研究》2012年第5期。

刘晓林:《唐律中的"余条准此"考辨》,载《法学研究》2017年第3期。

刘晓林:《唐律中的"罪名":立法的语言、核心与宗旨》,载《法学家》2017年第5期。

刘晓林:《习近平法治思想的"中华法治文明论"试绎》,载《浙江学刊》2023年第6期。

刘艳红:《形式入罪实质出罪:无罪判决样本的刑事出罪机制研究》,载《政治与法律》2020年第8期。

吕丽:《中国传统的慎杀理念与死刑控制》,载《当代法学》2016年第4期。

吕丽:《中国传统慎刑观对"制刑之义"的阐释》,载《法制与社会发展》2012年第6期。

吕志兴:《南朝法制的创新及其影响》,载《法学研究》2011年第4期。

马小红:《"中华法系"中的应有之义》,载《中国法律评论》2014年第3期。

毛蕾、陈明光:《中国古代的"人牙子"与人口买卖》,载《中国经济史研究》2000年第1期。

孟彦弘：《秦汉法典体系的演变》，载《历史研究》2005年第3期。
钱大群：《〈唐律疏议〉结构及书名辨析》，载《历史研究》2000年第4期。
钱大群：《唐律立法量化技术运用初探》，载《南京大学学报（哲学·人文科学·社会科学）》1996年第4期。
任剑涛：《常与变：以五大变局重建中国历史宏大叙事》，载《中国文化》2021年秋季号（第54期）。
沈刚：《简牍所见秦代地方职官选任》，载《历史研究》2017年第4期。
沈厚铎：《秋审初探》，载《政法论坛》1998年第3期。
舒国滢：《战后德国法哲学的发展路向》，载《比较法研究》1995年第4期。
苏俊林：《简牍所见秦及汉初"有爵寡"考论》，载《中国史研究》2019年第2期。
孙光妍、隋丽丽：《"慎刑"新释》，载《北方论丛》2008年第6期。
万荣：《秦汉简牍"自告"、"自出"再辨析——兼论"自诣"、"自首"》，载《江汉论坛》2013年第8期。
汪世荣：《陕西紫阳诉讼档案中的清代土地交易规范及其私法理念》，载《法学研究》2021年第1期。
王东海：《立法语言中的法律常用词研究》，载《同济大学学报（社会科学版）》2013年第1期。
王立民：《论唐律规定的官吏言论犯罪》，载《当代法学》2021年第3期。
王立民：《中国传统法典条标的设置与现今立法的借鉴》，载《法学》2015年第1期。
王启涛、徐华：《〈唐律疏议〉得名考》，载《西南民族大学学报（人文社会科学版）》2011年第12期。
王伟：《论汉律》，载《历史研究》2007年第3期。
王志强：《制定法在中国古代司法判决中的适用》，载《法学研究》2006年第5期。
吴欢：《明清律典"例分八字"源流述略——兼及传统律学的知识化转型》，载《法律科学》2017年第3期。
习近平：《把中国文明历史研究引向深入，增强历史自觉坚定文化自信》，载《求是》2022年第14期。
习近平：《高举中国特色社会主义伟大旗帜 为全面建设社会主义现代化国家而团结奋斗——在中国共产党第二十次全国代表大会上的报告》（2022年10月16日），载《求是》2022年第21期。

习近平:《在文化传承发展座谈会上的讲话》,载《求是》2023年第17期。

肖胜喜:《略论我国古代死刑复核制度》,载《法学研究》1988年第6期。

徐世虹:《汉代的立法形式与立法语言》,载《内蒙古大学学报(哲学社会科学版)》1997年第1期。

徐忠明:《明清时期的"依法裁判":一个伪问题?》,载《法律科学》2010年第1期。

徐忠明:《明清刑事诉讼"依法判决"之辨正》,载《法商研究》2005年第4期。

闫晓君:《秦律:中国"第一"律》,载《法学》2020年第11期。

闫晓君:《唐律"格杀勿论"渊流考》,载《现代法学》2009年第4期。

闫晓君:《张家山汉简〈告律〉考论》,载《法学研究》2007年第6期。

闫晓君:《竹简秦汉律与唐律》,载《学术月刊》2005年第9期。

杨英:《中古礼典、律典分流与西晋〈新礼〉的撰作》,载《社会科学战线》2017年第8期。

杨振红等:《秦汉诉讼制度中的"覆"及相关问题》,载《史学月刊》2017年第12期。

姚建宗:《法律常识的意义阐释》,载《当代法学》2022年第1期。

张春海:《唐律、〈高丽律〉法条比较研究》,载张仁善主编:《南京大学法律评论》2011年秋季卷,法律出版社2011年版。

张琮军:《秦汉辞证制度探析——以出土简牍文献为中心》,载《当代法学》2021年第5期。

张德美:《宋代故事:一种遵循先例制度的考察》,载《法学研究》2021年第4期。

张建国:《中国律令法体系概论》,载《北京大学学报(哲学社会科学版)》1998年第5期。

张金桐、刘雪梅:《从〈冥报记〉看初唐"依律慎刑"思想》,载《武汉大学学报(人文科学版)》2007年第3期。

张晋藩:《弘扬中华法文化,构建新时代的中华法系》,载《当代法学》2020年第3期。

张晋藩:《论中国古代司法文化中的人文精神》,载《法商研究》2013年第2期。

张晋藩:《人本主义——中华法系的特点之一》,载《河北法学》2005年第9期。

张晋藩:《中华法系特点探源》,载《法学研究》1980年第4期。

张明楷:《身体法益的刑法保护》,载《政治与法律》2022年第6期。

张明敏:《中国古代死刑复奏制度的流变及其现代价值》,载《中国刑事法杂志》2008年第2期。

张田田:《〈唐律疏议〉"与同罪"条款分析》,载《学术研究》2014 年第 4 期。
张文显:《论建构中国自主法学知识体系》,载《法学家》2023 年第 2 期。
张文显:《论中国式法治现代化新道路》,载《中国法学》2022 年第 1 期。
张文显:《习近平法治思想的政理、法理和哲理》,载《政法论坛》2022 年第 3 期。
张耀明:《略论中华法系的解体》,载《中南政法学院学报》1991 年第 3 期。
张中秋:《为什么说〈唐律疏议〉是一部优秀的法典》,载《政法论坛》2013 年第 3 期。
赵久湘:《秦汉简牍法律文献所见死刑与〈唐律疏议〉死刑之比较》,载《渤海大学学报(哲学社会科学版)》2020 年第 1 期。
周赟:《立法语言的特点:从描述到分析及证立》,载《法制与社会发展》2010 年第 2 期。

外文期刊

宮宅潔:「秦漢刑罰體系形成史への一試論——腐刑と戍辺刑」東洋史研究第 66 卷第 3 號(2007 年)。
冨谷至:「二年律令に見える法律用語——その(一)」東方學報第 76 册(2004 年)。
滋賀秀三:「漢唐間の法典についての二・三の考証」東方學第 17 輯(1958 年)。
瀧川政次郎:「近世の漢律研究について」史學雜誌第 52 卷第 4 號(1941 年)。

集刊

〔日〕冨谷至:《奸罪的观念——从汉律到唐律》,赵晶译,载徐世虹主编:《中国古代法律文献研究(第 8 辑)》,社会科学文献出版社 2014 年版。
〔日〕宮宅洁:《中国古代"罪"的概念——污秽、净化、分界》,载柳立言主编:《史料与法史学》,"中研院"历史语言研究所 2016 年出版发行。
〔日〕鹰取祐司:《秦汉时代的刑罚与爵制性身份序列》,朱腾译,载周东平、朱腾主编:《法律史译评》(2012 年卷),北京大学出版社 2013 年版。
甘怀真:《〈唐律〉"罪"的观念》,载中南财经政法大学法律文化研究院编:《中西法律传统》(第六卷),北京大学出版社 2008 年版。
赖骏楠:《建构中华法系——学说、民族主义与话语实践(1900—1949)》,载《北大法律评论》编辑委员会编:《北大法律评论》(第 9 卷·第 2 辑),北京大学出版社 2008 年版。

马小红:《律、律义与中华法系关系之研究》,载马小红、刘婷婷主编:《法律文化研究》(第七辑),社会科学文献出版社 2014 年版。

钱元凯:《试述秦汉至隋法律形式"格"的递变》,载《上海社会科学院学术季刊》1987 年第 2 期。

宋磊:《"夫为寄豭,杀之无罪"是严惩奸罪的法令吗》,载里赞主编:《法律史评论》(2013 年卷),法律出版社 2014 年版。

万荣:《秦与汉初刑事诉讼程序中的判决:"论""当""报"》,载武汉大学简帛研究中心:《简帛》(第十一辑),上海古籍出版社 2015 年版。

武树臣:《张家山汉简〈贼律〉研究——兼与秦律、唐律相比较》,载韩延龙主编:《法律史论集》(第 5 卷),法律出版社 2004 年版。

徐世虹:《〈秦律十八种〉中的"有罪"蠡测》,载徐世虹主编:《中国古代法律文献研究》(第七辑),社会科学文献出版社 2013 年版。

徐世虹:《秦汉法律研究百年(一)——以辑佚考证为特征的清末民国时期的汉律研究》,载徐世虹主编:《中国法律文献研究》(第五辑),社会科学文献出版社 2012 年版。

易花萍:《立法话语的叙事性构建与解读——兼析叙事学视域下立法语言的规范思路》,载陈金钊、谢晖主编:《法律方法》(第 18 卷),山东人民出版社 2015 年版。

郑显文:《〈唐律疏议〉的律注研究》,载《出土文献与法律史研究》(第四辑),上海人民出版社 2015 年版。

报纸

《习近平在文艺工作座谈会上的讲话》,载《人民日报》2015 年 10 月 15 日,第 2 版。

习近平:《坚持依法治国和以德治国相结合 推进国家治理体系和治理能力现代化》,载《人民日报》2016 年 12 月 11 日,第 1 版。

习近平:《同舟共济克时艰,命运与共创未来——在博鳌亚洲论坛 2021 年年会开幕式上的视频主旨演讲》(2021 年 4 月 20 日,北京),载《人民日报》2021 年 4 月 21 日,第 2 版。

习近平:《加强政党合作 共谋人民幸福——在中国共产党与世界政党领导人峰会上的主旨讲话》(2021 年 7 月 6 日,北京),《人民日报》2021 年 7 月 7 日,第 2 版。

《中共中央关于党的百年奋斗重大成就和历史经验的决议》(2021 年 11 月 11 日中国

共产党第十九届中央委员会第六次全体会议通过),载《人民日报》2021 年 11 月 17 日,第 1 版。
《坚持党的领导传承红色基因扎根中国大地 走出一条建设中国特色世界一流大学新路》,载《人民日报》2022 年 4 月 26 日,第 1 版。
《加强涉外法制建设 营造有利法治条件和外部环境》,载《人民日报》2023 年 11 月 29 日,第 1 版。

析出文献

〔日〕八重津洋平:《〈故唐律疏议〉研究》,郑显文译,载何勤华编:《律学考》,商务印书馆 2004 年版,第 174 页。

〔日〕仁井田陞:《唐律的通则性规定及其来源》,载刘俊文主编:《日本学者研究中国史论著选译(第八卷)》,中华书局 1992 年版。

高恒:《张斐的〈律注要略〉及其法律思想》,载何勤华编:《律学考》,商务印书馆 2004 年版。

黄源盛:《唐律轻重相举条的法理及其运用》,载林文雄教授祝寿论文集编辑委员会主编:《当代基础法学理论——林文雄教授祝寿论文集》,学林文化事业有限公司 2001 年版。

蒋集耀:《中国古代魏晋律学研究》,载何勤华编:《律学考》,商务印书馆 2004 年版。

穆宇:《张斐法律思想述评》,载何勤华编:《律学考》,商务印书馆 2004 年版。

习近平:《全面推进科学立法、严格执法、公正司法、全民守法》(2013 年 2 月 23 日),载习近平:《论坚持全面依法治国》,中央文献出版社 2020 年版。

习近平:《严格执法,公正司法》(2014 年 1 月 7 日),载习近平:《论坚持全面依法治国》,中央文献出版社 2020 年版。

习近平:《培育和弘扬社会主义核心价值观》(2014 年 2 月 24 日),载习近平:《习近平谈治国理政》(第一卷),外文出版社 2018 年版。

习近平:《在庆祝全国人民代表大会成立六十周年大会上的讲话》(2014 年 9 月 5 日),载习近平:《论坚持全面依法治国》,中央文献出版社 2020 年版。

习近平:《关于〈中共中央关于全面推进依法治国若干重大问题的决定〉的说明》(2014 年 10 月 20 日),载习近平:《论坚持全面依法治国》,中央文献出版社 2020 年版。

习近平:《加快建设社会主义法治国家》(2014年10月23日),载习近平:《论坚持全面依法治国》,中央文献出版社2020年版。

习近平:《密织法律之网,强化法治之力》(2014年10月23日),载习近平:《论坚持全面依法治国》,中央文献出版社2020年版。

习近平:《在中共十八届四中全会第二次全体会议上的讲话》(2014年10月23日),载中共中央文献研究室编:《习近平关于全面依法治国论述摘编》,中央文献出版社2015年版。

习近平:《推进澳门"一国两制"成功实践走稳走实走远》(2014年12月20日),载习近平:《习近平谈治国理政》(第二卷),外文出版社2017年版。

习近平:《提高国防和军队建设法治化水平》(2014年12月26日),载习近平:《论坚持全面依法治国》,中央文献出版社2020年版。

习近平:《在省部级主要领导干部学习贯彻党的十八届四中全会精神全面推进依法治国专题研讨班上的讲话》(2015年2月2日),载中共中央文献研究室编:《习近平关于全面依法治国论述摘编》,中央文献出版社2015年版。

习近平:《全面做好法治人才培养工作》(2017年5月3日),载习近平:《论坚持全面依法治国》,中央文献出版社2020年版。

习近平:《切实尊崇宪法,严格实施宪法》(2018年1月19日),载习近平:《论坚持全面依法治国》,中央文献出版社2020年版。

习近平:《在中央全面依法治国委员会第一次会议上的讲话》(2018年8月24日),载习近平:《论坚持全面依法治国》,中央文献出版社2020年版。

习近平:《坚持和完善中国特色社会主义制度、推进国家治理体系和治理能力现代化》(2019年10月31日),载习近平:《习近平谈治国理政》(第三卷),外文出版社2020年版。

习近平:《以科学理论为指导,为全面建设社会主义现代化国家提供有力法治保障》(2020年11月16日),载习近平:《习近平谈治国理政》(第四卷),外文出版社2022年版。

张伯元:《汉简法律术语零拾(四则)》,载张伯元:《出土法律文献研究》,商务印书馆2005年版。

张传玺:《秦及汉初律上的"加罪"和刑罚加等排序》,载《第七届青年法史论坛论文集》,上海,2018年10月21日。